# 十三經注疏

# 春秋穀梁傳注疏

〔晉〕范甯 集解
〔唐〕楊士勛 疏
金良年 整理

下

上海古籍出版社

# 春秋穀梁注疏宣公卷第十二 起元年，終十八年

## 宣公

魯世家：「宣公名倭，文公之子，子赤庶兄，以周匡王五年即位。」謚法：「善問周達曰宣。」

元年春，王正月，公即位。繼故而言「即位」，與聞乎故也。○與聞，〔一〕音豫，下注亦同。

【疏】「繼故」至「故也」 釋曰：重發傳者，桓公篡成君，宣公篡未踰年君，嫌異，故發之。

○公子遂如齊逆女。不譏喪娶者，不待貶絕而罪惡自見。桓三年傳曰：「逆女，親者也。使大夫，非正也。」○自見，賢徧反。

【疏】注「桓三」至「正也」 釋曰：引彼傳例者，嫌譏喪娶不責親迎，故引傳例以明之。

三月，遂以夫人婦姜至自齊。其不言氏，喪未畢，故略之也。夫人不能以禮自固，故與有貶。

【疏】注「夫人」至「有貶」 釋曰：婚禮遲速由於夫家，陽倡陰和，固是其理，〔二〕而責夫人者，一禮不被，〔三〕貞女不

行，夫人姜氏若其不行，公得無喪娶之譏，夫人無苟從之咎，故責之。

其曰「婦」，緣姑言之之辭也。遂之挈，由上致之也。「上」謂宣公。○挈，苦結反。

【疏】「其曰」至「辭也」　釋曰：傳重言此者，嫌喪娶辭略，并明不與陳人之婦同也。

「遂之」至「之也」　釋曰：「挈」者，謂去氏族而直書名，徐邈以挈爲舉，非也。左氏以爲遂不稱「公子」者，「尊夫人也」；公羊以爲遂不言「公子」者，「一事而再見」，從省文。此傳云「由上致之」，是與二傳異也。此注云「『上』謂宣公」，昭公二十四年「婼至自晉」注云「『上』謂宗廟也」者，釋有二家，其一云：禮，夫人三月始見宗廟，遂與僑如之致由君而已，故知「上」爲宣公、〔四〕成公也，婼被執而反，理當告廟，故知「上」謂宗廟也。又一釋，二者互文也，以相通，見廟之時，君稱臣之名以告宗廟，則二者皆當書名，故此云「宣公」，彼云「宗廟」亦是昭公告之可知，此宣公亦是告宗廟明矣。婼與意如俱爲被執而致，傳釋有異辭者，意如訴公於晉，婼則無罪，故傳不同也。此已發傳，僑如又發之者，此喪娶，彼非喪娶，嫌異，故重明之。

○夏，季孫行父如齊。

○晉放其大夫胥甲父于衛。放猶屏也。屏，除。稱國以放，放無罪也。

【疏】「稱國」至「罪也」〔五〕　釋曰：范别例云：「放大夫凡有三，〔六〕晉放胥甲父一，昭八年楚放公子招二，哀三年〔七〕蔡人放公孫獵三也。」〔八〕此云「稱國以放，放無罪也」，則稱蔡人者，是放有罪也。若然，招殺世子偃師，則招亦有罪，不稱「楚人」者，以上有「楚師滅陳」之文，故不復出「楚人」，又招有罪自明，故不待更稱「楚人」也。

○公會齊侯于平州。平州，齊地。離會，故不致。

【疏】注「離會，故不致」　不引傳例者，此宣自應例惡，無所嫌疑故也。〔九〕

○公子遂如齊。

○六月，齊人取濟西田。内不言「取」，言「取」，授之也，以是爲賂齊也。宣公弑立，〔一〇〕賂齊以自輔，恥賂之，故書齊取。

【疏】傳「内不」至「齊也」　昭二十五年「齊侯取鄆」傳曰「取，易辭也」，哀八年「齊人取讙及闡」傳曰「惡内也」，所以三發傳不同者，内不合言「取」，今言「取」，是違例之問，宜在於始，魯人不得已而賂之，取雖是易而我難之，〔一一〕故直云「授之」。昭公失國之君，忠臣喜公得邑，故以「易辭」言之。哀公犯齊陵邾而反喪邑，易辭之也，〔一二〕傳以明惡内之理未顯，故傳特言「惡内」，〔一三〕其實皆是易辭也。

○秋，邾子來朝。○朝，直遥反。〔一四〕

○楚子、鄭人侵陳，遂侵宋。遂，繼事也。

○晉趙盾帥師救陳。善救陳也。○盾，徒本反。

【疏】「善救陳也」釋曰：何嫌非善而言善者，陳近楚屬晉，嫌救之非善，故傳釋之。又救之者爲善，所以駮鄭之過也。

○宋公、〔一五〕陳侯、衛侯、曹伯會晉師于棐林，伐鄭。棐林，鄭地。○棐，芳尾反，又音匪。列數諸侯而會晉趙盾，大趙盾之事也。大其衛中國、攘夷狄。○數，所主反。攘，而羊反。其曰「師」何也？據言「會晉師」，不言「會晉趙盾」。以其大之也。以諸侯大趙盾之事，故言「師」，〔一六〕師者衆大之辭。

【疏】「以其大之也」釋曰：襄二年「晉師、宋師、衛甯殖侵鄭」，注云「不書晉、宋之將，以慢其伐人之喪」，彼稱「師」言惡晉、宋，此稱「師」云「大之」者，稱「師」之義不在一方，言「師」雖同，善惡有別，所謂春秋不嫌同文，〔一七〕此之謂也。齊救邢，惡不及事；楚子滅蔡，滅非其罪；〔一八〕晉、宋伐喪，失匍匐之義，故皆貶之稱「師」。今趙盾伐鄭以救陳、宋，故經列數諸侯而殊大之，明稱「師」者以著善也。〔一九〕

「于棐林」，地而後伐鄭，〔二〇〕疑辭也，此其地何？則著其美也。泰曰：「夫救災恤患，其道宜速，而方云會于棐林，然後伐鄭，狀似伐鄭有疑，須會乃定，曰非也，欲美趙盾之功，故詳録其會地。」

【疏】「于棐」至「美也」 釋曰：桓十五年公會諸侯于袲伐鄭，〔二一〕傳曰「地而後伐，疑辭也，非其疑也」，此傳既曰「疑辭也」，又云「則著其美也」者，此文雖與會袲同，其理則異，何者？〔二二〕以其列數諸侯而會趙盾，則詳其會地亦善可知也。

○冬，晉趙穿帥師侵崇。○穿，音川。

○晉人、宋人伐鄭。伐鄭所以救宋也。時楚、鄭侵宋。

【疏】「所以救宋也」 釋曰：伐鄭所以救宋，經不言「救宋」者，以上有「楚子、鄭人侵陳，遂侵宋」之文，今云「晉人、宋人伐鄭」，明救宋可知，故不言之也。知非救陳者，以救陳之文已見故。楚伐宋，宋得出而自救者，伐宋者不攻都城，故得出師助晉也。

二年春，王二月壬子，宋華元帥師及鄭公子歸生帥師戰于大棘，宋師敗績，獲宋華元。〔二三〕大棘，宋地。○華，户化反。「獲」者不與之辭也，華元得衆甚賢，故不與鄭獲之。

【疏】注「華元」至「獲之」 釋曰：華元得衆，故不與鄭獲之，然則晉侯失民亦言「獲」者，晉侯雖失衆，諸侯無相獲之道，〔二四〕故亦不與秦獲也。徐邈云：「『獲』是不與之辭，『與』者當稱『得』也，故定九年『得寶玉、大弓』是也。」然則弓、玉與人不類，徐言非也。何休云華元繫「宋」者「明恥辱及國」，案齊國書、陳夏齧皆繫國，則是史之常辭，非有異文也。

言盡其衆以救其將也。〔二五〕先言「敗績」而後言「獲」，知華元得衆心，軍敗而後見獲。晉與秦戰于韓，未言「敗績」而君已獲，知晉侯不得衆心明矣。○盡，子忍反。以三軍敵華元，華元雖獲不病矣。何休曰：「書『獲』皆生獲也，如欲不病華元，當有變文。」鄭君釋之曰：「將帥見獲，師敗可知，不當復書『師敗績』，此兩書之者，明宋師懼華元見獲，皆竭力以救之，無奈不勝敵耳。華元有賢行得衆，如是雖師敗身獲，適明其美，不傷賢行。今兩書『敗』、『獲』，非變文如何？」

○秦師伐晉。

○夏，晉人、宋人、衛人、陳人侵鄭。

○秋，九月乙丑，晉趙盾弒其君夷皐。穿弒也，穿，趙盾從父昆弟。盾不弒而曰「盾弒」何也？以罪盾也。其以罪盾何也？曰靈公朝諸大夫而暴彈之，暴，殘暴。〔二六〕○朝，直遥反。彈，徒丹反，又徒旦反。觀其辟丸也，趙盾入諫不聽，出亡至於郊。禮，三諫不聽則去，待放於竟三年，〔二七〕君賜之環則還，賜之玦則往。必三年者，古疑獄三年而後斷，易曰「繼用徽纆，示于叢棘，〔二八〕三歲不得，凶」是也，自嫌有罪當誅，〔二九〕故三年不敢去。○辟，音避。竟，音境。玦，古穴反，杜元凱云「如環而不連」。斷，丁亂反。徽，許歸反。纆，亡北反。徽、纆皆繩也，三股曰「徽」，兩股曰「纆」。

【疏】注「禮三」至「敢去」　釋曰：「三諫不聽則去，待放於竟三年」，公羊傳文。「君賜之環則還，賜之玦則往」，荀卿書有其事。易曰「繼用徽纆，示于叢棘，三歲不得，凶」者，易坎卦上六爻辭，但易本「繼」作「係」，陸德明云「寘，置也」，王弼云：「險陗之極，不可升也；嚴法峻整，〔三〇〕難可犯也。宜其囚執，寘于思過之地。三歲，險道之夷也。險終乃反，故三歲不得，自修三歲乃可以求復，故曰『三歲不得，凶』也。」馬融云：「徽、纆，索也。」陸德明云：〔三一〕「三糾繩曰『徽』，二糾繩曰『纆』。」劉表云：「三股爲徽，兩股爲纆。」

趙穿弑公而後反趙盾，招使還。史狐書賊曰「趙盾弑公」，史，國史，掌書記事，狐其名。盾曰：「天乎天乎，予無罪，告天言己無弑君之罪。孰爲盾，而忍弑其君者乎？」迴已易他，誰作盾，而當忍弑君者乎？○孰爲盾，絶句。孰，誰也。史狐曰：「子爲正卿，入諫不聽，出亡不遠，君弑反不討賊，則志同。志同于穿也。志同則書重，非子而誰？」盾是正卿，又賢，故言「重」。故書之曰「晉趙盾弑其君夷皋」者，過在下也。鄭嗣曰：「成十八年『晉弑其君州蒲』，傳曰『稱國以弑其君，君惡甚矣』，然則稱臣以弑，罪在臣下也。趙盾弑其君不言罪而曰『過』者，言非盾親弑，有不討賊之過。」○惡甚，如字，〔三二〕又烏路反。曰於盾也見忠臣之至，於許世子止見孝子之至。邵曰：「盾以亡不出竟，反不討賊，受弑君之罪，忠不至故也；止以父病不知嘗藥，〔三三〕受弑父之罪，孝不至故也。」○見忠，賢徧反，或如字。下同。

【疏】「曰於」至「之至」　釋曰：趙盾與許止加弒是同，〔三四〕而許君書葬、晉靈公不書葬者，〔三五〕許止失嘗藥之罪輕，故書葬以赦止，趙盾不討賊之罪重，故不書晉侯葬，明盾罪不可原也。春秋必加弒於此二人者，所以見忠孝之至故也，忠孝不至則加惡名，欲使忠臣覩之不敢惜力，孝子見之所以盡心，是將來之遠防也。

○冬，十月乙亥，天王崩。匡王也。

三年春，王正月，郊牛之口傷。「之口」，緩辭也，傷自牛作也。牛自傷口，非備災之道不至也，故以緩辭言之。

【疏】「緩辭也」　釋曰：此「之口」爲緩辭，則成七年不言「之」爲急辭也。舊解范氏別例云「凡三十五」，〔三六〕范既總爲例，則言「之」者並是緩辭也。傳於執衞侯云「言『之』，緩辭也」，則云其餘不發，〔三七〕亦緩可知耳。公喪在外逆之，緩也。衞侯之弟鱄、〔三八〕秦伯之弟鍼等稱「之」者，取其緩之得逃。吴敗六國云「之」者，〔三九〕取其六國同役而不急於軍事也。殺奚齊稱「之」者，緩於成君也。考仲子宫言「之」者，隱孫而脩之緩也。日食言「之」者，不知之緩也，則自餘並緩耳。理雖迂誕，舊説既然，不可致詰，〔四〇〕故今亦從之。

改卜牛，牛死，乃不郊。事之變也。牛無故自傷其口，易牛改卜復死，乃廢郊禮，此事之變異。○復，扶又反。

【疏】「改卜」至「變也」　釋曰：公羊傳稱「改卜」者，帝牲不吉，則引稷牲而卜之，其帝牲在於滌宫三月，於稷者唯具視其身體無災害而已，〔四一〕不特養於滌宮，又云「郊必以其祖配者，自內出者無匹不行，自外至者無主不止」，今改卜者取於稷牛，則未審傳意如何，以后稷配郊必與公羊異也。不言免牛而云「不郊」者，牛死不行免牛之禮，故直言「不郊」也。

「乃」者亡乎人之辭也。〔四二〕譏宣公不恭致天變。

【疏】「『乃』者」至「辭也」 釋曰：重發傳者，嫌牛死與卜郊，不從異也。

猶三望。

○葬匡王。

○楚子伐陸渾戎。○渾，户門反，又户困反。

○夏，楚人侵鄭。

○秋，赤狄侵齊。

○宋師圍曹。

○冬，十月丙戌，鄭伯蘭卒。

○葬鄭穆公。〔四三〕

四年春，王正月，公及齊侯平莒及郯，莒人不肯。「及」者內爲志焉爾，「平」者成也，「不肯」者可以肯也。凱曰：「君子不念舊惡，況爲大國所和乎？」○郯，音談，國名也。

【疏】「『平』者成也」　釋曰：舊解以莒不肯平，公伐莒取向，莒人彌復怨郯，郯之與莒方爲怨惡，乃是成就亂事，故訓之爲成。注無此意，恐非也。

公伐莒，取向。向，莒邑。○向，書亮反。伐猶可，取向甚矣。以義兵討不平，未若不用兵，以義使平者也，故曰「猶可」也。

【疏】注「以義」至「可也」　釋曰：傳稱「伐猶可」，是非正與辭，注云「義兵」者，據其討不直，故云「義兵」也，義兵之道不足，故傳云「猶可」也。

莒人辭不受治也。乘義取邑，所以不服。伐莒，義兵也，討不釋怨。取向非也，乘義而爲利也。

○爲，如字，又于僞反。

○秦伯稻卒。

【疏】「秦伯稻卒」 釋曰：世本秦共公也。〔四四〕

○夏，六月乙酉，鄭公子歸生弑其君夷。

○赤狄侵齊。

○秋，公如齊。公至自齊。

○冬，楚子伐鄭。

五年春，公如齊。

○夏，公至自齊。

○秋，九月，齊高固來逆子叔姬。諸侯之嫁子於大夫，主大夫以與之。婚禮，主人設几筵于廟以待迎者，諸侯、大夫尊卑不敵，故使大夫爲之主。○迎，魚敬反。「來」者接内也，不正其接内，故不與夫婦之稱也。「來者」謂高固。高固，齊之大夫，而今與君接婚姻之禮，故不言「逆女」。○稱，尺證反。

【疏】「諸侯」至「稱也」　釋曰：莒慶已發傳，今重發之者，莒慶小國之大夫，高固齊之尊卿，而取公之同母姊妹，〔四五〕嫌待之禮殊，故發傳明其不異也。徐邈云「傳言『吾子』，〔四六〕是宣公女也」，理亦通爾。

○叔孫得臣卒。

【疏】「叔孫得臣卒」〔四七〕　釋曰：隱元年傳曰「大夫不日卒，惡也」，今叔孫得臣不日卒，亦惡可知矣。何休云知公子遂弑君而匿情不言，未審范意亦然以否。

○冬，齊高固及子叔姬來。「及」者及吾子叔姬也。爲使來者，不使得歸之意也。高固受使來聘而與婦俱歸，故書「及」以明非禮。莊二十七年「冬，杞伯姬來」、僖二十八年「秋，杞伯姬來」皆不言所及，是使得歸之意。○受使，所吏反。

【疏】「『及』者」至「姬也」 釋曰：經既言「高固及子叔姬」足自明矣，傳何須更言「及吾子叔姬也」者，傳方欲解及爲非禮，故上張其文也。

注「故書」至「非禮」 釋曰：桓十八年濼之會去「及」爲非禮，此書「及」爲非禮者，公與夫人之行，須言「及」以別尊卑，故云「及夫人姜氏」。會齊侯於陽穀言「及」，濼之會以夫人之伉不言「及」，故知去「及」爲非禮；〔四八〕今叔姬歸寧當以獨來爲文，高固奉命宜云「來聘」，經總之言「來」，故知書「及」爲非禮。〔四九〕

○楚人伐鄭。

六年春，晉趙盾、衛孫免侵陳。此帥師也，其不言「帥師」何也？據元年「趙盾帥師救陳」言「帥師」也。不正其敗前事，故不與帥師也。元年救而今更侵之。

【疏】「不正」至「師也」 釋曰：傳例：「將卑師衆曰『師』，將尊師少直言將。」〔五〇〕成三年「晉郤克、衛孫良夫伐牆咎如」，彼非是敗前事亦不言「帥師」，〔五一〕此云「不正其敗前事，故不與帥師」者，凡常書經自依將之尊卑、師之多少之例，趙盾元年稱「帥師救陳」，今直書名而已，明是惡敗前事，故不與帥師也。郤克、良夫前無「帥師」之文，故知從將尊師少例耳。

○夏，四月。

○秋，八月，螽。○螽，音終。

○冬，十月。

七年春，衛侯使孫良夫來盟。「來盟」者，〔五二〕前定也。不言「及」者以國與之，不言其人亦以國與之。不日，前定之盟不日。

【疏】「來盟」至「不日」〔五三〕。釋曰：此重發傳者，宋華孫不稱「使」，此則稱「使」，嫌異，故重發之。言「不日」者，據成三年「及荀庚盟」有日，故發問也。〔五四〕

○夏，公會齊侯伐萊。○萊，音來，國名。

○秋，公至自伐萊。

○大旱。

○冬，公會晉侯、宋公、衛侯、鄭伯、曹伯于黑壤。黑壤，某地。○壤，人丈反。

八年春，公至自會。

○夏，六月，公子遂如齊，至黄乃復。蓋有疾而還。黄，齊地。

【疏】「蓋有疾而還」 釋曰：以下有卒，故知有疾也。鄭嗣曰：「大夫受命而出，雖死以尸將事，今遂以疾而還，失禮違命，故曰『亡乎人』，言魯使不得其人也。」

「乃」者亡乎人之辭也。

【疏】「亡乎人之辭也」 釋曰：重發傳者，此「乃復」是事畢之文，其實未畢，嫌與他例異，故重明之。此云「『乃』者亡乎人之辭也」，定十五年傳以爲「急辭也」者，「乃」有二義故也。此魯使不得其人，言「乃」以責之。公孫敖亦是失命，不言「乃」者，此以疾而反，有可責之理，故言「乃復」以譏之。敖棄命奔莒，元來未去，不足可責，非「乃」文所盡，故不言「乃」也。

「復」者事畢也，不專公命也。遂以疾反而加事畢之文者，是不使遂專命還。

○辛巳，有事于大廟，○大，音泰，下注同。仲遂卒于垂。(五五)祭于大廟之日而知仲遂卒。垂，齊地。

【疏】注「祭于」至「遂卒」　釋曰：注言此者，解經仲遂之卒繫祭廟之意也。仲遂有罪而亦書日者，宣公與遂同罪，猶定公不惡意如而書日也。或當辛巳自爲祭廟，不爲仲遂也。案公子翬當桓世無罪則不去「公子」，仲遂非宣惡人而去「公子」者，翬非桓罪人，故生存不去「公子」之號，仲遂於宣雖則無罪，死者人之終，若不去「公子」，嫌其全無罪狀，故去之。若然，何以不去日者？既替其尊號，則罪已明，故不假去日也。傳「稱『公弟叔仲』，賢也」，遂非賢而稱「仲」者，杜預云「時君所加」，〔五六〕何休云稱仲者「起嬰齊所氏」，范雖不注，理未必然，蓋以遂見疏而去「公子」，經不可單稱「遂卒」，遂於後以仲爲氏，故稱「仲遂卒」也。然仲遂以罪見疏，即見是罪惡之臣，〔五七〕而譏宣公不廢繹者，宣公與遂同心，繹祭之時則内舞去籥而爲之，故所以譏也。

爲若反命而後卒也。先書「復」後言「卒」，使若遂已反命于君，而後卒于垂。此公子也，其曰「仲」何也？疏之也。僖十六年傳曰「大夫不言『公子』、『公孫』，疏之也」。何爲疏之也？是不卒者也，遂與宣公共弑子赤。不疏則無用見其不卒也。若書「公子」則與正卒者同，故去「公子」以見之。○見其，賢偏反，注同。故去，起吕反，下文及注同。則其卒之何也？據公子翬不書「卒」。○子翬，許韋反。以譏乎宣也。其譏乎宣何也？聞大夫之喪，則去樂卒事。去籥、萬，卒祭事，言今不然。

壬午，猶繹。「猶」者可以已之辭也。「繹」者祭之旦日之享賓也。萬入去籥。萬，舞名。籥，管也。○繹，音亦，爾雅云「又祭也」。享，許丈反。籥，餘若反，管也。

【疏】「猶者」至「賓也」　釋曰：「旦日」猶明日也，何休云「『繹』者繼昨日事，但不灌地降神耳。天子、諸侯曰『繹』，大夫曰『賓尸』，士曰『宴尸』。則天子以卿爲之，〔五八〕諸侯則以大夫爲之，卿大夫以孫爲之。夏立尸，殷坐尸，周旅酬六尸」，唯士宴尸與先儒少異，則范意或與何同也。案少牢饋食之禮，卿大夫當日賓尸，天子、諸侯明日賓尸者，天子、諸侯禮大，故異日爲之，卿大夫以下禮小，故當日即行。其三代之名者，案爾雅云「夏曰『復胙』，殷曰『肜』，周曰『繹』」是也。謂之「復胙」者，復前日之禮也；謂之「肜」者，肜是不絶之意也；謂之「繹」者，繹陳昨日之禮也。〔五九〕何休又云「禮，大夫死爲廢一時之祭，有事於廟而聞之者去樂卒事，至卒事而聞之者廢繹」，今魯不以爲譏，范意當亦然也。

以其爲之變，譏之也。内舞去籥，惡其聲聞，此爲卿變於常禮，〔六〇〕是知其不可而爲之。○爲之，于僞反，注「爲卿變」同。惡其，烏路反。

○戊子，夫人熊氏薨。宣公妾母。○熊氏，〔六一〕左氏作「嬴氏」。

○晉師、白狄伐秦。

○楚人滅舒鄝。○舒鄝，音了，本又作「蓼」，國名也。

○秋，七月甲子，日有食之既。

○冬，十月己丑，葬我小君頃熊。文夫人姜氏大歸于齊，故宣公立己妾母爲夫人，君以夫人禮卒葬之，故主書者不得不以爲夫人，義與成風同。○頃熊，音傾，左氏作「敬嬴」。

【疏】注「文夫」至「風同」 釋曰：哀姜有罪，故僖成其母爲夫人，今姜氏子殺故身出，本自無罪，則頃熊成喪不是同例，而云「與成風同」者，禮，妾子爲君，其母不得稱夫人，以二者俱非正禮，故云「同」耳，非謂意盡同也。穀梁以成風再貶故曰「妾」，子雖爲君，其母不得稱夫人，則襄公以其母定姒爲夫人亦非正明也，然成風再貶自外不譏者，從一譏故也。案文十八年注云宣母「敬嬴」，此云「頃熊」者，一人有兩號故也。

雨不克葬。葬既有日，不爲雨止，禮也，雨不克葬，喪不以制也。徐邈曰：「案經文是己丑之日葬，喪既出而遇雨，若未及己丑而却期，無爲逆書此日葬。禮，喪事有進無退，又士喪禮有潦車載蓑笠，則人君之張設固兼備矣。禮，先遷柩於廟，其明昧爽而引，既及葬日之晨，則祖行遣奠之禮設矣，故雖雨猶終事，不敢停柩久次。」○不爲，于僞反。潦，音老。蓑，素禾反。笠，音立。張，如字，又陟亮反。柩，其又反，尸在棺曰「柩」。昧，音妹。引，以刃反，又如字。遣奠，棄戰反。

【疏】「葬既」至「制也」 釋曰：舊解案禮，庶人懸封，葬不爲雨止，明天子、諸侯不觸雨而行可知也，傳言「不爲雨止」者，謂不得止葬事而更卜遠日。「喪不以制也」者，〔六二〕謂不得臨雨而制喪事，豈有諸侯執紼者五百人，安得觸雨而行哉？是徐邈之説，理之不通。今案傳文云「雨不克葬，喪不以制也」，是葬爲雨止，喪事不以禮制也。上文云「葬既有日，不爲雨止，禮也」，明是雨止則非禮可知，〔六三〕安得云傳意葬爲雨止乎？又且范引徐邈之注不言其非，則是從徐説矣，何爲述范義而違之哉？

注「徐邈」至「久次」 釋曰：「未及己丑而却期」者，謂雨之與葬皆是己丑之日也，若未及己丑之日而遇雨，〔六四〕其葬期有却者，〔六五〕何爲逆書己丑日葬也？「士喪禮有潦車載蓑笠」者，毛詩傳云「蓑所以備雨，笠所以禦暑」是也。

庚寅，日中而克葬。而，緩辭也，足乎日之辭也。

【疏】「而緩辭也」 釋曰：言「緩辭也」者，此日中克葬足乎日，故云「緩」也，定十五年日下稷乃克葬，故云「乃，急辭也」，是二文相對爲緩急，故公羊傳云「曷爲或言而、或言乃？乃難乎而也」，是二文相對也。

○城平陽。

○楚師伐陳。

九年春，王正月，公如齊。有母之喪而行朝會，非禮。○朝，直遥反。

【疏】注「有母」至「非禮」 釋曰：非禮經無異文者，傳例云「如往月，危往也」，此朝書月，即是非禮之異文也。

公至自齊。〔六六〕

○夏，仲孫蔑如京師。

○齊侯伐萊。

○秋，取根牟。

【疏】「秋取根牟」釋曰：公羊傳曰「『根牟』者何？邾婁之邑也。曷爲不繫乎『邾婁』？諱亟也」，謂母喪未期而取邑，故諱不繫「邾婁」也。若言諱不繫「邾婁」，居母之喪，縱非邾邑，豈容無諱？或當如左傳以「根牟」爲國名也。

○八月，滕子卒。

○九月，晉侯、宋公、衛侯、鄭伯、曹伯會于扈。

○晉荀林父帥師伐陳。

○辛酉，晉侯黑臀卒于扈。其地，於外也。其日，未踰竟也。「外」謂國都之外，諸侯卒於路寢則不地。傳例曰「諸侯正卒則日，不正則不日」，舊説踰竟亦不日，然則諸侯不正而與未踰竟無以別之矣，案襄七年鄭伯卒于操，此年晉侯卒于扈，文正與襄二十六年許男卒於楚同，恐後人謂操、扈是國，故於疑似之際，每爲發傳曰「未踰竟也」。○臀，徒門反。竟，音境。以別，彼列反。操，七報反。

【疏】注「外謂」至「竟也」 釋曰：諸侯之國皆以侵伐、會盟見經，操、扈經既無文而疑是國者，〔六七〕周有千八百諸侯，今盟會、侵伐見春秋者不過數十而已，操、扈傳若不發，焉知非國也？「曲棘」不釋者，雙名也，去國遠矣，故不假釋；「邾鄑部」以三言爲名，故傳釋之爲國也。晉侯黑臀不書葬者，舊解以爲篡立故也，今案黑臀既書日卒，未必篡立，蓋魯不會，故不書也。

○冬，十月癸酉，衛侯鄭卒。〔六八〕

○宋人圍滕。

○楚子伐鄭。

○晉郤缺帥師救鄭。〔六九〕○郤，去逆反。缺，傾雪反。

○陳殺其大夫泄冶。○泄，息列反。冶，音也。稱國以殺其大夫，殺無罪也。泄冶之無罪如何？陳靈公通于夏徵舒之家，公孫寧、儀行父亦通于其家，〔七〇〕二人陳大夫。○夏，户雅反。或衣其衣，或衷其襦，衷者襦在衷也。○衣其衣，上於既反，下如字。襦，而朱反。在衷，本又作「裏」，音里。以相戲於朝。○朝，直遥反。泄冶聞之，入諫曰：「使國人聞之則猶可，使仁人聞之則不可。」君愧於泄冶，不能用其言而殺之。

十年春，公如齊。公至自齊。齊人歸我濟西田。公娶齊，齊由以爲兄弟反之。齊由以婚族，故還魯田。爾雅釋親曰「婦之黨爲婚兄弟」。○娶，七住反。不言「來」，公如齊受之也。

【疏】「不言」至「受之」〔七一〕釋曰：決定十年「齊人來歸鄆、讙、龜陰之田」言「來」也。

○夏，四月丙辰，日有食之。

○己巳，齊侯元卒。傳例曰「言日不言『朔』，食晦日」，則此丙辰晦之日也，己巳在晦日之下、五月之上，推尋義例，當是閏月矣。又六年傳曰「閏月者，附月之餘日」，言閏承前月而受其餘日，故書閏月之日繫前月之下。蓋史策常法，文有定例，閏有常體，無嫌不明，故不復每月發傳，哀五年公羊傳曰「閏月不書，此何以書」，推此言之，則春秋固有在閏月而不冠以閏者矣。至於閏不告月，猶朝于廟，閏月葬齊景公，不正其閏，無以言其事，故書見變禮。○不復，扶又反，下注「復以」同。〔七二〕不冠，工亂反。猶朝，直遥反。見變，賢遍反。

【疏】注「閏有常體」釋曰：閏月所在無常，而言「有常體」者，閏是附月之餘，文承前月，是無體之常，不謂所在有常。

○齊崔氏出奔衛。氏者，舉族而出之之辭也。何休曰：「氏者『譏世卿也』，即稱氏爲舉族而出，『尹氏卒』寧可復以爲舉族死乎？」鄭君釋之曰：「云舉族死，是何妖問甚乎？『舉族而出之之辭』者，固譏世卿也，崔杼以世卿專權，齊人惡其族，今出奔，既不欲其身反，又不欲國立其宗後，故孔子順而書之曰『崔氏出奔衛』，若其舉族盡去之爾。」○崔杼，直吕反。惡其，烏路反。

○公如齊。五月，公至自齊。

○癸巳，陳夏徵舒弑其君平國。

○六月，宋師伐滕。月者，蓋爲下齊惠公葬速起。○爲，于僞反。

【疏】注「月者」至「速起」　釋曰：知非爲宋師伐滕、歸父如齊，〔七三〕宋師伐滕外事也，歸父之聘輕也，諸侯時葬正也，月葬故也，今上有齊逐崔氏之文，又非五月而葬，明書月者爲葬惠公也。

○公孫歸父如齊。

○葬齊惠公。〔七四〕

○晉人、宋人、衛人、曹人伐鄭。

○秋，天王使王季子來聘。其曰「王季」，王子也；其曰「子」，尊之也。「子」者人之貴稱。○稱，尺證反。

【疏】「其曰」至「尊之也」　釋曰：傳知稱「子」是「尊之也」者，此言「王季子」，即是大子之母弟，「子」者人之貴稱，故知稱「子」爲尊之也。〔七五〕叔服以庶子爲大夫，故直稱字而不繫王也，卒稱「王子虎」者，卒當稱名，故繫王言之。

聘，問也。

○公孫歸父帥師伐邾，取繹。○繹，音亦。

○大水。

○季孫行父如齊。

○冬，公孫歸父如齊。

○齊侯使國佐來聘。

○饑。○饑，本或作「飢」，居疑反。

○楚子伐鄭。

十有一年春，王正月。

○夏，楚子、陳侯、鄭伯盟于夷陵。夷陵，齊地。○夷陵，〔七六〕左氏作「辰陵」。

○公孫歸父會齊人伐莒。

○秋，晉侯會狄于欑函。欑函，狄地。○函，音咸。不言「及」，外狄也。〔七七〕所以異之於諸夏。○夏，户雅反。

【疏】「不言及外狄也」釋曰：哀十三年「公會晉侯及吳子于黄池」，注云「『及』者，書尊及卑也」，是言「及」所以外吳，何得此傳云「不言『及』，外狄」者？黄池之會欲同吳子於諸侯，〔七八〕故直云「及吳子」，不云「會吳」，此不言「及」是外狄，故云「會狄」，不云「及狄」，是不言「及」爲外狄也，若不外，當云「晉侯及狄會于欑函」。然隱三年「齊侯、鄭伯盟于石門」不言「及」，同吳於諸夏而云「及吳子」者，〔七九〕不可全同中國，故言「及」以別尊卑也。

○冬，十月，楚人殺陳夏徵舒。變「楚子」言「人」者，弑君之賊，若曰人人所得殺也。其月，謹之。

【疏】「變楚」至「謹之」釋曰：經直言「楚人」知是楚子者，下云「楚子入陳」，明知此爲討賊，故變「楚子」言「人」也。「其月，謹之」者，不能自討，藉楚之力，禍害必深，故書月爲謹之。

此入而殺也，其不言「入」，何也？據入國乃得殺。外徵舒於陳也。其外徵舒於陳何也？據徵舒陳大夫，〔八〇〕不應外。明楚之討有罪也。雍曰：「經若書『楚子入陳，殺夏徵舒者』，則『入』者内不受，是無以表徵舒之悖逆、楚子之得正。」○悖，補對反。丁亥，楚子入陳，「入」者内弗受也。日入，惡入者也。何用弗受也？不使夷狄爲中國也。楚子入陳，納淫亂之人，執國威柄，制其君臣，傎倒上下，〔八一〕錯亂邪正，是以夷狄爲中國。○惡，烏路反。傎，丁田反，本又作「顛」。邪，似嗟反。

【疏】「日入惡入者也」釋曰：上文美楚子入，今又惡之者，前爲討徵舒討得其罪，故變文以美之；今爲納二子失其所，故日入以惡之。

納公孫寧、儀行父于陳。「納」者内弗受也。輔人之不能民而討猶可，雍曰：「輔相鄰國，有不能治民者而討其罪人則可，而曰『猶可』者，明鄰國之君無輔相之道。」○輔相，息亮反，下「輔相」同。

【疏】「納公」至「于陳」釋曰：麋信云：「二子不繫『陳』者，以其淫亂，明絶之也。或當上有『入陳』之文，下云『于陳』，故省文耳，無義例。」

入人之國，制人之上下，使不得其君臣之道，不可。二人與君昏淫當絶，〔八二〕而楚强納之，是制人之上下。○强，其丈反，一音其良反。

十有二年春，葬陳靈公。傳例曰「失德不葬」，〔八三〕「君弑賊不討不葬」，〔八四〕「以罪下也」，「日卒時葬，正也」。靈公淫夏姬，殺泄冶，臣子不能討賊，踰三年然後葬，而日卒時葬何邪？泰曰：「楚已討之矣，臣子雖欲討之，無所討也，故君子即而恕之，以申臣子之恩。稱國以殺大夫，則靈公之惡不嫌不明〔八五〕，書葬以表討賊，不言靈公無罪也，踰三年而後葬，則國亂居可知矣，非日月小有前却，則書時不嫌。」〇弑，音試。夏，户雅反。

【疏】注「傳例」至「不嫌」 釋曰：「失德不葬」，〔八六〕昭十三年傳文。「君弑賊不討不書葬，以罪下也」，隱十一年傳文。「日卒時葬，正也」，襄七年傳文。案徵舒之弑靈公在十年五月，至此纔二十一月，而注云「踰三年」者，諸侯五月而葬，今踰五月至三年，故曰「踰」也。「非日月小有前却」者，未五月謂之「前」，過五月謂之「却」，言「葬」有前却，則書月以見危，今三年始葬，非是小有前却，故書時不嫌也。

〇楚子圍鄭。

〇夏，六月乙卯，晉荀林父帥師及楚子戰于邲，邲，鄭地。〇邲，皮必反。

【疏】「夏六月」至「于邲」 釋曰：公羊傳稱荀林父稱名氏、先楚子者，惡林父也。若然，城濮之戰後子玉，當是善子玉乎？徐邈云「先林甫者，内晉而外楚」，是也。

晉師敗績。績，功也。功，事也。日，其事敗也。

【疏】「日其事敗也」〔八七〕 釋曰：舊解此戰事書日者，爲敗之故也。特於此發之者，二國兵衆，不同小國之戰，故特發之。徐邈云：「於此發傳者，深閔中國大敗於彊楚也。」今以「日」爲語辭，理足通也，〔八八〕但舊解爲日月之

「日」，疑不敢質，故皆存耳。

○秋，七月。

○冬，十有二月戊寅，楚子滅蕭。

【疏】「戊寅楚子滅蕭」〔八九〕釋曰：書日者，徐邈云「蕭君有賢德，〔九〇〕故書日也」，何休云「責楚滅人國，故書日」，若擇善而從，〔九一〕則徐言與傳例合也。

○晉人、宋人、衛人、曹人同盟于清丘。清丘，衛地。

○宋師伐陳。

○衛人救陳。

【疏】「衛人救陳」釋曰：不言「善」者，衛、宋同盟外楚，〔九二〕今反救陳，不足可善，故傳不釋。

十有三年春，齊師伐莒。

○夏，楚子伐宋。

○秋，螽。

○冬，晉殺其大夫先穀。〔九三〕○穀，户木反，一本作「縠」。〔九四〕

【疏】「晉殺」至「先穀」　釋曰：此雖無傳，於例爲殺無罪也。〔九五〕

十有四年春，衛殺其大夫孔達。

○夏，五月壬申，曹伯壽卒。

○晉侯伐鄭。

○秋，九月，楚子圍宋。

【疏】「秋九」至「圍宋」　釋曰：徐邈云「圍例時，此圍久，故書月以惡之也」，〔九六〕何休亦然，范意或當不異也。

○葬曹文公。

○冬，公孫歸父會齊侯于穀。

十有五年春，公孫歸父會楚子于宋。

○夏，五月，宋人及楚人平。「平」者成也，善其量力而反義也。各自知力不能相制，反共和之義。

【疏】「『平』者成也」　釋曰：重發傳者，嫌外內異也。〔九七〕

「人」者衆辭也，平稱衆，上下欲之也。外平不道，以吾人之存焉，道之也。「吾人」謂大夫歸父。

○六月癸卯，晉師滅赤狄潞氏，以潞子嬰兒歸。滅國有三術，術猶道也。○潞氏，音路。嬰，一盈反。中國謹日，卑國月，夷狄不日。「卑國」謂附庸之屬。襄六年傳曰「中國日、卑國月、夷狄時」，此謂「三術」。其曰「潞子嬰兒」，〔九八〕賢也。

【疏】「滅國」至「賢也」 釋曰：「中國日」者，謂衛滅邢之類是也。〔九九〕「卑國月」者，謂無駭入極、〔一〇〇〕齊侯滅萊之類是也。「夷狄不日」者，楚滅江、〔一〇一〕吴滅州來之類是也。〔一〇二〕此不云「夷狄時」而云「不日」者，方釋潞子嬰兒書日之意，故不云「夷狄時」也，「夷狄不日」宜從下爲文勢。嬰兒爲賢，書日復稱名者，書日以表其賢，書名以見滅國，所謂善惡兩舉也。

○秦人伐晉。

○王札子殺召伯、毛伯。「王札子」者當上之辭也，殺召伯、毛伯不言「其」何也？解經不言「殺其大夫」。○札，側八反。召，上照反。兩下相殺也。兩下相殺不志乎春秋，此其志何也？矯王命以殺之，非忿怒相殺也，故曰以王命殺也。「以王命殺」謂言「王札子殺召伯、毛伯」，是知以王命而殺之。○矯，居表反。以王命殺則何志焉？爲天下主者天也，繼天者君也，君之所存者命也。爲人臣而侵其君之命而用之，是不臣也；爲人君而失其命，是不君也，君不君、臣不臣，此天下所以傾也。

○秋，螽。

○仲孫蔑會齊高固于無婁。無婁，杞邑。○婁，力侯反。

○初稅畝。初者始也。古者什一，一夫一婦佃田百畝，以共五口，〔一〇三〕父母妻子也，又受田十畝以爲公田，〔一〇四〕公田在内，私田在外，此一夫一婦爲耕百一十畝。○稅，始鋭反，賦也。什一，音十，十稅一也。佃，音田，又徒徧反。共，音恭。藉而不稅。藉此公田而收其入，言不稅民。

【疏】「藉而不稅」 釋曰：徐邈曰：「藉，借也，謂借民力治公田，不稅民之私也。」觀范之注，以藉爲賦藉，理亦通，從徐之言，義無妨也。

初稅畝，非正也。古者三百步爲里，名曰井田，井田者九百畝，公田居一。出除公田八十畝，餘八百二十畝，故井田之法，八家共一井八百畝，餘二十畝家各二畝半爲廬舍。○廬，力魚反。私田稼不善則非吏，非，責也。吏，田畯也。言吏急民，使不得營私田。○畯，音俊，田大夫也。公田稼不善則非民。民勤私也。「初稅畝」者，非公之去公田而履畝，十取一也，以公之與民爲已悉矣。「悉」謂盡其力。○去，如字，又起吕反。

【疏】「履畝，十取一也」　釋曰：何休云「宣公無恩信於民，民不肯盡力治公田，故公家履踐案行，擇其善畝穀最好者税取之」，故曰「履畝」。〔一〇五〕徐邈以爲除去公田之外，又税私田之十一也，傳稱「以公之與民爲已悉矣」，則徐言是也。

古者公田爲居，八家共居。井竈、葱韭盡取焉。損其廬舍，家作一園，以種五菜，外種楸、桑，以備養生送死。○韭，〔一〇六〕音九。楸，音秋。

【疏】注「損其」至「送死」　釋曰：損爲減損也。〔一〇七〕「五菜」者，世所謂五辛之菜也。何休又云，古者井田之法，「一夫一婦受田百畝，身與父母妻子五口以爲一户，公田十畝，又廬舍二畝半，凡爲田一頃一十二畝半也，八家而有九頃，故曰『井田』。廬舍在内，貴人也；公田次之，重公也；私田在外，賤私也。若五口之外，〔一〇八〕名曰『餘夫』，餘夫率受田二十五畝半」，記異聞耳，於范氏注亦無所取。

○冬，蝝生。蝝非災也，其曰「蝝」，非税畝之災也。凡春秋記災未有言「生」者，「蝝」之言緣也，緣宣公税畝，故生此災以責之。非，責也。○蝝，以全反，劉歆云此蚍蜉子，董仲舒云蝗子，字林尹絹反。

○饑。

十有六年春，王正月，晉人滅赤狄甲氏及留吁。甲氏、留吁，赤狄別種。晉既滅潞氏，今又并盡其餘邑也。滅夷狄時，賢嬰兒，故滅其餘邑猶月。○吁，許于反。種，章勇反。并，必政反。

【疏】「甲氏」至「猶月」 釋曰：傳例滅夷狄時，嬰兒以賢書月，故知餘邑書月亦爲賢也。甲氏、留吁非國而云滅者，甲氏、留吁，國之大邑，而晉盡有之，重其事，故云「滅」，若晉滅夏陽之類是也。留吁言「及」者，蓋小於甲氏也。

○夏，成周宣榭災。〔一〇九〕成周，東周，今之洛陽。宣榭，宣王之謝。爾雅曰「室有東西廂曰『廟』，無東西廂有室曰『寢』，無室曰『榭』」。傳例曰「國曰『災』，邑曰『火』」。○榭，音謝，本或作「謝」。災，左氏作「火」。

【疏】「成周宣榭災」 釋曰：不言「京師」者，爾時成周非京師故也。公羊傳云「『宣榭』者何？宣宮之榭也」，故范注亦以爲宣王之廟也。〔一一〇〕「無室曰『榭』」，爾雅正文，或以爲爾雅無此文，唯云「土高曰『臺』，有木謂之『榭』」，臺上有木即是屋也，楚語曰「榭不過講軍實」，臨觀講武必是歇前，故云「無室曰『榭』」。爾雅有「之」者，本或誤也。又引「傳例曰」云云者，昭九年傳文也。

周災不志也，其曰「宣榭」何也？以樂器之所藏目之也。移風易俗莫善於樂，是故貴其器。

【疏】「周災不志也」 釋曰：徐邈所本云「周災至」，〔一一一〕注云「重王室也」，今遍檢范本並有「不」字，則不得解與徐同也。

○秋，郯伯姬來歸。爲夫家所遣。

○冬，大有年。五穀大熟爲大有年。

十有七年春，王正月庚子，許男錫我卒。○錫，星歷反。

○丁未，蔡侯申卒。

○夏，葬許昭公。

○葬蔡文公。

○六月癸卯，日有食之。

○己未，公會晉侯、衛侯、曹伯、邾子同盟于斷道。己未亦閏月之日。斷道，晉地。○斷，徒短反，一音短。

【疏】注「己未」至「晉地」 釋曰：十年夏「四月丙辰，日有食之。己巳，齊侯元卒」，范以爲丙辰晦之日也，己巳在晦日之下、五月之上，當是閏月可知。此文與彼正同，明亦閏月之日也。

「同」者有同也，同外楚也。

【疏】「同外楚也」〔一一二〕 釋曰：不於清丘發傳者，清丘魯不會，故重舉以包之也。〔一一三〕

○秋，公至自會。

○冬，十有一月壬午，公弟叔肸卒。其曰「公弟叔肸」，賢之也。其賢之何也？宣弒而非之也。宣公殺子赤，叔肸非責之。○肸，許乙反。非之則胡爲不去也？曰兄弟也，何去而之。言無所至。與之財，則曰：「我足矣。」宣公與之財物，則言自足以距之。織屨而食，織屨賣以易食。○屨，九具反。終身不食宣公之食。君子以是爲通恩也，以取貴乎春秋。泰曰：「宣公弒逆，故其禄不可受，兄弟無絶道，故雖非而不去，論情可以明親親，言義足以厲不軌，書曰『公弟』，不亦宜乎？」

【疏】「取貴乎春秋」 釋曰：衛侯之弟鱄去君，傳於「合於春秋」，此不去君，傳亦取貴於春秋者，易稱「君子之道，或出或處，或默或語」，鱄以衛侯惡而難親，恐罪及己，故棄之而去，使君無殺臣之惡，兄無害弟之愆，故得合於春秋。

此叔肸以君有大逆，不可受其祿食，又是孔懷之親，不忍奮飛，使君臣之節兩通，兄弟之情俱暢，故亦取貴於春秋。叔肸書字，鱄直稱名者，叔肸內可以明親親，外足以厲不軌，〔一一四〕比鱄也賢乎遠矣，故貴之稱字；鱄雖合於春秋，無大善可應，故直書名而已。

十有八年春，晉侯、衛世子臧伐齊。○臧，子郎反。

○公伐杞。

○夏，四月。

○秋，七月，邾人戕繒子于繒。戕猶殘也，捝殺也。〔一一五〕「捝」謂捶打殘賊而殺。〔一一六〕地于繒，惡其臣子不能距難。○戕，在良反，殘也，賊也，猶殺也。繒，本或作「鄫」，在陵反。捝殺，他活反，又徒活反。捶，打也，字林云「木杖」，或作「撲」，普木反。捶，章蘂反。打，音頂。惡其，烏路反。難，乃旦反。

【疏】注「地于繒」至「距難」　釋曰：據「楚子虔誘蔡侯般，殺之于申」，不于國都也。

○甲戌，楚子呂卒。商臣子莊王。○子呂，左氏作「旅」。夷狄不卒，卒少進也，卒而不日，日少進也，日而不正，簡之也。〔一一七〕中國君日卒正也，不日不正也，今進夷狄直舉其日，而不論正之與不正。

【疏】「夷狄」至「之也」　釋曰：「夷狄不卒」，據自此以前吴、楚君卒而不書日，〔一一八〕據襄十二年「秋九月，吴子乘卒」言之也。「簡之也」者，中國卒則日，不正乃不日，夷狄進之則日，不論正與不正，故云「簡之也」。

○公孫歸父如晉。

○冬，十月壬戌，公薨于路寢。路寢，〔一一九〕正寢也。

【疏】「路寢，正寢也」〔一二〇〕　釋曰：重發傳者，莊據始故發之，宣公篡弑有嫌，成公承所嫌之下，故各發傳也。

○歸父還自晉。「還」者事未畢也，莊八年「秋，師還」是也。

【疏】「歸父還自晉」　釋曰：執則致，歸父非執而書其「還」者，爲出奔張本也。直名不氏者，凡致者由上致之，故例，〔一二一〕今不書歸父之氏，明有致命之義也。

自晉事畢也。與人之子守其父之殯，「人之子」謂歸父子也，言成公與歸父子共守宣公殯。捐殯而奔其父之使者，是亦奔父也。〔一二二〕捐，棄也。奔猶逐也。〔一二三〕言成公棄父之殯，逐父之使，「使」謂歸父也。父命未反而已逐之，是與親奔父無異。○捐，以全反。至檉，遂奔齊。遂，繼事也。杜預曰：「榁，魯竟外，故不言『出』。」○榁，丑貞反，〔一四〕左氏作「笙」。竟，音境。

**校勘記**

〔一〕與聞　「聞」原作「門」，據閩本及單行釋文改。

〔二〕固是其理　單疏本「理」作「禮」。

〔三〕一禮不被　閩本「被」作「備」。

〔四〕上爲宣公　正字：「『謂』誤『爲』。」

〔五〕稱國至罪也　此節疏原隸下節，蓋經疏拚合時誤隸，閩本依所疏内容移置於此，今從之。

〔六〕放大夫　「放」原作「故」，據單疏本及閩本改。

〔七〕哀三年　「三」原無，據宋殘本、單疏本及哀三年傳補。

〔八〕放公孫獵　「放」原作「於」，據單疏本、閩本及哀三年傳改。

〔九〕無所嫌疑故也　此下原有「傳内不至齊也」云云一節，乃下文「齊人取濟西田」傳「内不言『取』，言『取』，授之也，以是爲賂齊也」之疏，蓋經疏拚合時誤隸，閩本依所疏内容移置於彼，今從之。

〔一〇〕宣公弑立　原作「公宣弑入」，據余本改。釋文出「宣弑」注音，楊考：「『釋文所據本或無『公』字。』」

〔一一〕取雖是易　單疏本無「是」字。

〔一二〕易辭之也　殿本考證：「『易辭之也』不成句，似當作『亦易辭也』。」按，下文既云「其實皆是易辭也」，則此云「易辭之也」或「亦易辭也」似贅，疑衍。

〔一三〕故傳特言惡内　單疏本無「傳」字，按上文已言「傳以明惡内之理未顯」，無者是也。

〔一四〕朝直遥反　此注音原無，閩本同，據余本補。

〔一五〕宋公　「公」原作「人」，據余本、閩本改。

〔一六〕故言師　「師」原作「帥」，據余本、閩本改。

〔一七〕春秋不嫌同文　正字：「『春秋』當『美惡』誤。」

〔一八〕楚子滅蔡滅非其罪　兩「滅」字原作「城」，據單疏本、閩本改。

〔一九〕明稱師者　「明」原作「名」，據單疏本、閩本改。

〔二〇〕地而後伐鄭　述聞謂「鄭」字衍。

〔二一〕于衺伐鄭　此與本節疏下文「會衺」之「衺」原作「衮」，「伐」原作「城」，據單疏本、閩本及桓十五年經文改。

〔二二〕何者　「何」原作「可」，據單疏本、閩本改。

〔二三〕獲宋華元　陸淳纂例脱繆略謂「重言『宋』，衍文」。

〔二四〕諸侯無相獲之道　單疏本此句前有一空格。

〔二五〕以救其將也　俞樾平議謂「救」恐「獲」之訛。

〔二六〕殘暴　「殘」原作「履」，據余本、閩本改。釋文出「而暴」云「暴，戲暴也」，騄彈人而觀其辟丸，是「戲暴」也，疑戲、殘形近致誤。

〔二七〕待放　「放」原作「於」，據余本、閩本及本節疏複引改。

〔二八〕示于叢棘　傳本周易「示」作「寘」，疏但列上句「繼」作「係」之異，便謂「陸德明云『寘，置也』」，則疏所本此句與傳本周易不異也。

〔二九〕有罪　「罪」原作「衆」，據余本、閩本改。

〔三〇〕嚴法　「嚴」字原無，單疏本有，陳跋録異。今按，有「嚴」與王弼注合，據補。

〔三一〕陸德明　「德」原作「得」，據單疏本、閩本改。

〔三二〕如字　「字」原作「學」，據余本、閩本及單行釋文改。

〔三三〕止以父病　「止」原作「上」，「父」字原無，楊考：「各本脱『父』字，大謬。」據余本改、補。

〔三四〕許止　原作「止許」，據單疏本、閩本乙。

〔三五〕晉靈公　「靈」原作「林」，據單疏本、閩本改。

〔三六〕凡三十五　正字：「上當有『之例』二字。」又，依疏所言統計，「某之某」完全相同者作一項計，得二十五項，疑「三」爲「二」之訛。

〔三七〕則云　正字：「『云』疑衍字。」

〔三八〕衛侯之弟鱄　襄二十七年「衛侯之弟專出奔晉」，釋文云「左氏作『鱄』」，陸淳纂例差繆略亦云「穀梁作『專』」，然疏中鱄、專雜出，未知所本如此，抑或筆誤。

〔三九〕云之者　「云」原作「亡」，閩本作「言」，據單疏本改。

〔四〇〕致詰　「詰」原作「語」，據單疏本、閩本改。

〔四一〕無災害　「害」字原無，正字：「脱『害』字。」陳跋：「有『害』字，與公羊傳注合。」據單疏本及公羊傳宣三年注補。

〔四二〕亡乎　「亡」原作「云」，據余本、閩本改。

〔四三〕葬鄭穆公　此條緊接「鄭伯蘭卒」，洪業春秋經傳引得謂卒、葬間必有闕文。

〔四四〕秦共公也　依述例「秦」上當有「是」字。

〔四五〕姊妹　「姊」原作「妹」，據單疏本、閩本改。

〔四六〕傳言吾子　殿本考證：「推尋文義，『吾子』，『吾』字衍文。」今按，徐邈引下傳「『及』者及吾子叔姬也」，「吾」字非衍。

〔四七〕叔孫得臣卒　此節疏原隸下節，蓋經疏拚合時誤隸，依所疏内容移置於此。

〔四八〕去及　「去」原作「云」，單疏本作「去」，與本節疏上文稱「去及爲非禮」合，據改。

〔四九〕故知　「知」原作「故」，單疏本作「知」，劉校：「作『知』是也。」據改。

〔五〇〕師少直言　單疏本「直」作「必」。按阮校云「單疏本無『直』字」，蓋所據陳鱣鈔本「少必」作「必少」，致「少」、「言」相連，瞿鏞鈔本乙轉作「少必」，是也，故據改。

〔五一〕亦不言　「亦」原作「赤」，據閩本改。

〔五二〕來盟者　「者」字原無，正字：「脱『者』字，從石經校。」據唐石經、余本補。

〔五三〕來盟至不日　此節疏原隸下節，蓋經疏拚合時誤隸，依所疏内容移置於此。

〔五四〕故發問也　傳文無「問」，依述例「問」蓋「傳」之訛。

〔五五〕卒于垂　「于」原作「子」，唐石經、余本、閩本作「于」，阮校：「作『于』是也。」據改。

〔五六〕時君所加　正字：「『嘉』誤『加』。」

〔五七〕見是　「是」字原無，據單疏本補。

〔五八〕則天子以卿爲之　正字謂上脱「祭必有尸」四字。按，依公羊何注「則」疑「禮」之訛，或「則天子」

乃「天子則」之誤。

〔五九〕昨日之禮也　「之」字原無，依上文述例，據單疏本補。

〔六〇〕此爲卿　正字：「『於』誤『爲』。」按陸德明所見本作「爲卿」。

〔六一〕熊氏　二字原無，據單行釋文補。

〔六二〕不以制也　單疏本「以制」作「止」，轉録者塗改。

〔六三〕明是雨止　「是」原作「爲」，阮校：「何校本『爲』作『是』，是也。」據單疏本改。

〔六四〕己丑之日　「日」字原無，盧補校：「閩、監、毛本『之』下有『日』字，此本誤脱。」據單疏本、閩本補。

〔六五〕有却　「有」原作「在」，據單疏本、閩本改。

〔六六〕公至自齊　此上原有經文分節符「○」，依述例當屬上節，故删。

〔六七〕操扈經既無文　單疏本此句有闕文，依字數核對，「操扈」二字似無。

〔六八〕衛侯　「侯」字原無，據余本、閩本補。

〔六九〕郤缺　「缺」原作「鈌」，釋文出「郤缺」注音，故據余本、閩本及唐石經改。

〔七〇〕通于其家　「于」字原無，正字：「脱『于』字，從石經校。」據唐石經、余本補。

〔七一〕不言至受之　此節疏原隸下節，蓋經疏拚合時誤隸，閩本依所疏内容移置於此，今從之。

〔七二〕下注復以同　「以」字原無，據單行釋文補。

〔七三〕歸父如齊　殿本考證、正字皆謂「下脱『者』字」。

〔七四〕○　此經文分節符原無，依述例補。

〔七五〕故知　「知」字原無，據單疏本補。

〔七六〕夷陵　二字原無，據單行釋文改。

〔七七〕外狄也　「也」字原無，楊考：「注疏本脱『也』字。」據余本及本節疏標起迄補。

〔七八〕欲同吴子　「吴」原作「吾」，據單疏本、閩本及本節疏下文改。

〔七九〕諸夏　單疏本「夏」作「侯」。

〔八〇〕徵舒　「舒」原作「須」，據余本、閩本改。

〔八一〕傎倒　「傎」原作「顛」，據下文音釋，則原本當作「傎」，余本亦作「傎」，因改。

〔八二〕與君　「君」字原無，楊考：「各本脱『君』字。」據余本補。

〔八三〕失德　「德」原作「得」，劉校謂作「得」誤，據余本、閩本及單疏本複引、昭十三年傳文改。

〔八四〕不葬　本節疏複引及隱十一年傳文「不」下有「書」字。

〔八五〕靈公　此與下文「不言靈公」之「靈」原作「林」，余本、閩本作「靈」，阮校：「作『靈』是也。」據改。

〔八六〕失德不葬　「德」原作「得」，據單疏本、閩本及昭十三年傳文改。

〔八七〕日其事敗也　疏云其所本「日」作「曰」，「理足通也，但舊解爲日月之『日』，疑不敢質，故皆存耳」。又，此節疏原隸下節「同盟于清丘」，蓋經疏拚合時誤隸，閩本依所疏内容移置於此，今從之。

〔八八〕理足通也　單疏本「理」作「亦」。

〔八九〕戊寅楚子滅蕭　此節疏原隸下節「同盟于清丘」，蓋經疏拚合時誤隸，閩本依所疏内容移置於此，今從之。

〔九〇〕賢德　「德」原作「得」，據單疏本、閩本改。

〔九一〕擇善而從　四字原作「釋書而言」，據單疏本、閩本改。

〔九二〕同盟外楚　「同」原作「司」，「外」字原無，據單疏本、閩本改、補。

〔九三〕先縠　唐石經「縠」作「穀」，單疏本標起迄同，則疏所本與唐石經同。

〔九四〕縠　原作「穀」，據余本改。

〔九五〕殺無罪　「殺」原作「穀」，據單疏本、閩本改。

〔九六〕以惡之也　「以」原作「人」，據單疏本、閩本改。

〔九七〕外内　單疏本作「内外」。

〔九八〕其曰　殿本考證：「各本俱作『曰』字，以上下文及疏推之，『曰』字自是『日』字之訛，『日』指癸卯也。潞子例不應書日而書日，則知其賢，作『曰』字誤也。」阮校：「惠棟云：『曰』當作『日』。」松崎校訛：「此承『夷狄不日』之句，作『日』誠是，但無本可據正，姑依原本。」按，疏云「方釋潞子嬰兒書日之意」，則疏所本作「其日」。

〔九九〕衛滅邢　「邢」原作「許」，閩本及僖二十五年經文作「邢」，阮校：「作『邢』是也。」據改。

〔一〇〇〕無駭　隱二年經文「駭」作「侅」，釋文出「無侅」，云「左氏作『駭』」，則此處之「駭」乃「侅」之訛。

〔一〇一〕楚滅江　閩本「江」下有「黄」字，阮初校以「黄」爲衍字，覆校：「『黄』字非衍文，楚滅江見文四年，滅黄見僖十四年，皆不書日。」又，依本節述例「楚」上疑脱「謂」字。

〔一〇二〕吴滅州來　「滅」字原重，單疏本、閩本不重，阮校：「下『滅』衍字。」據删。

〔一〇三〕以共五口　「共」原作「其」，據余本、閩本改。

〔一〇四〕十畝　「十」下原有「五」字，殿本考證以「十畝」爲正，阮校：「余本無『五』字，是也，莊廿八年疏引作『又受田十畝』。」據删。

〔一〇五〕故曰　「曰」原作「田」，據單疏本改。

〔一〇六〕韭　此字原無，據余本、閩本及單行釋文補。

〔一〇七〕損爲減損也　單疏本「爲」作「謂」。

〔一〇八〕五口　二字原誤合作「吾」，據單疏本改。

〔一〇九〕成周宣榭災　單疏本標起迄及本節疏文之「榭」皆作「謝」，釋文云「榭，本或作『謝』」，阮校：「此則單疏本所據經注必皆作『謝』，與釋文或作本合。」陳跋：「説文無『榭』字，古皆作『謝』。」

〔一一〇〕宣王之廟也　正字：「『榭』誤『廟』。」

〔一一一〕周災至　正字、柳興恩大義述皆謂「至」當作「志」，臧琳經義雜記：「徐本作『周災至，志也』，謂以災來告，遂志之。」

〔一一二〕同外楚也　此節疏原隸下節「公弟叔肸卒」傳「宣弒而非之也」句下，蓋經疏拚合時誤隸，依所疏内容移置於此。

〔一一三〕以包之也　「以」上原有「所」字，據單疏本删。

〔一一四〕足以　單疏本「足」作「可」。

〔一一五〕捝殺也　阮校：「嚴杰曰：石經初刻『捝』作『棁』，後改從手，非也。」松崎校訛：「説文『棁，木杖也』，段玉裁云：石經後改從手，唐元度之紕繆也。」

〔一一六〕捝謂　注云「捶打殘賊而殺」，則「捝」下疑脱「殺」字。

〔一一七〕日而不言正不正簡之也　于鬯謂此十字「蓋非傳本文，乃習穀梁家所著穀梁傳之古注也」。

〔一一八〕據自此以前吴楚君卒而不書日　疑此句「而不書」下脱「卒而不」三字，以「卒而不書」絶句。

〔一一九〕路寢　兩字原無，楊考：「注疏本不叠此兩字，非。」楊説是，莊三十二年「公薨于路寢」傳云「路寢，正寢也」，本節疏謂此處「重發傳」，皆可證，據余本、唐石經及本節疏標起迄補。

〔一二〇〕路寢正寢也　此節疏原隸下節，蓋經疏拚合時誤隸，閩本依所疏内容移置於此，今從之。

〔一二一〕故例　單疏本「例」下有「名」字，劉校以無者爲脱。

〔一二二〕是亦　「亦」原作「以」，阮校：「石經、余本『以』作『亦』。」按注云「是與親奔父無異」，則作「亦」是也，據改。

〔一二三〕逐也　「逐」原作「遂」，據余本、閩本改。

〔一二四〕丑貞反　「丑」原作「尹」，據單行釋文改。

# 春秋穀梁注疏成公卷第十三 起元年，盡八年

## 成公

魯世家：「成公名黑肱，宣公之子，以周定王十七年即位。」謚法：「安民立政曰成。」

元年春，王正月，公即位。

○二月辛酉，葬我君宣公。

○無冰。〔一〕終時無冰則志，〔二〕此未終時，而言「無冰」何也？言終寒時無冰當志之耳，今方建丑之月，是寒時未終。終無冰矣，加之寒之辭也。周二月建丑之月，夏之十二月也，此月既是常寒之月，於寒之中又加甚，〔三〕常年過此無冰，終無復冰矣。○夏，户雅反。復，扶又反。

【疏】「無冰」 釋曰：徐邈、何休並云：此年無冰者，由季孫行父專政之所致也。桓十四年亦無冰，范云「政治舒緩之所致」，必不得與二説同也。又爾時季氏不專政亦無冰，明徐、何之言不可用。

「終時」至「辭也」 釋曰：「終時無冰當志」謂終寒時無冰當志之也。「此未終寒時」謂今建丑之月，是寒時未終。「而言無冰何也」謂怪其書之意也。「終無冰矣」謂過此時無冰，則終無冰也。「加之寒之辭也」謂於此月書者，以此月是常寒之月，加甚之辭，故麋信、徐邈亦云「十二月最是寒盛之時，故特於此月書之」是也。餘「無冰」不發，特於此月發之者，襄二十八年書「春，無冰」，則是一時無冰，書時則是終寒時，故不發傳。〔四〕此在二月葬宣公之下、三月作丘甲之上，是未終時，故特發之。桓十四年「無冰」在正月之下者，舊解正月自爲公會鄭伯，不爲無冰也。或當月却而節前，則周之正月亦是常寒之月。

注「周二」至「冰矣」 釋曰：天有四時，冬寒夏暑，是冬爲常寒之月，「於寒之中又加甚」謂建丑是夏之十二月，於寒之中又加甚於餘月，雖未終時，亦得於此月書之。

○三月，作丘甲。周禮「九夫爲井，四井爲邑，四邑爲丘」，丘十六井。甲，鎧也。○鎧，開代反。

【疏】「三月，作丘甲」〔五〕 釋曰：何休云「月者，重録之」，徐邈云：「甲有伎巧，非凡民能作，而强使作之，故書月以譏之。」范雖無注，或書月亦是譏。公羊説「作丘甲」亦與此傳同，唯左氏傳以爲譏重斂。

作，爲也，丘爲甲也。使一丘之民皆作甲。

【疏】「作，爲也」 釋曰：後發傳者，〔六〕文同事異，不可以一例該之故也。范别例云「『作』例有六，直云『作』者三，云『新作』亦三也」，云「作」三者，謂「作丘甲」一也，「作三軍」二也，「作僖公主」三也。云「新作」

三者，謂「新作南門」一也，「新延廄」二也，「新作雉門及兩觀」三也。言「作」者不必有新，言「新」則兼作也，〔七〕二者皆所以爲譏，故傳曰「作，爲也」是「有加其度也」，「言『新』，有故」是也。

丘甲，〔八〕國之事也，丘作甲，非正也。丘作甲之爲非正何也？古者立國家，百官具，農工皆有職以事上。古者有四民，有士民，學習道藝者。

【疏】「有士民」　釋曰：何休云「德能居位曰士」，范云「學習道藝者」，是以爲之四民，〔九〕若以居位則不得爲之民，故云「學習道藝」也。

有商民，通四方之貨者。有農民，播殖耕稼者。有工民。巧心勞手以成器物者。夫甲，非人人之所能爲也，丘作甲，非正也。各有業也。

○夏，臧孫許及晉侯盟于赤棘。赤棘，晉地。

【疏】「夏臧」至「赤棘」　釋曰：盟不日者，何休云「謀結鞌之戰不相負。所以不日者，執在二年，非此所得保也」，案隱元年眛之盟爲七年伐邾尚猶去日，〔一〇〕何爲二年即執反云〔一一〕「非此所得保」乎？〔一二〕蓋謀爲鞌戰，歸我汶陽之田，至八年渝前約，故略之也。

○秋，王師敗績于貿戎。貿戎，地。○貿，音茂，左氏作「茅戎」。

【疏】「秋王」至「貿戎」　釋曰：左氏以爲戎敗之，公羊與此亦同，爲晉敗之，今經不云晉敗之者，欲見王者無敵故也。不書月者，何休云「深正之，使若不戰」。范雖不解，蓋不言晉敗及戰，故亦略其日月。

不言「戰」，莫之敢敵也。爲尊者諱敵不諱敗，諱敵，使莫二也。不諱敗，容有過否。○爲，于僞反。爲親者諱敗不諱敵，諱敗，惜其毀折也。不諱敵，諸侯有列國。尊尊、親親之義也。尊則無敵，親則保全。「尊」謂王，「親」謂魯。然則孰敗之？晉也。

○冬，十月。季孫行父秃，晉郤克眇，〔一三〕衛孫良夫跛，曹公子手僂，同時而聘於齊，齊使秃者御秃者，使眇者御眇者，使跛者御跛者，使僂者御僂者，〔一四〕○御，音迓，迓，迎也。秃，他木反。眇，亡小反。跛，波可反。僂，於矩反，一音力主反。

【疏】「郤克眇」　釋曰：左氏以爲跛，今云「眇」者，公羊無説，未知二傳孰是。范明年注云郤克跛者，意從左氏故也。或以爲誤，「跛」當作「眇」。

蕭同姪子處臺上而笑之。蕭，國也；同，姓也；姪子，〔一五〕字也。其母更嫁齊惠公，生頃公，宣十二年楚人滅蕭，故隨其母在齊。○姪子，大節反，又丈乙反。頃公，音傾。聞於客，客不説而去，相與立胥閭而語，移日不解。胥閭，門名。○説音悦。胥閭，思徐反，下力居反。解，古買反，又音蟹。

【疏】注「胥閭，門名」　釋曰：即周禮二十五家也。

齊人有知之者，曰：「齊之患必自此始矣。」穀梁子作傳皆釋經以言義，未有無其文而橫發傳者，甯疑經「冬十月」下云「季孫行父如齊」，脫此六字。○橫，華孟反，又如字。脫此，徒活反，又他活反。

【疏】注「脫此六字」 釋曰：「季孫行父禿」是傳辭，上脫「季孫行父如齊」六字。

二年春，齊侯伐我北鄙。

○夏，四月丙戌，衛孫良夫帥師及齊師戰于新築，衛師敗績。新築，衛地。○築，音竹。

○六月癸酉，季孫行父、臧孫許、叔孫僑如、公孫嬰齊帥師會晉郤克、衛孫良夫、曹公子手及齊侯戰于鞌，齊師敗績。鞌，齊地。○僑，本又作「喬」，其驕反。〔一六〕公子手，左氏作「首」。鞌，音安。

【疏】「癸酉季孫」至「敗績」 釋曰：徐邈云：「四大夫不舉重者，惡魯猥遣四大夫用兵，亦以譏之也。」然則諸國用兵亦應猥遣，何以不具書之？蓋是用兵重事，故詳內也。

其日，或曰日其戰也，或曰日其悉也。「悉」謂魯四大夫，時悉在戰也，明二者皆當日。

【疏】「其日」至「悉也」　釋曰：案傳例「疑戰不日，不疑戰則例書日」，此傳云「日其戰」、「日其悉也」者，豈使詐戰，〔一七〕則魯雖四大夫戰亦不得書，但傳以此戰不詐，書事宜詳，故因經書日并見此意也。

曹無大夫，其曰「公子」何也？以吾之四大夫在焉，舉其貴者也。不欲令內衆大夫與外卑者共行戰。○令，力呈反。

【疏】「曹無大夫」　釋曰：復發傳者，前爲崇羈，今爲戰，故重發之。公羊以爲「公子手何以書？憂內也」，杜解左氏以爲「備於禮」，並非穀梁意。

○秋，七月，齊侯使國佐如師。己酉，及國佐盟于爰婁。鞌去國五百里，爰婁去國五十里。國，齊國也。

【疏】「爰婁」至「十里」　釋曰：爰婁去齊五十里，今在師之外，明晉師已逼到其國，「師」謂晉師也。齊爲晉所敗，兵臨城下，然則敗軍之將不可以語勇，驚弦之鳥不可以應弓，所以更能五戰者，齊是大國，邑竟既寬，收拾餘燼足當諸國之師，故請以五也。

壹戰緜地五百里，焚雍門之茨，雍門，齊城門。茨，蓋也。○雍，於用反。之茨，在私反。侵車東至海。〔一八〕侵車，侵伐之車，言時侵齊過乃至海。君子聞之，曰：「夫甚甚之辭焉，鄭嗣曰：「君子聞戰于搴，乃盟于爰婁，焚雍門之茨，侵車至海，言因齊之敗逼之甚。」○夫甚，音符。齊有以取之也。」「齊之有以取之」何也？敗衛師于新築，侵我北鄙，敖郤獻子，謂笑其跛。○謂笑其跛，布可反，案杜預注左傳云郤克跛，此傳言郤克眇，范注當依傳，而作「跛」恐非。齊有以取之也。爰婁在師之外，言師已逼其國。郤克曰：「反魯、衛之侵地，以紀侯之甗來，甗，玉甑。齊滅紀，故得其寶。○甗，魚輦反，又音言，又音彥，玉甑也。以蕭同姪子之母爲質，齊侯與姪子同母異父昆弟，不欲斥言齊侯之母，故言「蕭同姪子之母」也，兼忿姪子笑。○爲質，音致，下同。使耕者皆東其畝，欲以利其戎車，於驅侵易。○侵易，以豉反，下「伐易」同。然後與子盟。」國佐曰：「反魯、衛之侵地，以紀侯之甗來，則諾。以蕭同姪子之母爲質，則是齊侯之母也，齊侯之母猶晉君之母也，晉君之母猶齊侯之母也。言尊同也。使耕者盡東其畝，則是終土齊也。凱曰：「利其戎車侵伐易，則是以齊爲土。」不可，「不可」謂若不許己言。請壹戰，壹戰不克請再，再不克請三，三不克請四，四不克請五，五不克舉國而授。」於是而與之盟。

○八月壬午，宋公鮑卒。

○庚寅，衛侯速卒。

○取汶陽田。○汶，音問。

○冬，楚師、鄭師侵衛。

○十有一月，公會楚公子嬰齊于蜀。蜀，某地。楚無大夫，其曰「公子」何也？嬰齊亢也。泰曰：莊二十二年「丙申，及齊高傒盟」，文二年「乙巳，及晉處父盟」，傳曰「不言『公』，〔一九〕高傒、處父亢也」。此傳會嬰齊書「公」以明亢，何乎？蓋言高傒、處父亢禮敵公，書「公」則内恥也。嬰齊初雖驕慢，終自降替，故于會則書「公」以顯嬰齊之驕亢，于盟則稱「人」以表嬰齊之服罪，然則向之驕正足以表其無禮，不足以病公，則書「公」可也。○向之，本又作「鄉」，亦作「曏」，〔二〇〕同，許亮反，下文同。

【疏】「楚無」至「亢也」 釋曰：「楚無大夫」重發之者，屈完當齊桓名氏始見，非正例也，椒與宜申二者不見名氏，〔二一〕非大夫之例，今稱「公子」，是貴於稱「大夫」之文，〔二二〕故重發之。嬰齊之亢又重發者，高傒則没「公」存氏，處父無氏稱名，嬰齊則前驕後讓，三者皆異，故各發之。

丙申，公及楚人、秦人、宋人、陳人、衛人、鄭人、齊人、曹人、邾人、薛人、繒人盟于蜀。〔二三〕楚其稱「人」何也？怪楚向稱「公子」今稱「人」。齊在鄭下，蓋時王所黜。

【疏】注「齊在」至「所黜」 釋曰：知時王黜者，以秦、宋、陳、衛以下皆稱「人」，稱「人」則非卿，以其諸侯之大夫俱是微者，必不能自有升降，故知「時王所黜」。齊以傲敵之故，師敗於鞌，兵臨城下，微弱之極，天子因其勢故退之鄭下，此乃一時之宜，非是常例也。知諸侯之大夫是微人者，〔二四〕傳直怪嬰齊稱「人」，不論諸侯大夫，明知並是微者。

於是而後公得其所也。會與盟同月則地會不地盟，不同月則地會地盟，此其地會地盟何也？以公得其所，申其事也。「公得其所」謂楚稱「人」，「申其事」謂地會地盟。○會與盟同月，絶句。不同月，絶句。則地會地盟，絶句。

【疏】「會與」至「事也」 釋曰：「同月則地會不地盟」者，僖二十八年踐土之盟、襄十六年溴梁之盟是也。「不同月則地會地盟」者，〔二五〕昭十三年平丘之盟、定四年臯鼬之盟是也。

今之屈，向之驕也。

三年春，王正月，公會晉侯、宋公、衛侯、曹伯伐鄭。宋、衛未葬而自同於正君，故書「公」、「侯」

以譏之。

【疏】注「宋衛」至「譏之」　釋曰：范意雖葬未踰年亦不得成君，雖踰年而未葬亦不得成君，故云「宋、衛未葬，書『公』、『侯』以譏之」。踰年未葬不得成君，此注是也；雖葬未踰年不得成君，即四年「鄭伯伐許」，注云「喪未踰年自同於正君，亦譏之」是也。

○辛亥，葬衛穆公。

○二月，公至自伐鄭。

○甲子，新宮災，三日哭。「新宮」者，禰宮也。謂宣公廟也。三年喪畢，宣公神主新入廟，故謂之「新宮」。○禰，乃禮反。

【疏】「甲子新宮災」　釋曰：何休云「此象宣公簒位當誅絶，〔二六〕不宜列之昭穆，成公結怨强齊，不得久承宗廟之象也」，〔二七〕范以天災難知，非人所及，故不言之。

三日哭，哀也，其哀禮也。宮廟，親之神靈所馮居，〔二八〕而遇災，故以哀哭爲禮。○馮居，皮冰反。迫近不敢稱謚，恭也。

「迫近」言親禰也，桓、僖遠祖則稱謚。

【疏】注「迫近」至「稱謚」〔二九〕 釋曰：范不據「丹桓宮」者，傳云「迫近不敢稱謚」，言「近」則宜對遠，故據桓、僖言之。其「丹桓宮」〔三〇〕以莊公娶父之讎女，故特言「桓宮」，以譏莊之不子也。〔三一〕

其辭恭且哀，以成公爲無譏矣。

【疏】「其辭」至「譏矣」〔三二〕 釋曰：不稱謚，明其恭；三日哭，著其哀，是成公爲無譏矣。

○乙亥，葬宋文公。

○夏，公如晉。

○鄭公子去疾帥師伐許。○去，起呂反。

○公至自晉。

○秋，叔孫僑如帥師圍棘。

【疏】「叔孫」至「圍棘」〔三三〕 釋曰：公羊、左氏皆以棘爲汶陽之田邑，〔三四〕此傳無説，事或然也。

○大雩。

○晉郤克、衛孫良夫伐廧咎如。○咎，音羔。

○冬，十有一月，晉侯使荀庚來聘。衛侯使孫良夫來聘。〔三五〕

○丙午，及荀庚盟。丁未，〔三六〕及孫良夫盟。其日，公也。來聘而求盟，不言「及」者以國與之也，不言其人亦以國與之也。徐邈曰：「『不言及』謂凡書『來盟』者也，若宣七年『衛孫良夫來盟』是也。『以國與之』謂舉國爲主，故直書外來爾。此先聘而後盟，故不言『來盟』，總言『及』而不復著其人，亦是舉國之辭。」○復，扶又反。不言「求」，兩欲之也。〔三七〕

【疏】「其日」至「與之也」 釋曰：案傳例「前定之盟不日」，後定之盟則日，此云「公也」者，其實盟雖公在位，但爲前定則不日，後定則日，此其日公故也，則後定亦可知矣，但以上文「聘」既接公，下文「及」則公文未顯，嫌不得再煩尊者，恐盟時無公，故傳云「公」以釋之。傳又云「不言及」者，則宣七年「衛孫良夫來盟」是也。

「不言其人」者，解此文不書内之名氏是也。又云「不言『求』，兩欲之也」者，言「求」當直言「求盟」，如孫良夫是也，不言「求」者，此云「來聘」，又云「及盟」是也。何者？「來聘」是他求，言「及」我欲也，是兩國同欲之文，非獨求之稱，故云「不言『求』，兩欲之也」。若然，上文云「來聘」而求盟者，解二人本意來聘，〔三八〕只爲求盟，爲下不言求張本也。

○鄭伐許。鄭從楚而伐衛之喪，又叛諸侯之盟，故狄之。

【疏】注「鄭從」至「狄之」　釋曰：知伐衛之喪，又叛諸侯之盟，故狄之者，昭十二年「晉伐鮮虞」，傳曰「不正其與夷狄交伐中國，故狄稱之也」，定四年傳云吴不稱「子」，「反其狄道也」。鄭、衛同姓，不有弔臨之恩而伐其喪，其爲惡行莫斯之甚，而亦直舉國稱之，明爲夷狄之行也。「叛諸侯之盟」者，舊解以爲上文背晉爲諸侯所伐是也；〔三九〕又其言伐喪者，前年「衛侯速卒」，「楚師、鄭師侵衛」是也。不於伐喪貶者，其罪不積不足以成惡，鄭既伐喪、背盟，一年之中再加兵於許，故於此夷狄之。

四年春，宋公使華元來聘。

○三月壬申，鄭伯堅卒。

○杞伯來朝。○朝，直遥反。

○夏，四月甲寅，臧孫許卒。

○公如晉。

○葬鄭襄公。

○秋，公至自晉。

○冬，城鄆。○鄆，音運。

○鄭伯伐許。喪未踰年自同於正君，亦譏之。

【疏】注「喪未」至「譏之」　釋曰：傳於宋襄起喪稱之例，則諸侯亦同之可知，故上下經文宋、衛、陳皆有「子」稱，鄭是伯爵，與侯同於七命，明在喪之稱或亦與侯同也。左氏之例唯云公、侯曰「子」，伯則不入於例，與此異也。

五年春，王正月，杞叔姬來歸。婦人之義，嫁曰「歸」，反曰「來歸」。

【疏】「婦人」至「來歸」〔四〇〕 釋曰：范氏云：〔四一〕「出女例凡三，『齊人來歸子叔姬』一也，『郯伯姬來歸』二也，此『杞叔姬來歸』三也。」又別引文十八年「夫人姜氏歸於齊」爲例者，出既是同，但内外爲異，故并引之也。子叔姬淫而得罪，爲齊所逐，故言「齊人來歸」，今杞叔姬文既與之異，故並發傳，舉其上下，郯伯姬亦足以相包，故不更發之。

○仲孫蔑如宋。

○夏，叔孫僑如會晉荀首于穀。穀，齊地。

○梁山崩。梁山，晉之望也，不言晉者，名山大澤不以封也。許慎曰：「山者陽位，君之象也，象君權壞。」

【疏】注「梁山」至「望也」 釋曰：詩云「弈弈梁山」，是韓國之鎮，霍、陽、韓、魏，〔四二〕晉之地，故云「晉之望」也。

不日何也？據僖十四年「秋八月辛卯，沙鹿崩」書日。高者有崩道也。有崩道則何以書也？曰梁山崩，壅遏河三日不流，〔四三〕晉君召伯尊而問焉，伯尊來，遇輦者，輦者不辟，使車右下而鞭之，凡車，將在左，御在中，有力之人在右，所以備非常。○壅，於勇反。遏，於葛反。伯尊，左氏作「伯宗」。辟，音避。將，子匠反。輦者曰：「所以鞭我者，其取道遠矣。」所用鞭我之間行道，則可遠。伯尊下車而問焉，以其言有理，知非凡人。曰：「子有聞乎？」對曰：「梁山崩，壅遏河三日不流。」伯尊曰：「君爲此召我也，爲之奈何？」輦者曰：「天有山，天崩之，天有河，天壅之，雖召伯尊如之何？」伯尊由忠問焉，用忠誠之心問之。○爲此，于僞反。輦者曰：「君親素縞，帥羣臣而哭之，既而祠焉，斯流矣。」素衣縞冠，凶服也。所以凶服者，山川，國之鎮也，山崩川塞，示哀窮。○縞，古老反。

【疏】注「素衣」至「哀窮」　釋曰：禮云「素縞」者，鄭玄云「黑經白緯謂之『縞』，縞冠素純，以純喪冠，〔四四〕故謂之『素縞』，是祥祭之冠也」，今注云「素衣縞冠」，與鄭異也。

伯尊至，君問之曰：「梁山崩，壅遏河三日不流，爲之奈何？」伯尊曰：「君親素縞，帥羣臣而哭之，既而祠焉，斯流矣。」孔子聞之，曰：「伯尊其無績乎？攘善也。」績，功也。攘，盜也。取輦者之言而行之，非己之功也。「績」或作「續」，謂無繼嗣。○攘，如羊反。

【疏】注「謂無繼嗣」　釋曰：舊説云：伯尊，晉之賢大夫；輦人，晉之隱士。今一遇吐誠，理難再得，伯尊不能薦之於晉侯，以救朝廷之急，反竊其語而晦其人，蔽賢罪深，故被戮絶嗣。子夏雖匿聖人之論，能播教於西河，令黑水之人欽其風，蒲坂之間愛其道，其罪先輕，〔四五〕故直喪明而已。然此之立説恐非其理，何者？天道冥昧，非人所知，大聖立言，意在軌世，則伯尊之戮未必由蔽賢人之言，卜商喪明豈關匿聖人之論？徒争罪之輕重，妄説受罪淺深，據理言之，恐非聖賢之旨。何休以爲梁山崩，壅河三日不流，「象諸侯失勢，王道絶，故自是之後，六十年之中，弑君十四、亡國三十二」。案此傳説，輩者之言竟不論天子、諸侯喪亡之事，則何休之言未必通於此也。

○秋，大水。

○冬，十有一月己酉，〔四六〕天王崩。定王。

○十有二月己丑，公會晉侯、齊侯、宋公、衛侯、鄭伯、曹伯、邾子、杞伯同盟于蟲牢。蟲牢，鄭地。○蟲，直忠反。牢，力刀反。

六年春，王正月，公至自會。

【疏】「春王」至「自會」〔四七〕 釋曰：何休云「月者，魯使大夫獲齊侯，今親相見，危之」，故書月也，傳例致月則危，此書月必是危，但不知同何説以否。或當時有危，傳不言之，故范亦不解；或以爲，〔四八〕此年公遠會始至、立武宫、取鄟皆是危事，故致會書月也。

○二月辛巳，立武宫。舊説曰「武公之宫廟毁已久矣，故傳曰『不宜立』也」，禮記明堂位曰「魯公之廟，文世室也；武公之廟，武世室也」，言「世室」則不毁也，則義與此違。

【疏】「立武宫」　釋曰：禮記稱「世室」，此傳云「不宜立」者，禮記周末之書，以其廟不毁，〔四九〕故謂之「世室」。此以武公之廟毁來已久，今復立之，故云「不宜立」，范義與此違也。何休解公羊以爲，「臧孫許伐齊有功，故立武宫」。左氏以爲，「季文子以鞌之功立武宫」，據人雖别，同是伐齊。穀梁之意，亦以勝齊立武宫也。

「立」者不宜立也。〔五〇〕

○取鄟。鄟，國也。○鄟，音專，又市轉反，國名。

【疏】「取鄟」　釋曰：隱十年「鄭伯伐取之」，直注云「凡書取國皆滅也，變『滅』言『取』，明其易」，今不言「滅鄟」，是明魯取之易也，又惡鄟不備也。凡書「取」之例，以内外皆有，〔五一〕外書「取」者即「徐人取舒」是也，内書「取」者即「取鄟」是也，其内被取邑亦爲取，「齊侯取鄆」是也。公羊以爲鄟是邾之邑，與穀梁異。

○衛孫良夫帥師侵宋。

○夏，六月，邾子來朝。○朝，直遥反。

○公孫嬰齊如晉。

○壬申，鄭伯費卒。○費，音秘。

【疏】「鄭伯費卒」 釋曰：案世本及左氏鄭伯費是鄭悼公。〔五二〕不書葬者，何休云「楚伐鄭喪，諸侯不能救，晉欒書又侵之，故去『葬』，使若非伐喪者，爲中國諱也」。在隱三年注，魯不往會則經亦不書，則悼公不書葬者，魯不會也。

○秋，仲孫蔑、叔孫僑如帥師侵宋。

○楚公子嬰齊帥師伐鄭。

○冬，季孫行父如晉。

○晉欒書帥師救鄭。

七年春，王正月，鼷鼠食郊牛角。不言「免牛」者，以方改卜郊，吉否未可知。○鼷，音奚。吉否，方九反。

【疏】注「不言」至「可知」　釋曰：下傳稱「免牲不曰不郊，免牛亦然」，此言「免牛」則嫌似不郊，故云「不言『免牛』者，以方改卜郊，未可知也」。

不言日，急辭也，辭中促急，不容日。

【疏】「不言」至「辭也」　釋曰：宣三年「郊牛之口傷」，彼言「之」是緩辭，亦不云日，〔五三〕此傳云「不言日，急辭也」者，案宣三年傳言「之」是牛自傷之緩，此言「其」是鼠食牛之緩，二者立文雖異，俱是緩辭，則辭間容日亦是緩辭。傳云「不言日，急辭也」，此已發例，則定十五年、哀元年之類不言日者，並是急辭也。緩辭不言日者，言「之」既是緩辭可知，故不須更書日以見緩也。

過有司也。郊牛日展斛角而知傷，〔五四〕展道盡矣，其所以備災之道不盡也。有司展察牛而即知傷，是展察之道盡，不能防災禦患，致使牛傷，故不書日以顯有司之過。斛，球球然，角貌。○斛角，其樛反，一音求，角貌，或本作「筋」，〔五五〕非。禦，魚呂反。球，音求。

【疏】「郊牛」至「盡也」　釋曰：展，省察也。言日日皆省察牛之觓角而則知傷，〔五六〕是省察之道盡矣，展道雖盡，不能防災禦患，致使牛傷，是其所以備災之道不盡，是故不言日以責有司也。牛角云觓者，詩稱「兕觥其觓」，〔五七〕又曰「有觓其角」是也。

改卜牛，鼷鼠又食其角。又，有繼之辭也。前已食，故曰「繼」。其，緩辭也，曰亡乎人矣，非人之所能也，所以免有司之過也。至此復食，乃知國無賢君，天災之爾，非有司之過也，故言「其」以赦之。○能，如字，亦作「耐」。復，扶又反，下同。

【疏】「其緩」至「過也」 釋曰：解經上文云「鼷鼠食郊牛角」不言「其」，此文云「又食其角」乃變言「其」，故釋之云「其，緩辭也」。「曰亡乎人矣」，亡，無也。至此郊牛復食，乃知國無賢君，非人所不能也，謂國無賢君之故，爲上天之所災，非人力所能禁，所以免有司之過也，謂經言「其」者，所以赦有司也。〔五八〕

乃免牛。「乃」者亡乎人之辭也。「免牲」者，爲之緇衣纁裳，有司玄端奉送至于南郊，免牛亦然。免牲不曰「不郊」，免牛亦然。郊者用牲，今言「免牲」，則不郊顯矣，若言「免牛」亦不郊，而經復書「不郊」者，蓋爲三望起爾，言時既不郊而猶三望，明失禮。○緇，側其反。纁，許云反。爲，于僞反。

【疏】「『乃』者」至「亦然」 釋曰：重發傳者，此再食乃免牛，嫌與他例別，故重發之。

注「蓋爲」至「起爾」 釋曰：僖三十一年「夏四月，四卜郊，不從，乃免牲，猶三望」，彼不云「不郊」，此既云「免牛」，又云「不郊」者，彼免牲與三望同時，故略去「不郊」之文，此春免牛，夏乃三望，故備言之。

○吳伐郯。○郯，音談。

○夏，五月，曹伯來朝。

○不郊，猶三望。

○秋，楚公子嬰齊帥師伐鄭。

○公會晉侯、齊侯、〔五九〕宋公、衛侯、曹伯、莒子、邾子、杞伯救鄭。

八月戊辰，同盟于馬陵。馬陵，衛地。公至自會。

○吴入州來。〔六〇〕州來，楚地。

○冬，大雩。雩不月而時，非之也，冬無爲雩也。

【疏】「雩不」至「雩也」　釋曰：傳例云「月雩，正也，時雩，非正也」，非正者，其時未窮人力未盡，毛澤已竭，不雩則不及事，故月以明之，則經書秋八月雩、九月雩是也，既過此節，秋不書旱，則冬無爲雩也，故鄭釋癈疾去冬及春、夏。〔六一〕案春秋説考異郵三時唯有禱禮，〔六二〕無雩祭之事，唯四月龍星見始有常雩耳，故因載其禱請山川辭云

「方今天旱，〔六三〕野無生稼，寡人當死，百姓何依？不敢煩民請命，願撫萬民，以身塞無狀」，是鄭意亦以不須雩，唯有禱請而已。

〇衛孫林父出奔晉。

八年春，晉侯使韓穿來言汶陽之田歸之于齊。晉爲盟主，齊還事晉，故使魯還二年齊所反之田。〇穿，音川。

【疏】注「晉爲」至「之田」　釋曰：公羊以爲齊侯敗鞌之後，〔六四〕七年不飲酒，不食肉，晉侯高其德，遂反其所取侵地。此雖無傳，齊頃是中平之主，安能以一敗之後，七年不飲酒食肉乎？故以爲晉爲盟主，齊還事晉，故使魯還二年齊所反之田，〔六五〕杜預解左氏其意亦然。

于齊，緩辭也，不使盡我也。若曰爲之請歸，不使晉制命于我。〇爲，于僞反。

【疏】「于齊緩辭也」　釋曰：僖二十八年「晉人執衛侯，歸之于京師」，傳以言「之」爲緩辭也，今言「歸之于齊」爲緩辭者，之緩辭自是常例，於齊之理未明，故特釋之，辭雖不同，亦是緩也，〔六六〕此以「緩辭」言之者，諱不使制命於我也。

〇晉欒書帥師侵蔡。

○公孫嬰齊如莒。

○宋公使華元來聘。

○夏，宋公使公孫壽來納幣。婚禮不稱主人，宋公無主婚者，自命之，故稱「使」。納幣不書，書者賢伯姬，故盡其事。

【疏】注「婚禮」至「其事」 釋曰：公羊以爲婚禮不稱主人，宋公無主婚者，辭窮自命之，故公孫壽來納幣稱「使」。紀侯有母，履緰受紀侯之母命，婦人之命不通，故不稱「使」。案隱二年傳云「其不言『使』何也？逆之道微，無足道焉爾」，據彼傳文，以逆者微，無足道焉爾，故不言「使」，則與公羊異，觀此注意，云「宋公無主婚者，自命之，故稱『使』」，明爲母命之，則不稱「使」似與公羊同，而與傳違者，范以紀侯之與宋公皆是無母，宜並稱主人，但納幣是卿之事，故稱「宋公使」也，逆女是君之事，使大夫非正，故履緰不稱「使」。今此注云「婚禮不稱主人」，亦據諸侯母在者言之，又且履緰不稱「使」大率言之，亦是不稱主人之事，故注言之耳。納幣不書，其經之所書者三，莊公以非禮書一也，公子遂以喪録二也，此爲賢伯姬三也。范知爲賢伯姬者，公羊傳云「納幣不書，此何以書？録伯姬也」，是爲賢而録也。

○晉殺其大夫趙同、趙括。

○秋，七月，天子使召伯來錫公命。禮有受命，無來錫命，錫命，非正也。曰「天子」何也？曰見一稱也。天王、天子，王者之通稱。自此以上未有言「天子」者，今言「天子」，是更見一稱。○召，上照反。曰見，賢徧反，注「更見」同。一稱，尺證反。以上，時掌反。

【疏】「曰見一稱也」 釋曰：王既是四大之重，宜表異號，莫若繫天，以衆人卑，故稱母子，貴者取貴稱，故謂之「天子」。入春秋以來唯取仁義之稱，未表繫天子之尊，故曰「更見一稱也」。公羊傳云「其稱『天子』何？『元年春，王正月』正也，其餘皆通矣」，何休云「德合於元者稱『皇』，德合於天者稱『帝』，仁義合者稱『王』」，又云「王者取天下歸往也，天子者爵稱也，聖人受命皆天所生，故謂之『天子』」。或言『天王』、〔六七〕或言『天子』，皆相通也」，唯賈逵云「畿内稱『王』，諸夏稱『天王』，夷狄稱『天子』」，其理非也。

○冬，十月癸卯，杞叔姬卒。杜預曰：「前五年來歸者。女既適人，雖見出棄，猶以成人之禮書之，終爲杞伯所葬，故稱『杞叔姬』。」

○晉侯使士燮來聘。○燮，素協反。

○叔孫僑如會晉士燮、齊人、邾人伐郯。

○衛人來媵。杜預曰：「古者諸侯娶嫡夫人及左右媵，各有姪娣，皆同姓之國，國三人，凡九女，所以廣繼嗣。魯將嫁伯姬于宋，故衛來媵。」○媵，以證反，又繩證反。嫡，丁歷反。姪，大結反。娣，音弟。

【疏】「衛人來媵」　釋曰：公羊以爲媵不合書，其書者賢伯姬也。左氏雖無其說，蓋以來至於魯，〔六八〕然後與嫡行，故書之；此傳之意以伯姬爲災而死閔之，故書其事，是言三傳意小異也。

媵淺事也，不志，此其志何也？以伯姬之不得其所，故盡其事也。「不得其所」謂災死也。江熙曰：「共公之葬由伯姬，則共公是失德者也，傷伯姬賢而嫁不得其所。」○共，音恭，下同。

【疏】注「江熙」至「其所」　釋曰：江熙以不得其所爲共公失德，文無所據，范引之者，傳異聞也。〔六九〕

校勘記

〔一〕無冰　此下原有「終時無冰則志，此未終時，而言『無冰』何也」十六字傳及注，繼以「無冰」之疏，下節疏標起訖曰「『終時』至『辭也』」，釋及「終時無冰當志」與後之傳，蓋經疏拚合時誤隸，故依所疏内容移置此十六字傳及注。

〔二〕無冰則志　傳疏複引「則」作「當」，注亦云「言終寒時無冰當志之耳」。

〔三〕又加甚　「又」下原有「如」字，阮校：「余本無『如』字，案疏兩引皆無『如』字，余本是也。」據删。

〔四〕故不發傳　「發」字原無，單疏本有，劉校：「阮本脱『發』字。」據補。

〔五〕作丘甲　此與疏文「公羊説『作丘甲』」之「丘」原作「兵」，據單疏本、閩本及經文改。

〔六〕後發傳者　「後」下原有「重」字，阮校：「單疏本無『重』字。」據删。又，依述例「後」疑「復」之訛，或衍。

〔七〕言作者不必有新言新則兼作也　「必」原作「心」，據單疏本、閩本改。「言新」二字原無，殿本考證謂此處脱「言新」兩字，阮校：「單疏本有『言新』兩字，案有者是。」據補。

〔八〕丘甲　俞樾平議謂「丘」乃「作」之訛。

〔九〕爲之四民　正字：「『爲』當『謂』字誤，下『不得爲之民』同。」

〔一〇〕眛之盟　「眛」原作「昧」，正字：「眛從目從未，作『昧』誤。」阮校録之。據隱元年經文改。

〔一一〕何爲二年　本節疏上文云「三年」，此作「二年」，疑有誤。

〔一二〕所得保　「得」原作「以」，據單疏本及本節疏上文改。

〔一三〕晉郤克眇　類聚卷十九引「眇」作「跛」，阮校：「臧琳經義雜記云：據沈文阿引穀梁傳，知古本穀梁作『晉郤克跛』，故范二年傳云『謂笑其跛』也。」按宣十七年左傳正義曰：「沈氏引穀梁傳云『魯行父禿，晉郤克跛，衛孫良夫眇，曹公子首傴，故婦人笑之』，是以知郤克跛也，穀梁傳定本作『郤克眇，衛孫良夫跛』。」

〔一四〕御僂者　此下原有「御音迓，迓，迎也」六字注文，按單行釋文屬釋文，此誤爲注，今改正。

〔一五〕姪子　「姪」原作「姓」，余本、閩本作「姪」，阮校是閩本，據改。

〔一六〕其僑反　單行釋文「僑」作「憍」，正字：「『憍』誤『僑』。」

〔一七〕豈使　依文義「豈」當作「若」。

〔一八〕侵東至海　閩本無「東」字，正字：「『東』衍字。」按注云「言時侵齊過乃至海」，鄭嗣亦云「侵東至海」，則所本傳文無「東」字，閩本或因此而删。

〔一九〕不言公　「公」字原無，余本有，殿本考證謂脱「公」字，阮校：「莊二十二年、文二年傳並云『不言公』，此注『言』下當有『公』字，今本脱也。」據補。

〔二〇〕亦作鄉　「鄉」原作「向」，正字：「作『向』誤。」按傳文已作「向」，釋文不得云「亦作『向』」，故依單行釋文改。

〔二一〕椒與宜申　文九年「楚子使萩來聘」，釋文出「使萩」云「或作『菽』，左氏作『椒』」，則「椒」字誤。

〔二二〕稱大夫　「稱」原作「同」，據單疏本改。

〔二三〕盟于蜀　陸淳纂例差繆略引有「許人」，云「左氏無『許人』，公羊無『齊人』」，公羊疏謂「亦有一本無『齊人』者，脱也」，則陸氏所見穀梁有「許人」。

〔二四〕是微人者　疏上文云「其諸侯之大夫俱是微者」，此「人」字疑衍。

〔二五〕地盟　「地」字原無，正字、阮校皆以爲脱，單疏本「地」字旁添，此據本節注文補。

〔二六〕宣公簒位　阮校：「公羊注『位』作『立』。」按作「立」是也，公羊注及穀梁之注、疏皆不稱「簒位」。

〔二七〕宗廟之象也　阮校：「公羊注『象』作『應』。」按何注已云「此象宣公簒立當誅絶」，則末句當謂「不得久承宗廟之象也」。

〔二八〕馮居　「馮」原作「憑」，據余本及釋文改。

〔二九〕至稱謚　單疏本作「至謚也」，張校：「案注云『迫近言親禰也，桓、僖遠祖則稱謚』，楊所見本或有『也』

字，故云『至謚也』。」

〔三〇〕丹桓宮　「丹」原作「用」，據單疏本、閩本改。

〔三一〕不子也　阮校：「單疏本『子』作『孝』」。

〔三二〕其辭至譏矣　此節疏原隸下節「鄭公子去疾帥師伐許」，蓋經疏拚合時誤隸，閩本依所疏内容移置於此，今從之。

〔三三〕叔孫至圍棘　此節疏原隸下節「晉郤克、衛孫良夫伐廧咎如」，蓋經疏拚合時誤隸，今依所疏内容移置於此。

〔三四〕汶陽之田邑　成三年杜注作「汶陽田之邑」，則此「之田邑」疑「田之邑」訛也。

〔三五〕衛侯使孫良夫來聘　此上原有分節符號「〇」，依述例當屬上節，故删。

〔三六〕丁未　此上原有經文分節符「〇」，然依述例當屬上節，故删。

〔三七〕不言求兩欲之也　本節疏原在此句前，疏既并釋此句，因以移置。

〔三八〕本意　單疏本此上有「或」字，劉校：「阮本脱『或』字。」

〔三九〕背晉　單疏本「背」作「叛」，疑涉上而訛。

〔四〇〕婦人至來歸　此節疏原隸下節「叔孫僑如會晉荀首于穀」，蓋經疏拚合時誤隸，閩本依所疏内容移置於此，今從之。

〔四一〕范氏云　依述例凡言范氏之例稱「范氏略例」、「范氏别例」、「范氏例」，或簡作「范略例」、「范别例」、「范例」，則此「氏」下疑有脱文。

〔四二〕霍陽韓魏　左傳襄二十九年「陽」作「揚」。

〔四三〕　壅遏河　御覽卷六四九引無「遏」字，李富孫異文釋謂「遏」字疑衍。

〔四四〕　縞冠素純以純喪冠　正字：「『以』下當脱『素』字。」阮校：「閩、監、毛本『純』作『紕』，誤。」

〔四五〕　其罪先輕　阮校：「閩、監、毛本『先』作『既』。」

〔四六〕　十有一月　「有」原無，據余本補。

〔四七〕　春王至自會　此節疏原隸下節，蓋經疏拚合時誤隸，閩本依所疏内容移置於此，今從之。

〔四八〕　或以爲　「以」原作「亦」，阮校：「單疏本『亦』作『以』，案『以』是。」據改。

〔四九〕　不毁　阮校：「單疏本『毁』作『廢』。」

〔五〇〕　不宜立也　此傳凡三見，其他兩處「立」下皆有「者」字，此處疑脱。

〔五一〕　以内外皆有　阮校：「單疏本『以』作『有』，何云：『以』字疑衍。」

〔五二〕　鄭伯費是鄭悼公　單疏本無下「鄭」字。按，若依疏述例，「鄭悼公」不誤，「鄭伯費」三字不當有。

〔五三〕　云日　依述例「云」疑「言」或「書」訛。

〔五四〕　斛角　阮校：「石經、閩、毛本『斛』作『觓』，是也。」黄侃亦校改作「觓」。

〔五五〕　或本作筋　正字：「『本或』字誤倒。」單行釋文「或本」作「本或」。

〔五六〕　則知傷　單疏本「知」下有「之」字。

〔五七〕　兕觥　「兕」原作「兒」，據單疏本、閩本及詩小雅桑扈改。

〔五八〕　赦有司也　「赦」原作「放」，阮校：「閩本『放』作『赦』，是也。」按，作「赦」與注文合，故據閩本改。

〔五九〕　晉侯齊侯　公羊無「齊侯」二字，陸淳纂例差繆略謂「左氏『晉侯』下有『齊侯』」，則陸淳所見穀梁亦無「齊侯」也。

〔六〇〕州來　陸淳纂例差繆略謂「公、穀皆作『州萊』」。

〔六一〕去冬　孫校：「『去』當爲『云』。」

〔六二〕春秋説考異郵　玉海卷一百一引無「説」字。

〔六三〕方今天旱　正字：「『大』誤『天』。」按後漢書郎顗傳、黄瓊傳注引春秋考異郵，一作「大」、一作「天」，皆通而難斷。

〔六四〕敗鞌之後　「鞌」原作「案」，據單疏本、閩本及公羊成八年傳改。

〔六五〕使魯還　「還」原無，據單疏本及注文補。

〔六六〕亦是緩也　阮校：「單疏本無『是』字。」

〔六七〕或言天王　阮校：「依公羊注『或』字上有『或言王』三字，此不當删。」

〔六八〕來至於魯　阮校：「何校本『至』作『致』。」按，何據單疏本校也。

〔六九〕傳異聞也　疏他處皆稱「記異聞」，此處「傳」疑「記」之訛。

# 春秋穀梁注疏成公卷第十四 起九年，盡十八年

九年春，王正月，杞伯來逆叔姬之喪，以歸。傳曰：夫無逆出妻之喪而爲之也。

【疏】傳「傳曰」至「爲之也」　釋曰：公羊以爲魯脅杞，使逆其喪；左氏以爲魯人請之，故杞伯來逆。此傳不説歸之所由，要叔姬免犯七出之愆，〔一〕反歸父母之國，恩以絶矣，杞伯今復逆出妻之喪，而違禮傷教，言其不合爲而爲之，是以書而記之以見非，傳曰「夫無逆出妻之喪爲之」，言其不合爲而爲之也。徐邈云「爲猶葬也，言夫無逆出妻之喪而葬」，理亦通矣，但范不訓「爲」爲葬也。

○公會晉侯、齊侯、宋公、衛侯、鄭伯、曹伯、莒子、杞伯同盟于蒲。蒲，衛地。

公至自會。

○二月，伯姬歸于宋。逆者非卿，故不書。

〇夏，季孫行父如宋致女。致勑戒之言於女。

【疏】傳「夏季」至「致女」 釋曰：公羊以春秋「未有言致女者，此其言致女何？賢伯姬也」，〔二〕左氏無説，蓋以使卿則書，餘不書者或不致、或不使卿也，此傳云「詳其事，賢伯姬也」，則與公羊意同耳。徐邈云：「宋公不親迎，故伯姬未順爲夫婦，故父母使卿致伯姬，使成夫婦之禮，以其責小禮，違大節，故傳曰『不與内稱』，謂不稱夫人而稱女。」案傳稱「賢伯姬」，而徐云「責伯姬」，是背傳而解之，故范以爲謂致勑戒之言於女也。

「致」者不致者也。婦人在家制於父，既嫁制於夫，如宋致女，是以我盡之也。刺已嫁而猶以父制盡之。不正，故不與内稱也。「内稱」謂稱「使」。〇内稱，尺證反。

【疏】注「内稱謂稱『使』」 釋曰：案經内大夫出國例言「如」，不言「使」，此「季孫行父如宋」即是内稱，而云「不與」者，凡内卿出外直言「如某」者，即是使，又即是内稱。今行父稱君之命，以在家之道制出嫁之女，雖言「如」以爲内稱，言「致女」是見其不與也。僖三年「公子友如齊莅盟」，彼亦言「如」，又云「莅盟」者，若直言「如」則嫌是單聘，故更須言「盟」也，〔三〕莅盟既更須言「盟」，〔四〕則致女亦須言之。云「不與内稱」者，莅盟是禮，致女非禮，故不合言也。若然，傳曰「逆者微，故致女。詳其事，賢伯姬也」，據傳文似致女得正，而云「不正，故不與内稱」者，禮，諸侯親逆則不須致女，今以宋逆者微故致女，是傳解其致女之意也。云「不正，故不與内稱也」，其以在家之道制出嫁之女也。〔五〕此傳之意因解宋公不親逆，并見致女之不正，又云「賢伯姬」者，以上下文詳皆云「賢伯姬」，則此云「致女」亦兼賢伯姬也，若其不爲賢伯姬，則致女雖正亦不書也。

逆者微，故致女。詳其事，賢伯姬也。

○晉人來媵。媵淺事也，不志，此其志何也？以伯姬之不得其所，故盡其事也。

○秋，七月丙子，齊侯無野卒。

○晉人執鄭伯。

○晉欒書帥師伐鄭。不言「戰」，以鄭伯也。欒書以鄭伯伐鄭，君臣無戰道。爲尊者諱恥，不使臣敵君，「王師敗績于貿戎」是也。〔六〕○爲尊，于僞反，下及此傳注同。爲賢者諱過，爲齊桓諱滅項是也。○滅項，乎講反。爲親者諱疾。雍曰：「欒書以鄭伯伐鄭，不言『戰』是也。鄭兄弟之國，故謂之『親』。君臣交兵，病莫大焉，故爲之諱。」

【疏】「爲親者諱疾」 釋曰：春秋諱有四事，一曰爲尊者諱恥，二曰爲魯諱敗，三曰爲賢者諱過，四曰爲同姓諱疾。此不言魯者，因親者諱疾，則文亦包魯可知，〔七〕故不言也。聖人有作，親疏一也，今乃以同姓爲別者，春秋之意因親疏，故仲尼書經内外有別，既内外別，則親疏、尊卑見矣。

○冬，十有一月，葬齊頃公。○頃，音傾。

○楚公子嬰齊帥師伐莒。庚申，莒潰。其日，莒雖夷狄，猶中國也。莒雖有夷狄之行，猶是中國。○潰，户内反。行，下孟反。大夫潰莒而之楚，是以知其上爲事也。〔八〕臣以叛君爲事，明君臣無道。

【疏】「大夫」至「事也」　釋曰：范别例云「凡『潰』者有四，發傳有三」，僖四年「蔡潰」，傳曰「『潰』之爲言上下不相得也」，此「莒潰」，傳曰「大夫潰莒而之楚」，二者雖同是不相得，與君臣不和自潰散少異，〔九〕故亦發傳。昭二十九年「鄆潰」，彼鄆是邑，與國殊，故重發傳。一解鄆不伐而自潰，與常例異，故重發之。文三年「沈潰」不發者，〔一〇〕從例可知也。

惡之，故謹而日之也。潰例月，甚之故日。○惡，烏路反。

【疏】注「潰例」至「故日」　釋曰：傳上云「猶中國也」故日，下文言「惡之，故謹而日之也」，若使莒非中國，雖惡不得日也，以潰例月，爲惡故日，是以云「謹而日之」。范知例月者，僖四年「春王正月，公會齊侯云云侵蔡，蔡潰」，文三年「春王正月，叔孫得臣會晉人云云伐沈，沈潰」，是例月，今此莒帥衆民叛君從楚，〔一一〕故變文書日以見惡。

○楚人入鄆。

【疏】「楚人入鄆」釋曰：魯雖有鄆，此鄆非魯也，蓋從左氏爲莒邑，大都以名通，故不繫莒。或以爲昭元年「取鄆」，范云「魯邑」，此不繫莒，則魯邑可知，理亦通也。

○秦人、白狄伐晉。

○鄭人圍許。

○城中城。「城中城」者，非外民也。譏公不務德政，恃城以自固，不復能衛其人民。〔一二〕

【疏】「城中」至「民也」釋曰：莊二十九年「冬，城諸及防」，傳曰「可城也」，今云「非外民也」者，凡城之志皆譏，就譏之中間隙之月少耳，〔一三〕故云「可城」，乃非全善之文，此亦冬城，嫌同而無譏，故發傳明之。舊解以爲有難而脩城則不譏之，〔一四〕若文十二年「季孫行父城諸及鄆」是也。此涉左氏之説。案穀梁傳「凡城之志皆譏」，安得有備難之事？若備難無譏，則經本不應書之，經既書之，明譏例同。或以爲「城諸及防」是其月，〔一五〕故傳發「可城」之文，今此城是十二月，〔一六〕故發「外民」之傳，雖同是譏，事有優劣，故發傳以異之。

十年春，衛侯之弟黑背帥師侵鄭。

【疏】「衛侯」至「侵鄭」釋曰：范答薄氏駁云：「諸侯之尊，弟兄不得以屬通，有賢行則書『弟』。」今黑背書

「弟」者，明亦有賢行故也。陳侯之弟黄、〔一七〕衛侯之弟專、秦伯之弟鍼傳無賢行，所以皆云「弟」者，〔一八〕隱七年「齊侯使其弟年來聘」，傳曰「『其弟』云者，以其來接於我，舉其貴者也」，是接我者例稱「弟」。襄二十年「陳侯之弟光出奔楚」、昭元年「秦伯之弟鍼出奔晉」，傳皆曰「親而奔之，惡也」，襄二十七年「衛侯之弟專出奔晉」，傳云「其曰『弟』何也？專有是信者」，三者無罪，〔一九〕故稱「弟」以惡兄；襄三十年「天王殺其弟佞夫」，傳曰「甚之也」，稱「弟」以惡王也。昭八年「陳侯之弟招殺陳世子偃師」，傳曰「其弟云者親之也，〔二〇〕親而殺之，惡也」，是惡而稱「弟」也。宣十七年「公弟叔肸卒」，傳曰「其曰『公弟叔肸』，賢之也」，莊三十二年「公子牙卒」，無賢行而不稱「弟」，明稱「弟」皆賢也，自然黄、專之非直罪兄，〔二一〕必兼有賢行，叔肸以賢稱「弟」傳有賢行明文，則黑背稱「弟」自然亦有賢行。故范准例言之，「稱」弟之例有四意，齊侯之弟年來聘、「鄭伯使其弟禦來盟」爲接我稱「弟」，衛侯之弟專爲罪兄稱「弟」，陳侯之弟招惡之稱「弟」，〔二二〕叔肸及衛侯之弟黑背爲賢稱「弟」，是有四也。

○夏，四月，五卜郊，不從，乃不郊。夏四月，不時也。郊時，極於三月。五卜，强也。「乃」者亡乎人之辭也。○强，其丈反。

【疏】「亡乎人之辭也」 釋曰：重發傳者，嫌五卜與四卜異故也。

○五月，公會晉侯、齊侯、宋公、衛侯、曹伯伐鄭。

〇齊人來媵。媵伯姬也。異姓來媵，非禮。

【疏】注「媵伯姬」至「非禮」 釋曰：何休以爲異姓亦得媵，故鄭箴膏肓難之云：「天子云備百姓、博異氣，諸侯直云備酒漿，何得有異姓在其中？」是亦以異姓不合媵也。此媵不發傳者，上詳其事，見同姓之得禮，異姓非禮可知，故省文。

〇丙午，晉侯獳卒。〇獳，乃侯反。

【疏】「晉侯獳卒」 釋曰：何休云「不書葬，爲殺大夫趙同等」，范雖不解，或當魯不會也。

〇秋，七月，公如晉。

〇冬，十月。〔一三〕

十有一年春，王三月，公至自晉。

〇晉侯使郤犨來聘。己丑，及郤犨盟。〇郤犨，尺由反，公羊作「郤州」。

【疏】「己丑及郤犨盟」　釋曰：書日者，公親在，又非前定之盟故也。又不云「公」者，取舉國與之也。

○夏，季孫行父如晉。

○秋，叔孫僑如如齊。

○冬，十月。

十有二年春，周公出奔晉。周有入無出，鄭嗣曰：「王者無外，故無出也。宗廟、宮室有定所，或即位失其常處，反常書入，內宗廟也，昭二十六年『天王入于成周』是。」○處，昌慮反。其曰「出」，上下一見之也。鄭嗣曰：「上謂僖二十四年『天王出居于鄭』，下謂今周公出奔，上下皆一見之。」○見，賢偏反。言其上下之道無以存也，上雖失之，下孰敢有之？今上下皆失之矣。上雖有不君之失，臣下莫敢效不臣之過，今復云周公之出，則上下皆有失矣，君而不君，臣而不臣，是無以存于世，言周之所以衰。○復云，扶又反。

【疏】「周有」至「失之矣」　釋曰：「有入無出」，注意直據天子，今不云「王」而云「周」者，以經雖無王臣入文，至於王臣出亦是譏限，故言「周」以總之。范以王者出、入之文俱有，故注直言「王」以當之。案僖二十四年傳云「雖失天下，莫敢有也」，謂王雖出，鄭不敢有之以爲國也，此云「上雖失之，下孰敢有之」，謂上雖有不君之失，臣下誰敢放效爲之？〔二四〕觀經立説，故二處不同也。「今上下皆失之矣」，謂王既書「出居于鄭」，今復云「周公出奔晉」，是上下皆有失也。公羊以爲書「出」者周公自其私土，謂國也；〔二五〕左氏以爲書「出」者已復之，周公自出，並與穀梁異也。

○夏，公會晉侯、衛侯于瑣澤。瑣澤，某地。○瑣，素果反。

○秋，晉人敗狄于交剛。交剛，某地。中國與夷狄不言「戰」，皆曰敗之。不使夷狄敵中國。夷狄不日。

【疏】「夷狄不日」釋曰：不於箕役發傳者，以再敗狄師甚之，故發於此。

○冬，十月。

十有三年春，晉侯使郤錡來乞師。○錡，魚綺反。乞，重辭也，古之人重師，故以「乞」言之也。

【疏】「乞師。乞，重辭也」〔二六〕釋曰：重發傳者，公子遂内之始，此外之初，故發之也。「古之人重師，故以『乞』言之也」者，古人以師之爲重，故以重辭言之。「古」者，舊以爲穀梁子後代人，〔二七〕遠者舉當時之事，亦以古言之，徐邈以爲引古以刺今耳。

○三月，公如京師。公如京師不月，月非如也，時實會晉伐秦過京師也，公行出竟有危則月，朝聘京師理無危懼，故不月。○過京師，音戈，下同。竟，音境。朝聘，直遥反，下皆同。非如而曰如，不叛京師也。因其過朝，故正其文，若使本自往。

【疏】「公如」至「師也」　釋曰：僖二十八年「五月癸丑，公會晉侯云云盟于踐土，陳侯如會。公朝於王所」，彼日月並書，「公朝於王所」雖文承「五月癸丑」之下，彼之日月自爲盟不爲朝也，「壬申，公朝於王所」書日，此意取日不繫月，猶諸侯不宗於天王。朝會無危則例時，今公以伐秦過京師，非真朝，故書月以見意。

○夏，五月，公自京師，〔二八〕遂會晉侯、齊侯、〔二九〕宋公、衛侯、鄭伯、曹伯、邾人、滕人伐秦。言受命不敢叛周也。使若既朝王而王命己使伐秦。「叛周」謂專征伐。

【疏】「言受」至「周也」　釋曰：「公子遂如京師，遂如晉」，傳云「不叛天子」，〔三〇〕此文重發傳者，嫌君臣異例也。

○曹伯盧卒于師。○盧，力吴反，又力魚反。傳曰：閔之也。公、大夫在師曰

「師」，在會曰「會」。

【疏】「曰閔」至「曰會」　釋曰：諸侯或從會、或從伐，皆閔其在外而死，故云「卒于師」、「于會」也，「卒于師」則此曹伯廬、襄十八年曹伯負芻是也，「卒于會」者則定四年「杞伯成卒于會」是也。僖四年許男新臣亦卒於師，不言「於師」者，彼以内桓師，雖卒於外，以若在國然，〔三一〕故不書「于師」。然則大夫之卒例所不書，而與公同例云「在師曰『師』，在會曰『會』」者，舊解以爲春秋緣大夫之心，則知書君之卒，於師則言「師」，於會則言「會」，非謂外大夫書卒于師。〔三二〕若然，傳當云「大夫」也，公不得云「大夫」，〔三三〕且經無其事，傳因類發例者，其數不少，即日食云「外壤」，饑云「饉」、「康」之等是也。彼經無其事，傳得因類引之，此雖無經，何以爲不得又會大夫？單伯之徒亦書會諸侯，〔三四〕若使卒於師固當書之，〔三五〕但無「卒于師」、「卒于會」者耳，故知「公、大夫在師曰『師』」，謂公及大夫二者皆然也。徐邈之注亦以爲公及大夫所會諸侯在師言「師」、在會言「會」，明爲舊解非也。

○秋，七月，公至自伐秦。

○冬，葬曹宣公。葬時，〔三六〕正也。

【疏】「葬時正也」　釋曰：嫌卒于師失正葬，〔三七〕故重發之，葬正則是無危。不日卒者，蓋非嫡子爲君故也，又僖四年注云「新臣卒于楚，故不日耳」，則此不日者，或當爲卒于秦故也。若然，襄二十六年「壬午，許男甯卒于楚」，注云「許男卒于楚，則在外已顯矣，日卒明其正」，二注不同者，以無正文，二理俱通，故爲兩解。或亦新臣非嫡子，不須兩解，理足可通耳。

十有四年春，王正月，莒子朱卒。徐邈曰：「傳稱『莒雖夷狄，猶中國也』，言莒本中國，末世衰弱，遂行夷禮。葬皆稱謚，而莒君無謚，謚以所以終，春秋亦不得書葬。」

『公』配，而吳、楚稱『王』，

【疏】「莒子朱卒」　釋曰：「莒子朱」者莒渠丘公，今不書葬者，莒行夷禮則是失德，又葬須稱謚，莒夷無謚，〔三八〕故不書葬也。不日卒者，何休云入春秋以來至此始書卒，故略之不日。或當既行夷禮，不得同中國，故不日。或當非正卒，無文可明之。

○夏，衛孫林父自晉歸于衛。

○秋，叔孫僑如如齊逆女。泰曰：「親迎例時，〔三九〕大夫逆皆謹月以譏之，下云『九月，僑如以夫人婦姜氏至自齊』，一事不二譏，故此可以不月也。宣元年『公子遂如齊逆女』，亦以時逆而月致，義與此同。」○親迎，魚敬反，傳同，本或作「逆」。

【疏】注「宣元」至「此同」　釋曰：案宣元年「春王正月，公即位」，下文即云〔四〇〕「公子遂如齊逆女」，彼文承正月之下，即與此別，而云「同」者，〔四一〕彼雖文承正月之下，正月自爲即位發文，非是爲遂逆女，若逆女，既蒙上月，則下夫人至不須云月，案此比例，知彼亦當時也。

○鄭公子喜帥師伐許。

○九月，僑如以夫人婦姜氏至自齊。大夫不以夫人，以夫人，非正也，刺不親迎也。僑如之挈，由上致之也。○刺不，七賜反。挈，苦結反。

【疏】「大夫」至「之也」 釋曰：「公子翬如齊逆女」，傳曰「不言翬之來何？見于公也」，然則夫人見於君，宜言以夫人至，而曰「非正」者，逆女，親者也，使大夫非正也，非正而以夫人至，故刺之。彼以先接於公，故無至文，此使大夫有譏，則翬之被責居然顯矣。〔四二〕不發於宣公逆女，於此發之者，宣公以喪娶，故略夫人而不氏，一事不二譏，故省其文，成公非喪娶而不親逆，嫌其無罪，故傳明之。莊公親逆傳亦譏之者，以娶讎人之女而事宗廟故也。「由上致之」者，宣元年注云「『上』謂宣公」，則謂成公也。〔四三〕

○冬，十月庚寅，衛侯臧卒。○臧，子郎反。

○秦伯卒。

【疏】「秦伯卒」　釋曰：世本及左氏是秦桓公也。

十有五年春，王二月，葬衛定公。

〇三月乙巳，仲嬰齊卒。此公孫也，其曰「仲」何也？此蓋仲遂之子，據實公孫。子由父，疏之也。雍曰：「父有弒君之罪，故不得言『公子』，父不言『公子』，則子不得稱『公孫』，是見疏之罪由父故。」

【疏】「子由父疏之也」　釋曰：宣十八年「公孫歸父如晉」，歸父亦襄仲之子，何以不疏者？卒則身之終，今嬰齊之卒當繼於父，父既被疏，故子亦當略。〔四四〕歸父則奉命出使，使奔之，故具名氏以恩録也。歸父還不氏者，以明由上也。公羊以爲仲嬰齊何以不稱「公孫」？以歸父既是兄，〔四五〕公孫嬰齊爲歸父後，爲人後者則爲之子，故不稱「公孫」，與穀梁異。

〇癸丑，公會晉侯、衛侯、鄭伯、曹伯、宋世子成、〔四六〕齊國佐、邾人同盟于戚。晉侯執曹伯，歸于京師。以晉侯而斥執曹伯，惡晉侯也。僖二十八年「晉人執衛侯，歸之于京師」，此伯討之文也，今以侯執伯，明執之不以其罪。〇惡晉，烏路反。

【疏】「斥執曹伯」　釋曰：重發者，〔四七〕此執歸于京師，嫌晉之無罪，故明之。

**注「僖二十」至「其罪」** 釋曰：衛侯有罪，故稱「人」言「執」，〔四八〕又歸之京師，令天子決之，是伯討之文也，又且此傳云「以晉侯而斥執曹伯，惡晉侯也」，稱侯以執爲惡，〔四九〕明稱「人」以執是伯討也。若然，定元年「晉人執宋仲幾」，〔五〇〕傳曰「此大夫，其曰『人』何也？微之也。何爲微之？不正其執人於尊者之所也，不與大夫之得伯討也」，〔五一〕彼又稱「人」非伯討者，〔五二〕彼仲幾雖則逆命，當歸於王之有司，今晉大夫執人於尊者之側，故地于京師以見尊，稱「人」以見微，〔五三〕是不與大夫之伯討也，伯討宜施諸侯，大夫則不得也。左氏以爲曹伯殺大子而自立，公羊之意曹伯篡喜時，據二傳之文則是有罪，范云「不以其罪」者，范以曹伯言「執」云「惡晉侯」，曹伯之入云「歸爲善」，據此二文言之，明執之不以其罪，不得以公羊、左氏爲難。

不言之，急辭也，斷在晉侯也。明晉之私。○斷在，丁亂反。公至自會。

○夏，六月，宋公固卒。

○楚子伐鄭。

○秋，八月庚辰，葬宋共公。月卒日葬，非葬者也，宋共公正立，卒當書日，葬無甚危則當録月，今反常違例，故知不葬者也，然則共公之不宜書葬，昏亂故。○共，音恭。

【疏】注「宋共」至「亂故」　釋曰：葬書時，正也，注不以時決而以月決之者，以葬書時最爲正，書月有故，書日危不得葬，今共公月猶不得，明不葬可知，故不以時決之。然共公失德所以不全去葬文者，爲伯姬書葬，故不得不存共公之葬，但書日以表失德，〔五四〕且不全去葬文，嫌是魯之不會，無以明其失德也。

此其言「葬」何也？以其葬共姬，不可不葬共公也。葬共姬則其不可不葬共公何也？夫人之義不踰君也，爲賢者崇也。賢崇伯姻，故書共公葬。○爲，于僞反。

○宋華元出奔晉。宋華元自晉歸于宋。

○宋殺其大夫山。

【疏】「宋殺其大夫」　釋曰：左氏以爲背其族，何休注公羊以爲譖華元貶之，穀梁無説，不知所從。

○宋魚石出奔楚。

○冬，十有一月，叔孫僑如會晉士燮、齊高無咎、宋華元、衛孫林父、鄭公子鰌、邾人，會吴于鍾離。會又會，外之也。再書「會」，殊外夷狄。○無咎，其九反。鰌，音秋。

【疏】「會又會外之也」 釋曰：重發傳者，欑函表中國之辭，鍾離明内外之稱，故兩發之。

○許遷于葉。遷者猶得其國家以往者也，其地，許復見也。○葉，始涉反。復，扶又反。見也，賢偏反。

十有六年春，王正月，雨木冰。穀梁傳曰「雨木冰」者，〔五五〕木介甲冑，兵之象。○雨，如字，或于付反，非也。介，音界。冑，直又反。

【疏】「雨木冰」 釋曰：劉向云：「冰者陰之盛，木者少陽，卿大夫之象。此是人將有害，則陰氣脅木，木先寒，得雨而冰也。是時叔孫僑如出奔，〔五六〕公子偃誅死。一曰，時晉執季孫行父、執公，此執辱之異也。」徐邈云：「五行以木爲介，介，甲也，木者少陽之精，幼君大臣之象，冰者兵之象，今冰脅木，君臣將見執之異。」「根枝折」者，象禍害速至也。或曰木冰此木介，〔五七〕介者甲也，兵之象也，是歲有鄢陵之戰，楚子傷目而敗。注云「兵之象」，則或説是也。

雨而木冰也，雨著木成冰。著，直略反。○志異也，傳曰：根枝折。

○夏，四月辛未，滕子卒。

【疏】「滕子卒」 釋曰：左氏滕文公。

○鄭公孫喜帥師侵宋。〔五八〕

○六月丙寅朔，日有食之。

○晉侯使欒黶來乞師。將與鄭、楚戰。○黶，〔五九〕於斬反。

○甲午晦，晉侯及楚子、鄭伯戰于鄢陵，鄢陵，鄭地。○鄢，音偃，又於建反。楚子、鄭師敗績。日事遇晦曰「晦」。四體偏斷曰「敗」，此其敗則目也。此言「敗」者目傷故。

【疏】「日事遇晦曰『晦』」　釋曰：僖十五年「己卯晦，震夷伯之廟」，傳曰「晦，冥也」，則「晦」非常文，而云「遇晦」者，舊解以爲僖十五年傳曰「晦，冥也」者，謂月光盡而夜闇，不謂非晦日也。今以爲震夷伯之廟云「晦」者，如公羊晝日爲冥，〔六〇〕自餘稱「晦」者，是月盡日也。既云「日事遇晦」，何以日食不書「晦」者？日食既言日，雖不書「晦」可以知，故省文也。〔六一〕必知不如公羊以晝爲晦冥者，〔六二〕上「六月丙寅朔，日有食之」，此甲午是二十九日晦，以日月相當，知非晝日爲冥也。

○「敗則目也」　釋曰：手足偏斷尚謂之「敗」，目在首，重於手足，故亦爲敗也。〔六三〕

楚不言「師」，君重於師也。

○楚殺其大夫公子側。

○秋，公會晉侯、齊侯、衛侯、宋華元、邾人于沙隨，不見公。沙隨，宋地。

「不見公」者，可以見公也，可以見公而不見公，譏在諸侯也。

【疏】傳「譏在諸侯也」　釋曰：「不見公」者是晉侯之意，〔六四〕諸侯既無解釋之者，即是同不與公相見，故以「諸侯」總之。

公至自會。

○公會尹子、晉侯、齊國佐、邾人伐鄭。尹子，王卿士，子爵。

○曹伯歸自京師。不言所歸，歸之善者也。出、入不名，以爲不失其國也。歸爲善，謂直言「歸」而不言其國，即「曹伯歸自京師」不言「于曹」是。自某歸次之。若「蔡季自陳歸于蔡」、「衛侯鄭自楚復歸于衛」是。〔六五〕

【疏】「出、入不名」　釋曰：凡諸侯有罪失國，出書名者即昭三年「北燕伯款出奔齊」是也，入書名即僖二十八年衛侯鄭、曹伯襄是也。今曹伯被執，以其無罪，故出、入不名，見其不失國也。傳詳發于此者，以「歸」文與常例異，故分別之。

○九月，晉人執季孫行父，舍之于苕丘。行父，魯執政卿，其身執則危及國，故謹而月之，録所憂也。苕丘，晉地。○苕，音條。

【疏】注「行父」至「晉地」　釋曰：昭十三年「八月甲戌，同盟于平丘。〔六六〕公不與盟。晉人執季孫意如以歸」，二十三年「春正月，叔孫婼如晉。癸丑，叔鞅卒。晉人執我行人叔孫婼」，彼二文皆承月下，即蒙上月文，何爲此注獨爲「謹而月之」者，意如之執文承八月之下，彼月自爲盟而發，不爲執意如也。婼之執雖文承正月之下，彼月自爲叔鞅而言，亦不是爲婼而發。故襄十八年「晉人執衛行人石買」、莊十七年「齊人執鄭詹」皆不月也，此九月之下更無他事，指言晉人執季孫，故知爲危，謹而月之也。一解行父書月以見危，則意如及婼亦是危也。

執者不舍，據昭二十三年「晉人執我行人叔孫婼」不言「舍」。○孫婼，丑略反。而「舍」，公所也；今言「舍」者，以公在苕丘故也。公在苕丘而言「舍」者，明不得致也。若既不致復不言「舍」，則無以見其舍。○復，扶又反，下同。以見，賢徧反，下「見公」同。執者致，據昭二十四年「婼至自晉」。而不致，公在也。在，在苕丘也。見舍于苕丘，還國則與公俱不得致者，重在公。何其執而辭也？問何故書「執季孫行父」而言「舍之」，復不致之辭邪？猶存公也。時行父雖爲晉所執，猶欲存公之所在，故不致行父，又言「舍之」，皆所以見公在苕丘。存意公亦存焉？〔六七〕問存舍之、不致之意，便可知公所在乎？公存也。但存此二事，即知公在苕丘。

【疏】「執者」至「存也」　釋曰：經稱「執季孫行父，舍之苕丘」，故傳稱「執者不舍」是據叔孫婼而發問也，「而『舍』，公所也」者，謂言所舍故也。「公所」者，即苕丘是也。「執致者」，〔六八〕謂昭二十四年「婼至自晉」是也。「而不致，公在也」者，謂今季孫歸而不書「至」者，公在故也，以其與公同歸，重在公，故不致也。「何其執而辭也」，謂問經意何其書「執」，不以致爲辭也。「猶存公也」，謂爲晉所執，心欲存公所在，故不致行父，又言「舍之」也。「存意公亦存焉」，謂又問經意直存舍之、不致之意，則便可知公所在乎？「公存也」者，荅上問意，但存此二事即知公在也。「公存」者，謂在苕丘也。舊解注言「二事」，舍是一事也，於苕丘是二事，今以爲乘上注意，則「二事」者謂舍於苕丘及不致爲二事。

○冬，十月乙亥，叔孫僑如出奔齊。徐邈曰：「案襄二十三年『臧孫紇出奔邾』，〔六九〕傳曰『其日，正臧紇之出也』，禮，大夫去，君掃其宗廟，不絶其祀，身雖出奔，而君遇之不失正，故詳而日之，〔七〇〕明有恩義也。」○紇，恨發反。

【疏】**注「徐邈」至「義也」** 釋曰：僑如爲君遇之不失所書日，臧紇則正其有罪而書日，二者不同，范引之者，欲明二者不異，臧孫云正其有罪，亦兼爲君遇之不失所書日，僑如言君有恩而書日，亦兼正其罪可知，是互以相包，故引之。

○十有二月乙丑，季孫行父及晉郤犫盟于扈。

○公至自會。無二事，會則致會，伐則致伐，上無會事，當言「至自伐鄭」，而言「至自會」，甯所未詳。鄭君曰：「伐而致會，於伐事不成。」

○乙酉，刺公子偃。大夫日卒，正也。先刺後名，殺無罪也。僖二十八年「公子買戍衛，不卒戍，刺之」，是有罪者以先列其罪。○刺，七賜反，〔七一〕傳同，爾雅云「殺也」。戍，式喻反。

【疏】「刺公子偃」　釋曰：徐邈云「偃爲僑如所譖，〔七二〕故云無罪」，左氏云爲姜氏所立，二者未知孰是。

十有七年春，衛北宫括帥師侵鄭。

○夏，公會尹子、單子、晉侯、齊侯、宋公、衛侯、曹伯、邾人伐鄭。○單子，音善。

六月乙酉，同盟于柯陵。柯陵，鄭地。○柯，音歌。柯陵之盟，謀復伐鄭也。○復，扶又反。

○秋，公至自會。不曰「至自伐鄭」也，〔七三〕公不周乎伐鄭也。周，信也。公逼諸侯爲此盟爾，意不欲更伐鄭。何以知公之不周乎伐鄭？以其以會致也。何以知其盟復伐鄭也？以其後會之人盡盟者也。「後會」謂冬公會單子等是。不周乎伐鄭則何爲日也？據無伐鄭意而强盟，盟不由忠，不當日也。○而强，其丈反。言公之不背柯陵之盟也。舍己從人，遂伐鄭。

【疏】「不曰」至「盟也」　釋曰：定四年諸侯侵楚，盟于皋鼬，言「公至自會」者，經之常也。今傳起違例之問者，定四年楚弱而爲諸侯所侵，侵訖而盟，故以盟爲大事，故云「至自會」，鄭自柯陵戰後不助中國，〔七四〕二年之間三度興兵，〔七五〕以伐爲重、盟爲輕，故決其不以伐鄭致。僖四年傳云「大伐楚也」，不以會致而以伐致，是其事也。案後會齊侯不出，而云「後會之人盡盟者也」，以今時身在，後遣大夫從師，故亦得云「後會之人盡盟」。

○齊高無咎出奔莒。

○九月辛丑，用郊。夏之始可以承春，以秋之末承春之始，蓋不可矣。郊，春事也。僖三十一年「夏四月，四卜郊，〔七六〕不從」，傳曰「四月不時」，今言可者，方明秋末之不可，故以是爲猶可也。九月用郊，「用」者不宜用也。宮室不設不可以祭，衣服不脩不可以祭，車馬器械不備不可以祭，有司一人不備其職不可以祭。〔七七〕祭者薦其時也，薦其敬也，薦其美也，〔七八〕非享味也。

【疏】「宮室」至「味也」 釋曰：論用郊而陳宮室者，禮有五經，莫重於祭，祭之盛者莫大於郊，傳意欲見嚴父然後至其天，〔七九〕家國備然後祭享，〔八〇〕故具説宮室、祭服、車馬、官司之等，明神非徒享味而已，〔八一〕何得九月始用郊乎？〔八二〕徐邈云「『宮室』謂郊之齊宮，『衣服』、『車馬』亦謂郊之所用，言一事闕則不可祭，何得九月用郊」，理亦通也。〔八三〕

○晉侯使荀罃來乞師。將伐鄭。○荀罃，烏耕反。

【疏】「晉侯」至「乞師」〔八四〕 釋曰：范別例云：「『乞師』例有三，〔八五〕三者不釋，從例可知也。『乞』例六者，『乞師』五、『乞盟』一，并之爲六。『乞師』五者，公子遂、晉郤錡、欒黶、荀罃、士魴是也；『乞盟』一者，鄭伯是也。」

○冬，公會單子、晉侯、宋公、衛侯、曹伯、齊人、邾人伐鄭。言公不背柯陵之盟也。十有一月，公至自伐鄭。

○壬申，公孫嬰齊卒于貍蜃。貍蜃，魯地也。○貍蜃，上力之反，下時軫反。十一月無壬申，壬申乃十月也。嬰齊實以十月壬申日卒，而公以十一月還，先致公而後録其卒，故壬申在十一月下也。致公而後録，臣子之義也。嬰齊從公伐鄭，致公然後伐鄭之事畢，須公事畢然後書臣卒，先君後臣之義也。其地，未踰竟也。○竟，音境。

【疏】「致公」至「竟也」 釋曰：公羊之意以爲臣待君命然後卒大夫，此云「致公而後録其卒」，是與公羊異。杜預解左氏以爲日誤，又與二傳不同也。

○十有二月丁巳朔，日有食之。

○邾子貜且卒。○貜，俱縛反。且，子餘反。

【疏】「邾子貜且卒」 釋曰：世本邾定公也。〔八六〕

○晉殺其大夫郤錡、郤犨、郤至。自禍於是起矣。厲公見殺之禍。○殺之，如字，又音試。

○楚人滅舒庸。

十有八年春，王正月，晉殺其大夫胥童。

○庚申，晉弑其君州蒲。稱國以弑其君，君惡甚矣。

【疏】「君惡甚矣」 釋曰：於此發傳者，以州蒲二年之間殺四大夫，故於此發惡例也。

○齊殺其大夫國佐。

○公如晉。

○夏，楚子、鄭伯伐宋。

○宋魚石復入于彭城。彭城，宋邑。魚石十五年奔楚，經稱「復入」者，明前奔時入彭城以叛也，今楚取彭城以封魚石，故言「復入」。

【疏】注「彭城」至「復入」　釋曰：晉欒盈亦書「復入」者，以欒盈先入曲沃，〔八七〕後復入晉，故亦云「復入」也。後入曲沃不云「復入」者，兵敗奔曲沃，既前文已云「復入于晉」，〔八八〕故直云「入曲沃」。舊解以爲初入國都後入曲沃言「復入」，若然，何不云「復入曲沃」，而云「復入于晉」？

○公至自晉。

○晉侯使士匄來聘。○匄，本又作「丐」，〔八九〕音蓋。

○秋，杞伯來朝。○朝，直遥反，下同。

○八月，邾子來朝。

○築鹿囿。築墻爲鹿地之苑。○囿，音又。

【疏】「築鹿囿」 釋曰：范知非爲鹿築囿而以鹿爲地名者，案郎囿既是地名，〔九〇〕則此鹿亦當是地名。徐邈、何休皆云地名，〔九一〕天子囿方十里，〔九二〕伯方七里，子男方五里，言魯先有囿，今復築之，故書以示譏，則郎及蛇泉亦是譏也。〔九三〕案毛詩傳云「囿者，天子百里，諸侯三十里」，〔九四〕與徐、何二說別者，詩傳蓋據孟子稱「文王囿七十里，寡人三十里」，故約之爲天子、〔九五〕諸侯三十里耳，未審徐、何二家據何爲說也。

築不志，此其志何也？山林藪澤之利，所以與民共也，虞之，非正也。○藪，素口反。

○己丑，公薨于路寢。路寢，正也。〔九六〕男子不絕婦人之手，〔九七〕以齊終也。○齊，如字，又側皆反。

○冬，楚人、鄭人侵宋。

○晉侯使士魴來乞師。○魴，音房。

○十有二月，仲孫蔑會晉侯、宋公、衛侯、邾子、齊崔杼同盟于虛朾。虛朾，某地。○杼，直呂反。虛，丘魚反。朾，丑丁反。

【疏】「同盟于虛朾」 釋曰：此虛朾之盟不日者，何休云「公薨，喪盟略之，故不日」，事或然也。

○丁未，葬我君成公。

**校勘記**

〔一〕免犯 正字：「『免』疑『已』字誤。」

〔二〕賢伯姬也 公羊成九年傳「賢」作「録」。

〔三〕故更須言 此及下句「莅盟既更須言盟」之「更須」，單疏本皆作「須更」。

〔四〕言盟 「盟」下原有「也莅盟」三字，劉校謂此三字衍，據單疏本、閩本删。

〔五〕其以 正字：「『其』當『者』字之誤，屬上句。」

〔六〕敗績 「績」原作「責」，據余本、十行本、閩本及成元年經文改。

〔七〕文亦包魯　「文」原作「又」，阮校：「單疏本『又』作『文』，是也。」據改。
〔八〕知其上　述聞謂「知」乃「叛」之訛。
〔九〕少異　單疏本「少」作「小」，按疏文「少異」、「小異」雜出。
〔一〇〕文三年　「三」原作空圍，據單疏本、閩本補。
〔一一〕莒帥衆民　單疏本無「帥」字。按，上文云「大夫潰莒而之楚」，疑此句或作「臣帥衆民」，「莒」乃「臣」之訛。
〔一二〕不復　「復」原作「德」，楊考：「『復』誤『德』。」據余本改。
〔一三〕少耳　正字：「『耳』當『可』字誤。」
〔一四〕脩城　阮校：「單疏本『脩』作『新』。」
〔一五〕是其月　「其」原作「十二」，按「城諸及防」在十二月下，則作「十二」非，故據單疏本改。
〔一六〕是十二月　阮校：「單疏本『是』作『爲』。」
〔一七〕陳侯之弟黄　殿本考證謂「左氏經作『黄』，公、穀經皆作『光』，疏文自是『光』字」，則此與本節下文「自然黄、專」之「黄」皆當作「光」。
〔一八〕皆云弟者　單疏本「云」作「稱」。
〔一九〕三者無罪　單疏本「三」上有「是」字。
〔二〇〕其弟云者　「云」原作「亡」，據單疏本、閩本及昭八年傳文改。
〔二一〕非直罪兄　殿本考證謂此上當脱「稱『弟』」二字。
〔二二〕惡之稱弟　疏上文云「是惡而稱『弟』也」，故「之」疑「而」之訛。

〔二三〕冬十月　正字：「中庸疏云『成十年不書冬十月』，公羊經文無此三字，今有者是後人妄增耳，當爲衍文。」阮校：「石經『公如晉』下漫漶，細驗之『冬』字上半猶隱隱可辨，是范氏所本有此三字也。」

〔二四〕誰敢放效爲之　「誰」，單疏本作「孰」。「放」原作「於」，陳跋謂單疏作「孰敢放效爲之」，遠勝明本之「誰敢於效爲之」，劉校亦謂「於」字誤，今據單疏本改。

〔二五〕謂國也　阮校：「公羊傳『謂國』作『而出』，此誤。」按公羊成十二年傳「自其私土而出也」，注「私土者，謂其國也」，「周公驕蹇不事天子，出居私土，不聽京師之政，天子召之而出走，明當并絶其國，故以出國録也」，則「謂國」未必誤。

〔二六〕乞師乞重辭也　單疏本「乞師」上有「傳」字，按單疏亦誤，當作「『乞師』傳『乞，重辭也』」。

〔二七〕舊以爲　「舊」下疑脱「解」或「説」字。

〔二八〕公自京師　唐石經「自」上有「至」字，黄侃手批補「至」字。公羊本年疏：「『公』下『自』上有『至』字者衍文。」松崎校訛：「注云『使若既朝王而王命已使伐秦』，『使若』二字釋『自』字，若『自』上有『至』字，范必不爲此解也。石經有『至』字當爲衍文。」

〔二九〕晉侯齊侯　「齊侯」二字原無，正字：「脱『齊侯』二字，從石經校。」據余本、唐石經及黄侃手批補。

〔三〇〕不叛天子　「叛」上疑脱「敢」字，按此傳云「言受命不敢叛周也」，僖三十年傳稱「此言不敢叛京師也」，而本節疏云「此文重發傳者，嫌君臣異例也」，則疏複引當稱「不敢叛天子」。

〔三一〕以若在國然　疏屢言「似若」，則「以」疑「似」之訛。

〔三二〕卒于師　正字：「下當脱『卒于會』三字。」

〔三三〕公不得云大夫　正字謂「云」下當脱「公」字，按正字蓋謂此句當作「不得云『公、大夫』」。

〔三四〕諸侯　「諸」原作「謂」，據單疏本、閩本改。

〔三五〕固當書之　「固」原作「因」，正字：「『因』當『固』字誤。」據單疏本改。

〔三六〕葬時　傳屢稱「時葬」，作「葬時」者僅此一例，疑誤倒。

〔三七〕卒于師　「師」原作「帥」，據單疏本、閩本改。

〔三八〕莒夷無謚　「謚」原作「論」，據單疏本、閩本改。

〔三九〕親迎例時　阮校：「釋文出『時迎，魚敬反，傳同，本或作逆』，案下注有『時逆』字，陸爲『迎』字作音，當出『親迎』，今出『時迎』，是釋文本此文作『親逆』，下文『時逆』作『時迎』，與今注疏本互易。」

〔四〇〕公即位下文即云　「即位下文」四字原無，阮校：「單疏本『公即云』作『公即位下文即云』七字，蓋十行本誤脱。」據單疏本補。

〔四一〕而云同者　「同」原作「周」，據單疏本、閩本改。

〔四二〕被責　「責」原作「素」，據單疏本、閩本改。

〔四三〕則謂　單疏本「則」上有「此」字，阮校：「監、毛本『則』下有『此』字。」劉校：「『謂』上脱『此』字。」

〔四四〕故子亦當略　單疏本無「故」字。

〔四五〕以歸父　單疏本「以」作「爲」。

〔四六〕宋世子成　此即後之宋平公，梁玉繩古今人表考：「平公之名，左、穀作『成』，公羊作『戌』，史記從左、穀，公羊釋文云『本或作成』，據何休昭元注謂向戌與君同名，音恤，則作『成』似誤。」朱駿聲異文覈：

「左氏昭二十年傳『公子城』，杜預注『平公子』，若父名成，子不應名城也，左、穀皆誤字，當作『戌』，其先世有丁公申。」

〔四七〕重發者　依述例「者」上疑脱「傳」字。

〔四八〕言執　單疏本「執」下有「之」字。

〔四九〕稱侯以執爲惡　「侯」原作「人」，「爲惡」原作「是伯」，阮校：「單疏本『人』作『侯』，『是伯』作『爲惡』，案單疏本是，注疏本蓋緣與下文相涉爲訛。」據改。

〔五〇〕定元年　「元」原作「云」，據單疏本、閩本改。

〔五一〕得伯討也　單疏本「得」作「持」，張校謂得、持「義雖兩通，『持』字較長」。正字、阮校皆謂「得」乃衍文，不僅據定元年傳文而言，蓋本節疏下文亦云「是不與大夫之伯討也」。

〔五二〕彼又稱人　依文義「又」疑「亦」之訛。

〔五三〕稱人以見微　「微」原作「彼」，阮校：「作『微』是也。」據單疏本改。

〔五四〕表失德　「表」原作「素」，據單疏本、閩本改。

〔五五〕穀梁傳　殿本考證謂應是「五行傳」之誤，是也。

〔五六〕叔孫僑如　「僑」原作「矯」，據單疏本、閩本及經文改。

〔五七〕木冰此木介　漢書五行志上「今之長老名木冰爲木介」，則「此」字疑「爲」之訛。

〔五八〕公孫喜　唐石經「孫」作「子」，公羊、左氏皆作「子」，錢考謂作「孫」誤。按，成十四年經亦作「公子喜」，錢説是也。

〔五九〕黶　原作「壓」，據余本及經文改。

〔六〇〕晝日　「晝」原作「書」，單疏本作「晝」，與公羊僖十五年注合，張校：「閩本『晝』作『書』，誤。」據改。

〔六一〕故省文也　「故」字原無，劉校謂注疏本脱，據單疏本補。

〔六二〕以晝　「晝」原作「盡」，正字、阮校皆謂「晝」誤「盡」，據單疏本及公羊僖十五年注改。

〔六三〕故亦爲敗也　此句下原有「傳譏在諸侯也」六字，阮校：「此六字當在下疏首，下疏『不見公者』四字當在『釋曰』下。」蓋經疏拚合時誤隸，故移置於彼。

〔六四〕不見公者　此四字原爲標起迄之辭，依單疏本及阮校移置。

〔六五〕是　此字原無，阮校：「余本『衛』下有『是』字，案以上注例之有『是』者是。」覆校：「桓十一年疏引有『是』字。」據余本補。

〔六六〕平丘　「丘」原作「兵」，據單疏本、閩本及昭十三年經文改。

〔六七〕公亦存焉　「焉」原作「也」，正字：「『焉』誤『也』，從石經校。」據余本、唐石經、黄侃手批改。

〔六八〕執致者　傳文作「執者致」，若非疏所本有異，或「執者致」誤倒。

〔六九〕出奔郲　「郲」原作「齊」，蓋涉上文而訛，據襄二十三年經文改。

〔七〇〕故詳而日之　「日」原作「已」，阮校：「作『日』是也。」據余本改。

〔七一〕七賜反　「賜」原作「則」，正字：「『賜』誤『則』。」據余本及單行釋文改。

〔七二〕所譖　「譖」原作「謂」，據單疏本、閩本改。

〔七三〕至自伐鄭也　依述例「也」字疑衍。

〔七四〕柯陵戰後　柯陵是盟非戰，鄭自鄢陵之戰附楚，依文義當是「鄢陵」。

〔七五〕興兵　「兵」原作「丘」，據單疏本、閩本改。
〔七六〕四卜郊　「卜」原作「上」，據余本、閩本改。
〔七七〕不備其職　「職」原無，據余本、閩本補。
〔七八〕薦其美也　類聚卷三八引「美」作「義」，述聞謂「美」當作「義」。
〔七九〕至其天　「天」原作「大」，據閩本及儀禮經傳通解續改。殿本考證謂「至其」當作「能事」。
〔八〇〕然後祭享　「祭」原作「然」，劉校謂作「然」誤，據單疏本改。
〔八一〕非徒享味　「徒」原作「從」，據單疏本、閩本改。
〔八二〕九月　原作「九州」，據單疏本、閩本改。
〔八三〕理亦通也　「亦」原作「不」，劉校謂作「不」誤，據單疏本改。
〔八四〕晉侯　「晉」原作「管」，據單疏本、閩本改。
〔八五〕乞師例有三　正字：「案下疏當爲『乞例有六』之誤。」按下文云「『乞』例六者，『乞師』五、『乞盟』一」，則「三」乃「五」之訛。下文「三者不釋」，謂「乞師」五者中兩者有「乞，重辭也」之傳，餘三者無也。「有三」蓋涉下而訛。
〔八六〕世本郕定公也　依述例「郕」上當有「是」字。
〔八七〕曲沃　原作「由沃」，據單疏本、閩本改。
〔八八〕既前文　「既」上原有「即」字，正字：「『即』字當衍。」據單疏本删。
〔八九〕又作丏　「丏」原作「山」，正字：「『丏』誤『山』。」據單行釋文改。
〔九〇〕郎囿既是地名　經書築囿凡三，昭九年「築郎囿」無注，定十三年「築蛇淵囿」注「蛇淵，地名」，是范未指郎是地名，且可謂郎、鹿是地名，不可云「郎囿」是地名，疑此「郎囿」乃「蛇淵」之訛。

〔九一〕地名　三處築囿何注皆不辨地名，此云「地名」疑有誤，疏下文謂「故書以示譏」，何於「築鹿囿」注云「刺奢泰妨民」，疑「地名」乃形近「譏奢」之訛。

〔九二〕天子囿方十里　公羊傳成十八年注作「天子囿方百里，公侯十里，伯七里，子男五里」，則此脱「百里公侯方」五字。

〔九三〕蛇泉　據定十三年經文，「泉」當作「淵」。

〔九四〕三十里　殿本考證謂「四」誤作「三」。按詩毛傳、孟子梁惠王作「四十里」，則本節疏此下之「三十里」皆當作「四十里」。

〔九五〕天子　殿本考證、正字皆謂此下脱「百里」二字。

〔九六〕正也　以路寢爲正之傳凡三發，其他二處皆作「正寢」，此處疑脱「寢」字。

〔九七〕不絶　「絶」原作「純」，據余本、閩本改。

# 春秋穀梁注疏襄公卷第十五 起元年，終十五年

## 襄公

【疏】魯世家：「襄公名午，成公之子，定姒所生，周簡王十四年即位。」謚法：「因事有功曰襄。」

元年春，王正月，公即位。繼正即位，正也。

【疏】「繼正即位正也」　釋曰：襄是定姒之子，嫌非正，故重明之。〔一〕

○仲孫蔑會晉欒黶、宋華元、衛甯殖、曹人、莒人、邾人、滕人、薛人圍宋彭城。魚石得罪於宋，成十五年奔楚，十八年復入于彭城，然則彭城已屬魚石，今猶繫宋者，崇君抑叛臣也。○復，扶又反。繫彭城於宋者，不與魚石，正也。

【疏】「繫彭」至「正也」　釋曰：哀三年齊、衛圍戚，傳曰「不繫『戚』於『衛』者，子不有父也」，魚石人臣而取君之邑，邑以繫國爲正，故言「繫彭城於宋，不與魚石，正也」。若不繫宋，則似與之爲父子君臣意異，〔二〕繫不有

殊，〔三〕公羊傳曰：「曷爲繫之於宋？不與諸侯專封也。」左氏云今楚取彭城以封魚石，〔四〕是魚石爲楚所封則三傳不異，其説彭城繫宋則異也，何者？公羊意彭城繫宋不與楚封，此傳意彭城繫宋不與魚石，是其異也。左氏以爲不成叛人，又云「謂之宋志」，是又與二傳意不同也。

○夏，晉韓厥帥師伐鄭。

○仲孫蔑會齊崔杼、曹人、邾人、杞人次于鄫。鄫，鄭地。「鄫」或爲「合」。○鄫，似陵反。

○秋，楚公子壬夫帥師侵宋。○壬，而林反。

○九月辛酉，天王崩。

○邾子來朝。○朝，直遥反。

【疏】「邾子來朝」釋曰：世本及左傳邾宣公也。〔五〕

○冬，衛侯使公孫剽來聘。○剽，匹妙反。

○晉侯使荀罃來聘。〔六〕冬者十月初也，王崩赴未至，皆未聞喪，故各得行朝聘之禮。

【疏】注「冬者」至「之禮」 釋曰：周禮「諸侯之邦交，歲相問，殷相聘，世相朝」，又左傳云「凡諸侯即位，小國朝之，大國聘焉」，此年公新即位，故各行朝聘禮也。知「王崩赴未至」者，禮，諸侯爲天子斬衰，若其聞喪，豈天子以九月崩，當月即邾子來朝，冬初即晉、衛來聘，魯是有禮之國，焉得受之？〔七〕明知赴未至，故各得行朝聘之禮也，猶如襄二十九年吴子餘祭五月所弑，赴未至魯，故季札以六月致魯，〔八〕仍行聘禮，〔九〕亦此類也。若然，經書「九月，天王崩」者，赴雖在十月之末，告以九月崩耳。知王崩諸侯不得行朝聘之禮者，曾子問云「『諸侯相見，揖讓入門不得終禮，〔一〇〕廢者幾？』孔子曰：『六。天子崩、大廟火、日食、后夫人之喪、雨霑服失容則廢』〔一一〕」，是天子崩不得行朝聘也。

二年春，王正月，葬簡王。

○鄭師伐宋。

○夏，五月庚寅，夫人姜氏薨。〔一二〕

○六月庚辰，鄭伯睔卒。○睔，古困反。

○晉師、宋師、衛甯殖侵鄭。其曰「衛甯殖」，如是而稱于前事也。初，衛侯速卒，鄭人侵之，故舉甯殖之報，以明稱其前事。不書晉、宋之將，以慢其伐人之喪。○稱于，尺證反。

【疏】「稱于前事」　釋曰：依例將尊師少稱將，將卑師衆稱「師」，傳知稱于前而書名者，三人同有伐喪之罪，或名或「師」，明知稱「師」者罪重，稱名者罪輕，又成三年鄭人侵衛之喪，今甯殖獨稱名氏，故知稱其前事也。

○秋，七月，仲孫蔑會晉荀罃、宋華元、衛孫林父、曹人、邾人于戚。

○己丑，葬我小君齊姜。齊，謚。○齊姜，如字，齊，謚也，一音側皆反，後「齊歸」同。

【疏】注「齊謚」　釋曰：葬皆舉謚，〔一三〕又謚法「執心克壯曰齊」，故知是謚。

○叔孫豹如宋。

○冬，仲孫蔑會晉荀罃、齊崔杼、宋華元、衛孫林父、曹人、邾人、滕人、薛人、小邾人于戚，遂城虎牢。若言中國焉，内鄭也。虎牢，鄭邑。鄭服罪内之，故爲之城。不繫虎牢於鄭者，如中國之邑也。僖二年「城楚丘」，傳曰「楚丘者何？衛之邑。國曰『城』，此邑也，其曰『城』何？封衛也」，然則非魯邑皆不言城。「中國」猶國中也。○爲，于僞反。

【疏】「若言」至「鄭也」　釋曰：此言若中國焉者，非是對戎狄而生名，言「中國」猶國中也。今經不繫虎牢於鄭者，如國中之邑也。〔一四〕所以如國中之邑者，鄭服罪，故内之也。所以鄭服不繫虎牢者，春秋之例，外邑皆不言城，今虎牢若繫鄭，則不得書之，故不繫之鄭，比内邑也。公羊以爲虎牢不繫鄭者，爲中國諱伐喪；〔一五〕説左氏者以爲虎牢已屬晉，故不繫「鄭」，並與穀梁異。

○楚殺其大夫公子申。

三年春，楚公子嬰齊帥師伐吳。

○公如晉。

○夏，四月壬戌，公及晉侯盟于長樗。晉侯出其國都，與公盟于外地。○樗，丑居反。

【疏】注「晉侯」至「外地」　釋曰：范知出國都與公盟者，上言「如晉」，下言「公至自晉」，不言「長樗」，故知之也。

公至自晉。

○六月，公會單子、晉侯、宋公、衛侯、鄭伯、莒子、邾子、齊世子光。己未，同盟于雞澤。雞澤，地也。「同」者有同也，同外楚也。陳侯使袁僑如會。如會，外乎會也，「外乎會」者，明本非會內也，諸侯已會乃至耳。

【疏】「外乎會也」　釋曰：莊十四年「單伯會伐宋」，傳云「會事之成也」，僖二十八年「陳侯如會」，傳曰「外乎會也」，是二文互以相通也。會伐宋，伐事已成單伯乃至，則踐土亦會事已成陳侯乃至也，陳侯言「外乎會」，明伐宋時亦外乎會也。三處發傳者，〔一六〕單伯內大夫，陳侯是諸侯，袁僑爲君所使嫌有異，故重發之。

於會受命也。戊寅，〔一七〕叔孫豹及諸侯之大夫及陳袁僑盟。及以及與之也。〔一八〕諸侯在會而大夫又盟，是大夫執國之權，亢君之禮，陳君不會，袁僑受使來盟，袁僑之盟得其義也，通言「叔孫豹及諸侯之大夫」，則無以表袁僑之得禮，故再言「及」，明獨與袁僑，不與諸侯之大夫。○受使，所吏反。諸侯以爲可與則與之，不可與則釋之，諸侯盟又大夫相與私盟，是大夫張也，〔一九〕故雞澤之會，諸侯始失正矣，〔二〇〕大夫執國權，曰「袁僑」，異之也。釋不但總言「及諸侯之大夫」，而復別言「袁僑」者，是異袁僑之得禮。○復，扶又反。

【疏】「及以」至「之也」 釋曰：傳解經所以再言「及」者，以及與之也，謂與袁僑，故言「及」以殊之。公羊以爲重言「及」者，爲其與袁僑盟也。其意言諸侯大夫所以爲盟者，爲與袁僑盟也，與穀梁傳異也。〔一一〕禮，君不敵臣，陳遣大夫赴會，諸侯大夫與之爲盟，則是貴賤之宜，而云「大夫彊」者，陳侯遠慕中國，使大夫詣會受盟，諸侯雖則盟罷，當須更與結好，又尊卑不敵者，謂獨會公侯，今既與諸侯衆在，何以得稱不敵？陳侯不在，故與袁僑得盟。諸侯大夫，君在私盟，故謂之「彊」也。案十六年大夫不臣也則不繫諸侯，此云「諸侯之大夫」而謂之「彊」者，此雖對君私盟，慢君之意緩，至十六年積習已久，不臣之情極，故不繫諸侯。此亦應爲君之命，〔一二〕而謂之「私」者，對君盟非臣事，故謂之「私」。

○秋，公至自晉。〔一三〕

○冬，晉荀罃帥師伐許。

四年春，王三月己酉，陳侯午卒。〔一四〕

○夏，叔孫豹如晉。

○秋，七月戊子，夫人姒氏薨。〔二五〕成公夫人，襄公母也。〔二六〕姒，杞姓。○杞，音起。

【疏】「夫人姒氏薨」　釋曰：公羊以爲弋氏，〔二七〕何休云莒女，此與左氏並爲姒氏，范及杜預皆云杞女，是與公羊異也。傳妾子爲君，〔二八〕其母不得稱夫人，今薨、葬備文者，君與夫人禮成之，臣民不可以妾禮遇之，故亦得稱「夫人」，今仍非禮也。〔二九〕

○葬陳成公。

○八月辛亥，葬我小君定姒。定，謚。

○冬，公如晉。

○陳人圍頓。

五年春，公至自晉。

○夏，鄭伯使公子發來聘。

○叔孫豹、繒世子巫如晉。外不言「如」而言「如」，爲我事往也。外相如不書，爲魯事往，故同於内。○巫，亡符反。爲，于僞反。

【疏】**「叔孫豹、繒世子巫如晉」者**〔三〇〕 釋曰：公羊以繒世子巫是繒之前夫人莒女所生，其巫之母即是魯襄公同母姊妹，繒更娶後夫人於莒而無子有女，還于莒爲夫人，〔三一〕生公子，但繒子愛後之夫人，故立其外孫莒之公子，〔三二〕故叔孫豹與世子巫如晉訟之。此傳直云「爲我事往也」，不知更爲何事，故徐邈注此取左氏爲説云「爲我事往」者，爲請繒于晉，以助己出賦也。今范云「外相如不書，爲魯事往，故同於内也」，下文「滅繒」此傳亦同公羊取外孫爲嗣，〔三三〕則此之「如晉」同公羊，理亦無損。但巫縱與魯同是莒之外孫，傳不得云「爲我事往也」，況又上四年范注云姒氏「襄公母，杞姓也」，則襄公母非莒女也，若同左氏則於傳文爲順，未審范意如何。或當范雖從公羊外孫爲嗣，此明「如晉」非爲外孫。

○仲孫蔑、衛孫林父會吴于善稻。善稻，吴地。○善稻，吴謂之「伊緩」，左氏作「善道」。吴謂「善」伊，謂「稻」緩，號從中國，名從主人。夷狄所號地形及物類當從中國言之，以教殊俗，故不言「伊緩」而言「善稻」，人名當從其本俗言。

【疏】**「號從中國」** 釋曰：重發此文者，郲之與宋俱是中國，嫌此魯、衛會吴善稻。善稻，吴地，嫌從夷號，故重發之。

大原，晉地，接狄之竟，名曰「大鹵」，恐從狄名，故更發其例。蚡泉，〔三四〕魯地，莒從夷俗，〔三五〕但狄人謂「蚡泉」爲矢胎，〔三六〕莒不得與真夷狄同，故亦須發例也。「名從主人」者，越爲於越，〔三七〕左氏云「壽夢之鼎」是也。

○秋，大雩。

○楚殺其大夫公子壬夫。

○公會晉侯、宋公、陳侯、衛侯、鄭伯、曹伯、莒子、邾子、滕子、薛伯、〔三八〕齊世子光、吴人、繒人于戚。繒以外甥爲子，曾夷狄之不若，故序吴下。所以不復殊外吴者，以其數會中國故。○曾夷，才登反，又如字。不復，扶又反。數會，音朔。

【疏】注「數會中國故」　釋曰：繒夷狄之不若，自當序吴下，繒在吴下即得殊吴，〔三九〕所以云「數會中國」者，若繒夷狄不若，吴不數會中國，縱使抑繒，不可稱「人」進班也，今以其數行進之，〔四〇〕故序云會進之。〔四一〕故序繒于下，以表夷狄之不若；進吴於上，〔四二〕以顯其數會中國也。

公至自會。

○冬，戍陳。內辭也。不言諸侯，是魯戍之。

【疏】「內辭也」 釋曰：此戍陳，公羊以爲諸侯雖至不可得而序，〔四三〕故獨言我也。杜預以爲戚會受晉命戍陳，諸侯各自遣戍，不復告魯，故不書也。觀范注似魯獨自戍之，案檢上下，則於理不得，何者？定五年「歸粟于蔡」，傳云「專辭也」，彼「專辭」即與此「內辭」不異，彼傳歸粟更云「諸侯歸之」，則此戍陳亦是諸侯同戍。襄三十年澶淵救災具列諸國，〔四四〕故定五年歸粟不復歷序諸侯，則此亦以救陳之文具列諸侯，故於戍之文獨言「魯戍」也，彼傳云「義邇也」，不足具列，則此亦以其事可知，故經文不序。范云「魯」者，解經之獨立文也。

○楚公子貞帥師伐陳。

○公會晉侯、宋公、衛侯、鄭伯、曹伯、莒子、邾子、滕子、薛伯、齊世子光救陳。十有二月，公至自救陳。善救陳也。楚人伐陳，公能救中國而攘夷狄，故善之，善之謂以救陳致。

【疏】「善救陳也」 釋曰：於公之至下言之者，春秋主善以內，故書「公至」下重發。

○辛未，季孫行父卒。

六年春，王三月壬午，杞伯姑容卒。

○夏，宋華弱來奔。

○秋，葬杞桓公。

○滕子來朝。○朝，直遥反。

○莒人滅繒。莒是繒甥，立以爲後，非其族類，神不歆其祀，故言「滅」。○莒人滅繒，似陵反。立其甥爲後，異姓，故言「滅」也。非滅也。非以兵滅。中國日，卑國月，夷狄時，繒中國也而時，非滅也。家有既亡，國有既滅，滅猶亡，亡猶滅，家立異姓爲後則亡，國立異姓爲嗣則滅。既，盡也。滅而不自知，由別之而不別也。繒不達滅亡之義，故國滅而不知。○別，彼列反。莒人滅繒非滅也，非立異姓以莅祭祀，滅亡之道也。○莅，音利，又音類。

【疏】「中國」至「道也」釋曰：重發傳者，非兵滅，故重明之。「由別之不別也」，言繒所以滅者，立嗣須分別同姓，而繒不別也。舊解云別猶識也，言繒君唯識知國須立後，不能分別異姓之不得。（四五）

○冬，叔孫豹如邾。

○季孫宿如晉。宿，行父子。

○十有二月，齊侯滅萊。

【疏】「齊侯滅萊」 左氏以爲齊遷萊子於郳，故不書「出奔」；公羊以爲萊子出奔不如死也，死不書，舉滅爲重，此無傳，未知所從。

七年春，郯子來朝。○郯，音談。朝，直遥反，下同。

○夏，四月，三卜郊，不從，乃免牲。夏四月，不時也。三卜，禮也。「乃」者亡乎人之辭也。

【疏】「三卜」至「辭也」 釋曰：三卜是禮而書之者，爲三卜不從及四月不時故也。「『乃』者亡乎人之辭也」復發傳者，嫌三卜禮，不當責無人也。

○小邾子來朝。

【疏】「小邾子來朝」釋曰：左傳小邾穆公也。〔四六〕

○城費。○費，音秘。

○秋，季孫宿如衛。

○八月，螽。

○冬，十月，衛侯使孫林父來聘。壬戌，及孫林父盟。

○楚公子貞帥師圍陳。

○十有二月，公會晉侯、宋公、陳侯、衛侯、曹伯、莒子、邾子于鄬。

鄬，鄭地。〔四七〕○鄬，本又作「隔」，于詭反。鄭伯髡原如會，○髡，苦門反，本又作「郡」，或作「頵」，頵音於倫反，左氏作「髡頑」。未見諸侯。丙戌，卒于操。操，鄭地。○操，七報反。未見諸侯其曰「如會」何也？致其志也。禮，諸侯不生名，此其生名何也？卒之名也。卒之名，則何爲加之「如會」之上？見以如會卒也。其見以如會卒何也？鄭伯將會中國，其臣欲從楚，不勝，其臣弒而死，其不言弒何也？不使夷狄之民加乎中國之君也。邵曰：「以其臣欲從楚，故謂夷狄之民。不欲使夷狄之臣得弒中國之君，故去弒而言『卒』，使若正卒然。」○見以，賢偏反。去，起呂反。其地，於外也。其日，未踰竟也。日卒、時葬，正也。○未踰竟，〔四八〕音境。

【疏】「日卒」至「正也」　釋曰：葬在八年，此處發之者，以鄭伯被弒而同正卒，既同正卒宜云正葬，〔四九〕故連言也。重發正卒之傳者，今被弒而同正卒，嫌與佗例異，故明之也。

陳侯逃歸。以其去諸侯，故逃之也。鄭伯欲從中國而罹其凶禍，諸侯莫有討心，於是懼而去之，背華即夷，故書「逃」以抑之。○背，音佩。

八年春，王正月，公如晉。

【疏】「正月公如晉」　釋曰：傳例「往月，危往也」，今書「正月」者，以鄭伯歸晉受禍，陳侯畏楚逃歸，明晉之不足可恃，而公往朝，危之道，故書月也。

○夏，葬鄭僖公。

○鄭人侵蔡，獲蔡公子濕。「獲」者不與之辭，侵者所以服不義，無相獲之道。○公子濕，本又作「隰」，又音燮，二十年同，左氏作「燮」。人微者也，侵淺事也，〔五〇〕而獲公子，公子病矣。

【疏】「公子病矣」　釋曰：公羊以爲侵而言「獲」者適得，其意謂值其無備，故獲得之，此云「公子病矣」，謂侵是淺事，所以得公子者，由公子病弱矣。徐邈云：「公子病，不任爲將帥，故獲之。」

○季孫宿會晉侯、鄭伯、齊人、宋人、衛人、邾人于邢丘。邢丘，地。○邢，音刑。見魯之失正也，公在而大夫會也。○見，賢遍反。

【疏】「見魯之失正也」　釋曰：以公在晉，未及告公，大夫爲會，故云「失正也」。

○公至自晉。

○莒人伐我東鄙。

○秋，九月，大雩。

○冬，楚公子貞帥師伐鄭。

○晉侯使士匄來聘。

九年春，宋災。外災不志，此其志何也？故宋也。故猶先也，孔子之先宋人。

【疏】「宋災」 釋曰：公羊以爲大者曰「災」，何休云「大者謂正寢、社稷、宗廟、朝廷也」，小者非宗廟、社稷也，又曰「内何以不言『火』？甚之也」者，何休云「春秋以内爲天下法，故雖小有火如大災」，又云「外災不書，此何書？〔五二〕爲王者之後記災也」，此傳直云「故宋也」，徐邈云「春秋王魯，以周公爲王後，以宋爲故也」，是亦以爲王者之後記災也，今范獨云「孔子之先宋人」，故記其災，以黜周王魯乃是公羊之説，今徐乃取以解穀梁，故范不從之。

○夏，季孫宿如晉。

○五月辛酉，夫人姜氏薨。成公母。

○秋，八月癸未，葬我小君穆姜。

○冬，公會晉侯、宋公、衛侯、曹伯、莒子、邾子、滕子、薛伯、杞伯、〔五二〕小邾子、齊世子光伐鄭。十有二月己亥，〔五三〕同盟于戲。戲，鄭地。○于戲，許宜反。

不異言鄭，善得鄭也。不致，恥不能據鄭也。戲盟還而楚伐鄭，故恥不能終有鄭。

【疏】「不異」至「鄭也」 釋曰：舊解以伐鄭之文在上，即同盟于戲，明鄭在可知，故不異言也。「善得鄭也」，言鄭服心同盟，故以爲善。既善得鄭，則是無恥，所以不致者，恥不能據鄭也。謂既盟之後，楚即伐鄭，恥不能終據之，故不致也。又一解，「不異言鄭」，謂會、伐無鄭伯之文，〔五四〕今不序，是不異言也。所以不異言者，善得鄭也。嘉其服心受盟，比之舊同好然，故不異言也。既善得鄭，又以爲恥者，當時鄭雖受盟，楚即伐鄭，諸侯不能終據鄭，故以爲恥也。

○楚子伐鄭。

十年春，公會晉侯、宋公、衛侯、曹伯、莒子、邾子、滕子、薛伯、杞伯、小邾子、齊世子光，會吴于柤。柤，楚地。○于柤，莊加反。會又會，外之也。五年會于戚不殊會，今殊會吴者，復夷狄故。○復夷，扶又反，下「不復」皆同。

【疏】「會又會，外之也」　釋曰：重發傳者，五年戚會不殊吴，今殊之，故復發傳。

注「復夷狄故」　釋曰：舊解戚之會抑繒進吴，故不得殊會，今宜當復夷狄，故會以外之。或以爲戚會以吴行進，故不殊之，今在後更爲夷狄之行，故外之。

○夏，五月甲午，遂滅傅陽。○傅陽，左氏作「偪陽」。遂直遂也，其曰「遂」何也？〔五五〕不以中國從夷狄也。言時實吴會諸侯滅傅陽，恥以中國之君從夷狄之主，故加「甲午」，使若改日諸侯自滅傅陽。滅卑國月，此日蓋爲遂耳。○爲，于僞反。

【疏】「遂直遂也」　釋曰：傳言「遂直遂也」者，是繼事之辭，不須云日，〔五六〕今加甲午始云「遂滅」，與凡遂異，故傳言之。

注「此日蓋爲遂耳」　釋曰：傅陽卑國，例當書月，此經言日，故范云「蓋爲遂耳」，「爲遂」者，欲見不使中國之君從夷狄之主也。

公至自會。會夷狄不致，惡事不致，夷狄不致，恥與同；惡事不致，恥有惡。此其致何也？會吴會夷狄也，滅傅陽惡事也，據不應致。**存中國也。**以中國之君從夷狄之主，而滅人之邑也。此即夷狄爾，是無中國也，故加「甲午」，使若改日諸侯自滅傳陽爾，不以諸侯從夷狄也。滅中國雖惡事，自諸侯之一眚爾，從夷狄而滅人，則中國不復存矣。○眚，所景反。

【疏】「會夷狄」至「國也」〔五七〕　釋曰：僖二十六年「公至自伐齊」，傳曰「惡事不致，此其致之何也？危之也」，彼亦是以蠻夷伐中國，傳總釋之，今分別兩言之者，當以直會夷狄、直爲惡事二者俱不致。「會夷狄不致」者，成二年蜀之盟是也。「惡事不致」者，桓二年稷之會是也。今公從夷狄爲柤之會，又滅傳陽，二事皆惡，故傳兩舉之。彼「公以楚師伐齊」唯是一事，故總釋耳，傳於此見存中國之文者，雞澤之會諸侯失政，從此之後日益陵遲，又會夷狄之人以滅中國，惡事之甚，故書「公至」以存之。僖二十六年傳云「危之」，此云「存之」者，彼向來陵遲，〔五八〕故直云「危之」，公此時微弱之甚，故云「存中國也」。

注「而滅人之邑也」　釋曰：此謂國邑也，故上注云「卑國月」，公羊、左氏亦以爲國也。

**中國有善事則并焉，**若中國有善事，則不復言會諸侯，改日「遂滅傳陽」，如僖四年諸侯侵蔡，「蔡潰，遂伐楚」，是并焉。○則并，必性反，又如字。**無善事則異之存之也。**諸侯「會吳于柤。甲午，遂滅傳陽」，是則若會與遂異人。**汲鄭伯，**汲猶引也。鄭伯髡原爲臣所弒而不書弒，此引而致於善事。○汲，音急。**逃歸陳侯，**鄬之會陳侯不會，以其爲楚，故言「逃歸」。○爲，于僞反。**致柤之會，存中國也。**

**○楚公子貞、〔五九〕鄭公孫輒帥師伐宋。**

○晉師伐秦。

○秋，莒人伐我東鄙。

○公會晉侯、宋公、衛侯、曹伯、莒子、邾子、齊世子光、滕子、薛伯、杞伯、小邾子伐鄭。齊世子光序滕、薛之上，〔六〇〕蓋驕蹇。○蹇，紀輦反。

○冬，盜殺鄭公子斐、公子發、公孫輒。稱「盜」以殺大夫，弗以上下道，惡上也。兩下相殺不志乎春秋，惡鄭伯不能脩政刑，致盜殺大夫也。以上下道，當言鄭人殺其大夫。○斐，芳尾反，左氏作「騑」。惡，烏路反。〔六一〕

【疏】「稱『盜』」至「上也」　釋曰：哀四年傳云「微殺大夫謂之『盜』」，而曰「上下道」者，以微殺大夫即是兩下相殺，兩下相殺不志乎春秋，此惡鄭伯不能脩政刑，以致盜殺大夫，則哀十三年「盜殺陳夏區夫」、昭二十年「盜殺衛侯之兄輒」，亦是惡其君以致盜也。兩下相殺既不入手例，故云「不以上下道」，其以上下道者，當云「鄭人殺其大夫」也。然文六年狐射姑殺陽處父，經改兩下相殺之文，「晉殺其大夫陽處父」是謂君國殺之之辭也。則上下之道亦稱國，〔六二〕而獨決其不稱「人」者，稱國以殺大夫有二例，以二例不定，故不得專爲上下道，稱「人」殺是誅有罪之文，有罪無二例，故得決之。於此發例者，盜殺大夫初起於此故也。

○戍鄭虎牢。不稱其人，則魯戍也，猶戍陳。其曰「鄭虎牢」，決鄭乎虎牢也。二年鄭去楚而從中國，故「城虎牢」不言「鄭」，使與中國無異，自爾已來數反覆，無從善之意，故繫之於鄭，決絶而棄外。○數，所角反。覆，芳服反。

【疏】注「二年」至「棄外」　釋曰：注言此者，解其「決鄭」之意。九年鄭與諸侯同盟，其年楚子伐鄭，鄭從楚，此年又與楚公子貞伐宋，是其數反覆也。今諸侯則戍鄭，〔六三〕當見其無從善之心，故不復内之，〔六四〕以明當決絶之，〔六五〕若不決絶之，當如上二年直云「城虎牢」，不繫之「鄭」也。

○楚公子貞帥師救鄭。

○公至自伐鄭。

十有一年春，王正月，作三軍。作，爲也。古者天子六師，諸侯一軍，作三軍，非正也。周禮、司馬法曰「萬有二千五百人爲軍，王六軍，大國三軍，次國二軍，小國一軍，其將皆命卿，二千五百人爲師」，然則此言「天子六師」，凡萬有五千人，大國三軍則三萬七千五百人，諸侯制踰天子，非義也，總云「諸侯一軍」，又非制也。昭五年經曰「舍中軍」，傳曰「貴復正也」，然則魯有二軍，今云「作三軍」，增置中軍爾。魯爲次國，於此爲明。○將，子匠反。舍中，音捨。

【疏】注「魯爲次國」　釋曰：魯本周公之後，地方七百里，而云「次國」者，據春秋時言之也。

○夏，四月，四卜郊，不從，乃不郊。夏四月，不時也。四卜，非禮也。

【疏】「四卜非禮也」 釋曰：上三卜爲禮而非時，此卜違禮，非禮亦非時，〔六六〕故重發傳。不言「免牲」者，不行免牲之禮，故但言「不郊」耳。

○鄭公孫舍之帥師侵宋。

○公會晉侯、宋公、衛侯、曹伯、齊世子光、莒子、邾子、滕子、薛伯、杞伯、小邾子伐鄭。

○秋，七月己未，同盟于京城北。盟謀更共伐鄭。京城北，〔六七〕鄭地。○京城，左氏「京」作「亳」。公至自伐鄭。不以後致，盟後復伐鄭也。傳例曰「已伐而盟復伐者則以伐致，盟不復伐者則以會致」，此言「不以後致」，謂會在伐後。○復，扶又反。

【疏】「不以」至「鄭也」 釋曰：成十七年「夏，公會尹子云云伐鄭。乙酉，同盟于柯陵」與此正同。彼云「公至自會」，此云「公至自伐鄭」，致文不同者，案彼伐鄭同盟於柯陵，爲公不同于伐鄭，〔六八〕以會事爲大，故以會致；此時鄭從楚，楚彊，諸侯畏之，故以伐爲大事，又盟後重更伐鄭，故以伐致也。

**注「傳例」至「伐後」** 釋曰：下十九年傳文。

○楚子、鄭伯伐宋。

○公會晉侯、宋公、衛侯、曹伯、齊世子光、莒子、邾子、滕子、薛伯、杞伯、小邾子伐鄭，會于蕭魚。蕭魚，鄭地。公至自會。伐而後會，不以伐鄭致，得鄭伯之辭也。鄭與會而服中國，喜之，故以會致。○鄭與，音豫。

**【疏】「伐而」至「辭也」** 釋曰：僖四年傳云「二事偶則以後事致」，此云「公至自會」，正是其當，〔六九〕而云「不以伐鄭致」者，以鄭從楚，伐之尤難，故當以伐爲大事，但以喜鄭與會，故以會致之。

○楚人執鄭行人良霄。〔七〇〕「行人」者，挈國之辭也。行人是傳國之辭命者。○傳，直專反。

**【疏】「挈國之辭也」** 釋曰：舊解挈猶傳也，行人傳國使會命，〔七一〕故云「挈國之辭也」。或以挈爲舉，謂傳舉國命之辭，〔七二〕理亦通耳，但與注乖。「行人」之文有六，傳之所以發者三也。昭公八年「楚人執陳行人干徵師」，傳曰「稱『人』以執大夫，執有罪也。稱『行人』，怨接於上也」，襄十有八年「晉執衛行人石買」，〔七三〕傳曰「稱『行人』，怨接於上也」，此云「楚人執鄭行人良霄」，傳曰「挈國之辭也」，徵師云稱「人」執有罪，則此挈國之辭而被囚執亦是有罪也，石買云「稱『行人』，怨接於上」，則良霄亦然也，是其文互相通也。〔七四〕傳舉三者，則定六年「晉人執宋行人樂祁犂」、七年「齊人執衛行人北宫結」、昭二十三年〔七五〕「晉人執我行人叔孫婼」亦然也，是稱「人」以執有罪，石買稱「行人」怨接於上，明君之與臣兩舉失之也。〔七六〕執大夫稱「人」又有二義，莊十七年「齊人執鄭詹」，傳曰「『人』者衆辭也，以人執與之辭也」。僖四年「齊人執陳袁濤塗」，傳曰「『齊人』者齊侯也，不正其踰國而執也」。桓十一年「宋人執鄭祭仲」，傳曰「『宋人』者宋公也，其曰『人』何也？貶之也」，是有二也。案經例執大夫皆稱「人」而執，未有稱「公」、「侯」者，而云貶宋公、齊侯何也？斯有旨矣，然執大夫得其罪，例當稱「人」，經因事以明義，若被執者有罪，則稱「人」以見罪，若執人者有罪，亦稱「人」以見惡，齊侯爲踰國而執，宋公命人逐君，故貶之也，稱「人」以明不正也，縱使例執得其罪，未有稱「公」、「侯」之文，其齊、宋二君亦當貶從稱「人」之限，故經雖同常文，傳則分而别之，所謂「善惡不嫌同辭」，不可以一概求之矣。祭仲不稱「行人」，舊解私罪不稱「行人」，或當非行人故也。

○冬，秦人伐晉。

十有二年春，王三月，莒人伐我東鄙，圍郃。蓋攻守之害深，故以危録其月。○郃，本又作「台」，他來反，又音臺。伐國不言圍邑，舉重也。伐國重，圍邑輕，舉重可以包輕。取邑不書圍，安足書也。〔七七〕不足書而今書，蓋爲下事起。○爲，于僞反。

【疏】注「蓋爲下事起」 釋曰：范知之者，以伐國不言圍邑，言圍邑有所見，明此爲下事耳。

○季孫宿帥師救邰，遂入鄆。鄆，莒邑。○鄆，音運。遂，繼事也。受命而救邰，不受命而入鄆，惡季孫宿也。○惡，烏路反。

○夏，晉侯使士魴來聘。

○秋，九月，吴子乘卒。

○冬，楚公子貞帥師侵宋。

○公如晉。

十有三年春，公至自晉。

○夏，取邿。○邿，音詩。

【疏】「夏取邿」 釋曰：公羊以邿爲邾婁之邑，此傳雖無説，蓋從左氏爲國也。

○秋，九月庚辰，楚子審卒。共王。○共，音恭。

○冬，城防。

十有四年春，王正月，季孫宿、叔老會晉士匄、齊人、宋人、衛人、鄭公孫蠆、曹人、莒人、邾人、滕人、薛人、杞人、小邾人會吳于向。向，鄭地。○蠆，丑邁反。〔七八〕向，舒亮反。

【疏】「正月」至「于向」 釋曰：何休云「月者，刺諸侯委任大夫，二年之後君若贅旒然」〔七九〕，故月之。〔八〇〕范雖不注，或以二卿遠會蠻夷，危之故月。從何説，理亦通耳。

○二月乙未朔，日有食之。

○夏，四月，叔孫豹會晉荀偃、齊人、宋人、衛北宮括、鄭公孫蠆、曹人、莒人、邾人、滕人、薛人、杞人、小邾人伐秦。

○己未，衛侯出奔齊。〔八一〕諸侯出奔例月，衎結怨于民，自棄於位，君弑而歸，與知逆謀，故出、入皆日，以著其惡。○與，音豫。

【疏】注「諸侯」至「其惡」　釋曰：桓十五年「五月，鄭伯突出奔蔡」，十六年「十有一月，衛侯朔出奔齊」，又十一年「鄭忽出奔衛」亦文承九月之下，是例月也。若然，昭三年「冬，北燕伯款出奔齊」、二十一年「冬，蔡侯東出奔楚」而書時者，彼蔡侯東時，爲公如晉不當月，故時也。其北燕伯時，自爲大雨雹，故亦略其月。文或當時與月同，〔八二〕唯書日有異也，然此書日以著衛侯之惡，則昭二十五年「九月乙亥，公孫于齊」亦是明公之惡也，或可詳内，不可以外例准之。然「衛侯朔出奔齊」傳曰「朔之名，惡也。天子召而不往」，彼亦惡而書名，則北燕伯、蔡侯之徒亦是書名以見惡也。今衛侯以惡甚而書日，所以不名者，「鄭忽出奔衛」傳曰「其名，失國也」，衛侯雖則惡甚，以其不失國，故不名以見得國，入書名以明惡也。曹伯負芻無罪，故出、入不名，則衛侯鄭入書名者亦惡可知也。然衛侯朔亦得國而出書名者，以天子絶之故也。則蔡侯東、北燕伯款亦爲失國而名也，鄭忽桓十五年稱「世子忽復歸于鄭」，亦是得國而書名者，以其微弱罪賤之，故傳曰「其名，失國」，以後雖入國不能自安，故亦與失國同也。又忽是世子，與君少異，故彼注云「其名謂去世子而但稱忽」是也。「公孫于齊」不名者，爲内諱也。一解以衛侯不名者，出奔書日以見罪惡甚，故不復名也，理亦通耳。

○莒人侵我東鄙。

○秋，楚公子貞帥師伐吴。

○冬，季孫宿會晉士匄、宋華閲、衛孫林父、鄭公孫蠆、莒人、邾人于戚。○閲，音悦。

十有五年春，宋公使向戌來聘。○向，舒亮反。戌，音恤。

○二月己亥，及向戌盟于劉。

○劉夏逆王后于齊。劉，采地；夏，名。書名則非卿也。天子無外，所命則成，故不言逆女。○劉夏，户雅反，注同。

【疏】「劉夏」至「于齊」　釋曰：公羊以劉夏爲天子下大夫，今范云「非卿」，則亦以爲下大夫也。此時王者，案世本、本紀當頃王也。〔八三〕

過我，故志之也。○過，音戈。

○夏，齊侯伐我北鄙，圍成。公救成至遇。至遇而齊師已退也。遇，魯地。

○季孫宿、叔孫豹帥師城成郛。郛，郭。○郛，音孚。

○秋，八月丁巳，〔八四〕日有食之。

○邾人伐我南鄙。

○冬，十有一月癸亥，晉侯周卒。

校勘記

〔一〕故重明之　「故」原作「胡」，據單疏本、閩本改。

〔二〕君臣　「臣」字原無，劉校謂無者脱，據單疏本補。

〔三〕繫不有殊　單疏本「繫」上有「故」字，劉校謂無者脱。

〔四〕左氏　原作「方氏」，據單疏本、閩本改。

〔五〕左傳邾宣公也　依述例「傳」下當有「是」字。或疑原作「左氏是邾宣公也」，「傳」乃氏、是誤合。

〔六〕荀罃　唐石經此卷内「罃」皆作「罂」，李富孫異文釋謂古通用，松崎校訛謂石經誤，且云：「此卷字跡陋劣，蓋係後人補刊，以故繆誤尤多。」錢考亦云，石經「僖、成、襄三卷字跡俱似補刻而成，襄尤劣，成公篇間有避梁諱者，襄公篇無不避矣。」

〔七〕焉得受之　「焉」原作空圍，據單疏本、閩本補。

〔八〕致魯　「致」，阮校：「閩、監、毛本『致』作『至』，單疏本作『到』。」

〔九〕聘禮　「禮」原作「事」，據單疏本改。

〔一〇〕入門　「門」原作「問」，據單疏本、閩本改。

〔一一〕失容　「失」原無，據單疏本、閩本補。

〔一二〕庚寅　依史曆表，本年五月無論何種曆法皆無庚寅，但不知誤在月抑或日。

〔一三〕葬皆舉謚　單疏本「葬」下有「者」字。

〔一四〕如國中之邑也　此與下句「所以如國中之邑者」之「國中」，單疏本皆作「中國」。

〔一五〕諱伐喪　「諱」原作「韓」，據單疏本、閩本改。

〔一六〕發傳　「發」原作「後」，據單疏本、閩本改。

〔一七〕戊寅　左氏本年杜注謂戊寅當在七月，以史曆表核之，是。

〔一八〕及以及　俞樾平議謂「以」當作「又」。

〔一九〕大夫張也　述聞謂「張」當作「彊」。

〔二〇〕諸侯始失正矣　唐石經「正」作「王」。按唐石經訛也，下襄十年疏「雞澤之會諸侯失政」可證。

〔二一〕與穀梁傳異也　依述例，「傳」字疑衍。

〔二二〕爲君　單疏本「爲」作「受」。

〔二三〕公至自晉　楊考：「石經『晉』作『會』，是也。」公羊、左氏「晉」皆作「會」，陸淳纂例差繆略不列此異。按，本年春「公如晉」，四月「及晉侯盟于長樗」，有致文，此六月與諸侯同盟于雞澤，當致會也。

〔二四〕己酉　左氏本年杜注謂「三月無己酉，日誤」，以史曆表核之，是也。

〔二五〕姒氏　公羊疏、釋文皆僅云左氏作「姒」，此節疏云「此與左氏並爲姒氏」，疑陸所見本與疏所本不一。

〔二六〕襄公　「襄」原作「齊」，據余本、閩本改。

〔二七〕弋氏　「弋」原作「戈」，正字：「『弋』誤『戈』。」據單疏本、閩本及公羊襄四年經文改。

〔二八〕傳妾子爲君　隱五年「考仲子之宫」節疏云「公羊、左氏妾子爲君，其母得同夫人之禮，今穀梁知不然者」，若有傳文，何得謂「穀梁知不然者」？宣八年「葬我小君頃熊」節疏云「禮，妾子爲君，其母不得稱夫人」，則此處之「傳」乃「禮」之訛。

〔二九〕今仍非禮也　正字：「『今』疑衍字。」

〔三〇〕叔孫豹繒世子巫如晉者　單疏本作「叔孫豹至如晉」，阮校：「閩、監、毛本無『者』字，案此文當在下『公羊以繒世子巫』云云之上，注疏本以此句爲標起迄，非也。」按單疏鈔本「公羊以繒世子巫」之上無此句者，蓋因語句與標起迄近似而脱或删略。

〔三一〕還于莒爲夫人　正字：「『還』下疑脱『嫁』字。」按何注云「還嫁之于莒，有外孫」，正字蓋緣此爲説。

〔三二〕故立其外孫　依公羊襄五年注，「故」當作「欲」。

〔三三〕此傳　正字：「『此』當衍字。」按「此」或「之」之訛。

〔三四〕蚡泉　昭五年經文作「賁泉」，釋文云「左氏作『蚡泉』」，或疏所本如此。

〔三五〕莒從夷俗　疏下文云「莒不得與真夷狄同」，疑「夷俗」乃「夷狄」之訛。

〔三六〕矢胎　昭五年經文作「失台」。

〔三七〕越爲於越　單疏本「爲」作「謂」。

〔三八〕莒子邾子滕子薛伯　左傳無此八字，毛奇齡刊誤卷二以爲不當有，「此楚伐陳而晉會諸侯以救之也，方秋會戚時原有莒、邾、滕、薛四國，然已經歸國而遣戍陳矣，及冬楚再伐陳而又有是會，則其不必與前會相同可知也。不然，前會有吴人、鄫人，而此亦無之，何耶？」

〔三九〕即得殊吴　單疏本「得」作「是」，按繒在吴下即是不復殊外吴，故注有「所以不復殊外吴」之釋，疑「得」乃「復」之訛，上又脱「不」字。

〔四〇〕數行進之　疑「數」下脱「會」字。

〔四一〕故序云會進之　此句疑有誤，或「云」字衍。

〔四二〕進吴于上　「進」上原有分隔符「〇」，據單疏本、閩本删。

〔四三〕雖至　依公羊襄五年傳，「雖」疑「離」之訛。

〔四四〕諸國　單疏本「國」作「侯」。

〔四五〕異姓之不得　此下原有「齊侯滅萊左氏以爲」云云一節，乃下文「齊侯滅萊」之疏，殿本考證、張校皆謂誤刊，故移置於彼。

〔四六〕左傳小邾穆公也　依述例「傳」下當有「是」字，或疑原作「左氏是小邾穆公也」，「傳」乃氏、是誤合。

〔四七〕鄭地　「地」原作「也」，據余本、閩本改。

〔四八〕〇　「〇」原無，據余本、閩本補。

〔四九〕宜云正葬　閩本「云」作「同」。

〔五〇〕侵淺事也　「侵」原作「浸」，據余本、閩本改。

〔五一〕此何書　殿本考證謂脱「以」字，按公羊襄九年傳「何」下有「以」字。

〔五二〕杞伯　二字原無，阮校：「石經『薛伯』下有『杞伯』二字。」楊考謂無者脱，據唐石經、余本補。

〔五三〕己亥　左氏本年杜注謂「長曆十二月無己亥，傳作十一月，經誤」，以史曆表核之，杜説是。

〔五四〕不異言鄭謂會伐　單疏本「言」下有「者」字。按「者」字若有，當在「鄭」字之下。又，「會伐」閩本作「伐會」。

〔五五〕何也　「也」字原無，阮校：「石經、余本『何』下有『也』字。」楊考謂無者脱，據唐石經、余本及黄侃手批補。

〔五六〕云日　依述例「云」疑「言」或「書」訛。

〔五七〕會夷狄　「會」字原無，單疏本有，與傳文合，故據補。

〔五八〕向來　單疏本作「尚未」，陳跋録異。

〔五九〕公子貞　「公」字原無，據唐石經、余本及黄侃手批補。

〔六〇〕光序滕薛之上　「序」原作「字」，據余本、閩本改。

〔六一〕烏路反　「烏」原無，據余本、閩本補。
〔六二〕亦稱國　單疏本「國」上有「其」字。
〔六三〕則戍鄭　正字：「『則』疑。」
〔六四〕故不復内之　「復」原作「得」，據單疏本改。
〔六五〕以明　「明」原作「盟」，阮校：「單疏本『盟』作『明』，是也。」據改。
〔六六〕非禮　「非」原作「而」，據單疏本改。
〔六七〕京城北　注云「鄭地」，「北」示方位，非地名，疑衍，左氏「京」作「亳」，杜注「亳城，鄭地」可證。
〔六八〕不同于伐鄭　成十七年傳云「公不周乎伐鄭也」，則「同」乃「周」之訛。
〔六九〕正是其當　單疏本「當」作「常」。
〔七〇〕良霄　此及本節疏中兩處「良霄」之「霄」原作「宵」，唐石經作「霄」，閩本經、疏皆作「霄」。按前後經文皆作「霄」，唐石經及閩本是也，據改。
〔七一〕傳國使會命　注謂「傳國之辭命」，此處疑有訛。
〔七二〕國命之辭　當作「國之辭命」，注「傳國之辭命」可證。
〔七三〕晉執　阮校：「十八年經『晉』下有『人』字。」
〔七四〕互相通也　「互」原作「亦」，阮校：「何校本『亦』作『互』，是也。」據單疏本改。
〔七五〕昭二十三年　「昭」原作「時」，據單疏本、閩本改。
〔七六〕君之與臣　單疏本「與」作「於」。
〔七七〕安足書也　于鬯謂下有闕文。

〔七八〕丑邁反　「丑」上原有「音」字，據單行釋文删。

〔七九〕二年之後　「二」原作「三」，十行本、閩本作「二」，按公羊十六年溴梁之盟傳云「君若贅旒然」，則此十四年之何注宜稱「二年之後」，今本公羊作「三」，彼阮校謂「浦鏜云『二』誤『三』，從穀梁疏校」，故據改。

〔八〇〕故月之疑　「月」乃「危」之訛。

〔八一〕衛侯出奔齊　公羊「侯」下有「衎」字，陸淳纂例差繆略謂「『衛侯衎出奔齊』，左氏無『衎』字」，則其所見穀梁亦有「衎」字，趙坦異文箋謂左、穀或脱「衎」字。

〔八二〕時與月同　「與」原作「明」，阮校：「何校本『明』作『與』，是也。」據單疏本改。

〔八三〕頃王　「頃」原作「傾」，據單疏本及閩本改。柳興恩大義述：「『頃王』當作『靈王』。」核史表，柳說是。

〔八四〕八月丁巳　左氏本年杜注云「八月丁巳，丁巳，七月一日也，日月必有誤」。

# 春秋穀梁注疏襄公卷第十六起十六年，盡三十一年

十有六年春，王正月，葬晉悼公。

○三月，公會晉侯、宋公、衛侯、鄭伯、曹伯、莒子、邾子、薛伯、杞伯、小邾子于湨梁。湨梁，地。○湨，古闃反。戊寅，大夫盟。湨梁之會，諸侯失正矣。諸侯會而曰「大夫盟」，正在大夫也。諸侯在而不曰「諸侯之大夫」，大夫不臣也。晉人執莒子、邾子以歸。

【疏】「晉人」至「以歸」　釋曰：諸侯不得私相治，執之以歸，非禮明矣。

○齊侯伐我北鄙。

○夏，公至自會。

○五月甲子，地震。

○叔老會鄭伯、晉荀偃、衛甯殖、宋人伐許。

○秋，齊侯伐我北鄙，圍成。

○大雩。

○冬，叔孫豹如晉。

十有七年春，王二月庚午，邾子瞷卒。○瞷，音閑，左氏作「牼」。

○宋人伐陳。

○夏，衛石買帥師伐曹。

○秋，齊侯伐我北鄙，圍桃。齊高厚帥師伐我北鄙，〔一〕圍防。

○九月，大雩。

【疏】「九月大雩」 釋曰：前年大雩不月，此月者，僖十一年傳曰「雩月，正也」，是九月、八月雩得正也，故月。前年雩不正，時也。〔二〕

○宋華臣出奔陳。

○冬，邾人伐我南鄙。

十有八年春，白狄來。不言朝，不能行朝禮。○朝，直遥反。

○夏，晉人執衛行人石買。稱「行人」，怨接於上也。怨其君而執其使。稱「行人」，明使人爾，罪在上也。○其使，所吏反，下同。

【疏】注「怨其君」至「在上也」 釋曰：稱「人」以執是執有罪，范云「明使人」者，謂稱「行人」者明罪在君上，故云「明使人」，非謂稱「行人」以罪晉也。重發傳者，楚是夷狄，嫌晉之主盟當異，故重明之。〔三〕

○秋，齊侯伐我北鄙。

○冬，十月，公會晉侯、宋公、衛侯、鄭伯、曹伯、莒子、邾子、滕子、薛伯、杞伯、小邾子同圍齊。非圍而曰「圍」，據實伐。齊有大焉，亦有病焉。諸侯同罪非大而足同與？〔四〕齊非大國，諸侯豈足同共圍之與？○同與，音餘。諸侯同罪之也，亦病矣。齊若無罪，諸侯豈得同病之乎？大國，是不量力，必爲大國所讎，則亦病矣。

【疏】「非圍」至「病矣」 釋曰：知非圍者，以十九年經云「至自伐齊」，不以圍致故也。傳言「非圍而曰『圍』」者，解經不以實言之意。「齊有大焉，亦有病焉」，謂經稱「同圍」之意。齊雖有事，大國焉，亦有罪惡焉，「病」猶罪惡也，謂數伐魯，以數伐魯又復國大，故稱同圍之耳。「非大而足同與」，覆上「齊有大焉」，諸侯同罪之意也，謂齊若非大國，何須諸侯同罪之也？「亦病矣」，謂齊是大國，諸侯共同罪之，必爲大國所讎，是取禍之道，故云亦罪惡矣，言諸侯與齊同有罪惡也。

〇曹伯負芻卒于師。閔之也。

【疏】「閔之也」 釋曰：僖四年「許男新臣卒」，彼内桓師，故不地，知言「卒于師」者皆閔之也。

〇楚公子午帥師伐鄭。

十有九年春，王正月，諸侯盟于祝柯。前年同圍齊之諸侯也。祝柯，齊地。〇祝柯，古何反，注同。晉人執邾子。公至自伐齊。春秋之義，已伐而盟復伐者則以伐致，京城北之類是。〇復，扶又反，下及注同。盟不復伐者則以會致。「會于蕭魚」之類是。祝柯之盟，盟復伐齊與？怪不以會致。〇與，音餘。曰非也。不復伐齊。然則何爲以伐致也？曰與人同事，或執其君，或取其地。同與邾圍齊，而晉執其君，魯取其地，此與盟後復伐無異。

【疏】「或執」至「其地」 釋曰：據此傳文，事實在邾，不關于齊，而以「伐齊」致者，以明實伐齊，盟後又或執其君，或取其地，與盟後復伐無異，故託事以見意，罪晉執君，惡魯取地，若其實不伐齊，亦不得以「伐」致也。

〇取邾田，自漷水。以漷水爲界。〇漷水，火號反，又音郭，水名。軋辭也。軋，委曲隨漷水，言取邾田之多。〇軋，於八反。

【疏】「軋辭也」 釋曰：公羊以爲漷水移入邾界，魯隨而有之，今云「軋辭」者，「軋」謂委曲，經言「自漷水」者，委曲之辭也。一解「軋辭」者，「軋」謂委曲，言取邾田委曲隨漷水爲界之辭，言其多也。

其不日，惡盟也。〇惡，烏路反。

【疏】「其不日，惡盟也」 釋曰：謂執君、取地。

〇季孫宿如晉。

〇葬曹成公。

〇夏，衛孫林父帥師伐齊。

〇秋，七月辛卯，齊侯環卒。

〇晉士匄帥師侵齊，至穀，聞齊侯卒，乃還。「還」者事未畢之辭也。

【疏】「『還』者」至「辭也」　釋曰：重發傳者，嫌内外異也。何休《癈疾》難此云：「君子不求備於一人，〔五〕士匄不伐喪，純善矣，何以復責其專大功也？」鄭玄釋之曰：「士匄不伐喪則善矣，然于善則稱君，禮仍未備，故言『乃還』，不言『乃復』，作未畢之辭。『還』者致辭，『復』者反命。」如鄭之言，亦是譏士匄不復命也。然如鄭意，以「乃還」爲惡，「乃復」爲善，則公子遂「至黄乃復」又爲惡之者，彼以遂違君命而反，故加畢事之文，欲見臣不專君命，〔六〕與此意少異。此既善不伐喪，「復」爲事畢之辭，則是純善士匄，故以未畢之辭言之。

受命而誅生，死無所加其怒，不伐喪，善之也。善之則何爲未畢也？君不尸小事，臣不專大名，善則稱君，過則稱己，則民作讓矣。士匄外專君命，故非之也。然則爲士匄者宜奈何？宜墠帷而歸命乎介。除地爲墠，於墠張帷，反命于介，介歸告君，君命乃還，不敢專也。○墠，音善。介，音界，副使也。

○八月丙辰，仲孫蔑卒。

○齊殺其大夫高厚。

○鄭殺其大夫公子嘉。

○冬，葬齊靈公。

○城西郛。〔七〕

○叔孫豹會晉士匄于柯。柯，地。

○城武城。

二十年春，王正月辛亥，仲孫速會莒人盟于向。向，莒邑。○向，舒亮反。

夏，六月庚申，公會晉侯、齊侯、宋公、衛侯、鄭伯、曹伯、莒子、邾子、滕子、薛伯、杞伯、小邾子盟于澶淵。澶淵，衛地。○澶，市然反。

○秋，公至自會。

○仲孫速帥師伐邾。

○蔡殺其大夫公子濕，蔡公子履出奔楚。

○陳侯之弟光出奔楚。諸侯之尊，弟兄不得以屬通，其弟云者親之也，親而奔之，惡也。顯書「弟」，明其親也，親而奔逐之，所以惡陳侯。○弟光，左氏作「黄」。惡也，〔八〕烏路反。

【疏】注「所以惡陳侯」釋曰：知非惡光者，以傳例「歸爲善，自某歸次之」，以二十三年云「光自楚歸于陳」，又且專之稱「弟」罪衛侯，則光稱「弟」罪陳侯也，故鄭釋癈疾亦云「惡陳侯」也。

○叔老如齊。

○冬，十月丙辰朔，日有食之。

○季孫宿如宋。

二十有一年春，王正月，公如晉。

○邾庶其以漆閭丘來奔。「以」者不以者也。凱曰：「人臣無專禄，以邑叛之道。」○漆，音七。閭，力居反。

【疏】「『以』者不以者也」釋曰：重發傳者，此非用兵之「以」，故昭五年「莒牟夷以牟婁及防茲來奔」，傳曰「及防茲，以大及小也」，是小大不敵，故當言「及」，今不言「及」，爲小大敵故也。

來奔者不言「出」，舉其接我者也。漆閭丘不言「及」，小大敵也。

○夏，公至自晉。

○秋，晉欒盈出奔楚。

○九月庚戌朔，日有食之。

○冬，十月庚辰朔，日有食之。

【疏】「日有食之」 釋曰：此年與二十四年皆頻月日食，據今歷法無頻食之理，〔九〕但古或有之，故漢書高祖本紀亦有頻食。〔一〇〕

○曹伯來朝。○朝，直遥反。

○公會晉侯、齊侯、宋公、衛侯、鄭伯、曹伯、莒子、邾子于商任。商任，某地。○任，音壬。○庚子，孔子生。〔一一〕

【疏】「庚子，孔子生」 釋曰：仲尼以此年生，故傳因而録之，史記世家云「襄公二十二年生」者，馬遷之言與經典不同者非一，故與此傳異年耳。

二十有二年春，王正月，公至自會。

【疏】「公至自會」 釋曰：此與二十一年「公如晉」皆月者，依傳例月者有危，傳不記危之事，未可知也。何休云「善公能事大國」，案下沙隨會公至不月，〔一二〕則何説非。

○夏，四月。

○秋，七月辛酉，〔一三〕叔老卒。

○冬，公會晉侯、齊侯、宋公、衛侯、鄭伯、曹伯、莒子、邾子、滕子、薛伯、杞伯、小邾子于沙隨。

○公至自會。

○楚殺其大夫公子追舒。

二十有三年春，王二月癸酉朔，日有食之。

○三月己巳，杞伯匄卒。○匄，古害反。

○夏，邾畀我來奔。○畀，必二反。

○葬杞孝公。

○陳殺其大夫慶虎及慶寅。稱國以殺，罪累上也。及慶寅，慶寅累也。

○陳侯之弟光自楚歸于陳。光反稱「弟」，言「歸」，無罪明矣。

○晉欒盈復入于晉，入于曲沃。曲沃，晉地。〔一四〕○復，扶又反。

○秋，齊侯伐衛，遂伐晉。

○八月，叔孫豹帥師救晉，次于雍渝。雍渝，晉地。○雍，於用反，又如字。渝，羊朱反。言「救」後次，非救也。惡其不遂君命而專止次，故先通君命而後言次，尊君抑臣之義。鄭嗣曰：「次，止也。凡先書『救』而後言『次』，皆非救也，僖元年『齊師、宋師、曹師次于聶北，救邢』，此師本欲止聶北，遥爲之援爾，隨其本意而書，故先言『次』而後言『救』。豹本受君命救晉，中道不能，故先言『救』而後言『次』，若鄭伯未見諸侯而曰如會，致其本意。」○惡其，〔一五〕烏路反，下傳「惡之」同。聶北，女輒反。〔一六〕中道，丁仲反，又如字。

**【疏】「言『救』」至「救也」** 釋曰：後言「次」爲非救，則以僖元年先言「次」即是救，彼傳亦云「非救」者，其實言「次」則並是非救，但傳各隨其本意而釋之，鄭嗣言之詳矣。

○己卯，仲孫速卒。

○冬，十月乙亥，臧孫紇出奔邾。其日，正臧孫紇之出也。蘧伯玉曰：「不以道事其君者，其出乎？」正其有罪。必不見容。○蘧，其居反。

○晉人殺欒盈。惡之弗有也。不言殺其大夫，是不有之以爲大夫。

○齊侯襲莒。輕行掩其不備曰「襲」。○輕，遣政反，又如字。

二十有四年春，叔孫豹如晉。

○仲孫羯帥師侵齊。

○夏，楚子伐吳。

○秋，七月甲子朔，日有食之既。

○齊崔杼帥師伐莒。

○大水。

○八月癸巳朔，日有食之。

○公會晉侯、宋公、衛侯、鄭伯、曹伯、莒子、邾子、滕子、薛伯、杞伯、小邾子于夷儀。

○冬，楚子、蔡侯、陳侯、許男伐鄭。

○公至自會。

○陳鍼宜咎出奔楚。○鍼，其廉反。咎，其九反。

○叔孫豹如京師。

○大饑。五穀不升爲「大饑」。升，成也。一穀不升謂之「嗛」，嗛，不足貌。○嗛，去簟反。二穀不升謂之「饑」，三穀不升謂之「饉」，○饉，音近。四穀不升謂之「康」，康，虚。五穀不升謂之「大侵」。侵，傷。

【疏】「五穀」至「大侵」　釋曰：二穀不升謂之「饑」，今經云「大饑」，故傳云「五穀不升」也。「謂之『嗛』」、「謂之『康』」，嗛是不足之貌，康是虚荒之名。「五穀不升謂之『大侵』」，又謂之「大饑」者，以經云「大饑」，是傳文順經言之，經所云「大饑」者，謂五穀不孰也，其實「大侵」者大饑之異名，通而言之，正是一物也，傳欲分析五種之名，故異言之耳。徐邈云「有死者曰『大饑』，無死者曰『大餓』」，何休云「有死曰『大餓』，〔一七〕無死曰『饑』」，並以意言之，與穀梁異也。

大侵之禮，君食不兼味，臺榭不塗，塗，堊飾。○榭，音謝。堊，烏路反，又烏洛反。弛侯，廷道不除，弛，廢也。侯，射侯也。廢侯不燕射，廷内道路不脩除。○弛侯，式氏反。廷道，徒佞反，朝廷之道也，一音庭。

【疏】注「弛廢」至「燕射」　釋曰：凡大射爲祭擇士，賓射則接賓而射，燕則因歡燕而爲射，〔一八〕既國大饑，君不宜燕樂，故注舉燕射言之，其實尚不祭鬼神，亦不應有大射、賓射之禮，故傳以「弛侯」總之。或以爲燕射一侯，禮最省，故舉之以明餘者亦不爲之耳，理亦通之。〔一九〕

百官布而不制，官職備列不可闕廢，〔二〇〕不更有造作。鬼神禱而不祀，周書曰：「大荒，有禱無祀。」

【疏】注「周書」至「無祀」　釋曰：「周書」者，先儒以爲仲尼删尚書之餘，今據其書與尚書不類，未知是與非也。

此大侵之禮也。

二十有五年春，齊崔杼帥師伐我北鄙。

○夏，五月乙亥，齊崔杼弒其君光。莊公失言，淫于崔氏。放言將淫崔氏，爲此見弒也。邵曰：「淫，過也。言莊公言語失漏，有過於崔子，〔二一〕而崔子弒之。故傳載其致弒之由，以明崔杼之罪甚。」○爲此，于僞反，下「爲其」同。

【疏】注「放言」至「罪甚」　釋曰：「失言」謂放言，謂放言語將淫崔氏；邵解云謂「言語失漏，有過於崔氏」，范兩載之者，貴異説耳。注又云「傳載其致弒之由」者，正謂此傳，不更據别文也。

○公會晉侯、宋公、衛侯、鄭伯、曹伯、莒子、邾子、滕子、薛伯、杞伯、小邾子于夷儀。

○六月壬子，鄭公孫舍之帥師入陳。

○秋，八月己巳，〔一二〕諸侯同盟于重丘。〔一三〕會夷儀之諸侯也。重丘，齊地。○重，直龍反。公至自會。

○衛侯入于夷儀。夷儀，本邢地，衛滅邢而爲衛地。

○楚屈建帥師滅舒鳩。○屈，居勿反。

○冬，鄭公孫夏帥師伐陳。○夏，户雅反。

○十有二月，吴子謁伐楚，門于巢，卒。以伐楚之事門于巢卒也。所以攻巢之門者，爲其伐楚之事故也，然則伐楚經巢。○子謁，左氏作「遏」。「于巢」者外乎楚也，若但言伐楚卒而不言「于巢」者，則卒在楚也，言「于巢」則不在楚。門于巢乃伐楚也。先攻巢，然後楚乃可得伐。

【疏】注「先攻巢」 釋曰：舊解巢，楚竟上之小國，有表裏之援，故先攻之，然後楚可得伐，以爲楚邑非也，徐邈亦云「巢，偃姓之國」是也。

諸侯不生名，取卒之名加之「伐楚」之上者，見以伐楚卒也。其見以伐楚卒何也？據伐楚惡事，無緣致本意。○見，賢偏反。

【疏】「諸侯不生名」 釋曰：重發傳者，與失國生名異故也。

古者大國過小邑，小邑必飾城而請罪，禮也。「飾城」者，脩守備。請罪，問所以爲闕致師之意。○守備，手又反，或如字。吴子謁伐楚至巢，入其門，門人射吴子，有矢創，反舍而卒。古者雖有文事，必有武備，非巢之不飾城而請罪，非吴子之自輕也。非，責。○射，食亦反。創，初良反。

二十有六年春，王二月辛卯，衛甯喜弑其君剽。此不正，其日何也？殖也立之，喜也君之，正也。父立以爲君則子宜君之，以明正也。○君剽，匹妙反。

【疏】「此不正其日何」 釋曰：知剽不正者，以元年稱「公孫」見經故也。

○衛孫林父入于戚以叛。

○甲午，衛侯衎復歸于衛。日歸，見知弒也。書喜弒君，衎可言「歸」，衎實與弒，故録日以見之。書日所以知其與弒者，言辛卯弒君，甲午便歸，是待弒而入，故得速也。○衎，苦旦反，一本作「衍」。見知，賢徧反。實與，音豫，下同。

【疏】「日歸」至「弒也」釋曰：衎既與弒，不言「入」以惡之者，傳例「歸」爲善，「復歸」則居其兩端，故傳「『復』者復中國，『歸』者歸其所」，今喜既弒君，衎可言「歸」，〔二四〕但以與弒，故從平文云「復歸」，書名因以見惡耳。不言「入」，以明歸罪于甯喜也。

○夏，晉侯使荀吴來聘。

○公會晉人、鄭良霄、宋人、曹人于澶淵。

○秋，宋公殺其世子座。〔二五〕○座，在禾反。

○晉人執衛甯喜。

○八月壬午，許男甯卒于楚。宣九年「九月辛酉，晉侯黑臀卒于扈」，傳曰「其日，未踰竟也」，此乃在楚，何以日邪？隱三年「八月庚辰，宋公和卒」，傳曰「日卒，正也」，許男卒于楚，則在外已顯，日卒明其正。○竟，音境。

【疏】注「宣九」至「其正」釋曰：案薄氏駁云：〔二六〕「此自發例於大國，不明於小國，其小國或詳或略，許男書日必正也。」〔二七〕范荅云：「春秋稱『世子』固有非正，〔二八〕周之襄王、晉之恭子、曹伯射姑亦是其例。貜且之卒謂于日食之下，〔二九〕何以知其不日？」然則范之此荅，據何文得知？又周之襄王與恭子何以爲別？又薄氏之駁不問射姑，而范荅探意大過者，案左氏襄王是惠后之子，明襄王是嫡也，故文八年書「八月戊申，天王崩」。恭世子是獻公烝父妾而生，僖五年被殺不日，故知雖世子仍非嫡也。薄氏之意，見射姑稱「世子」而卒不稱日，故駁云發例于大國，小國自從詳略，故范以射姑非正荅之。據陳侯款僖七年寧母之會亦言「世子」，至僖二十八年書卒之上亦不日，明稱「世子」亦有非正也，捷菑既貶則貜且是正，故知貜且之卒蒙上日食之文可知。襄王正，恭子不正，而亦引以爲例者，欲明襄王正而稱「世子」，申生不正亦稱「世子」，據此言之，明有不正而稱「世子」者。

○冬，楚子、蔡侯、陳侯伐鄭。

○葬許靈公。

二十有七年春，齊侯使慶封來聘。

○夏，叔孫豹會晉趙武、楚屈建、蔡公孫歸生、衛石惡、陳孔奐、鄭良霄、許人、曹人于宋。○奐，呼亂反。

○衛殺其大夫甯喜。稱國以殺，罪累上也。甯喜弒君，其以累上之辭言之何也？嘗爲大夫，與之涉公事矣。鄭嗣曰：「若獻公以喜有弒君之罪而殺之，〔三〇〕則不宜既入以爲大夫而復殺之，〔三一〕明以他故。」○復，扶又反。〔三二〕

【疏】「涉公事矣」釋曰：舊解國家之事危若涉海，以水行爲喻也，〔三三〕徐邈云：「涉猶歷也。」〔三四〕

甯喜由君弒君，〔三五〕而不以弒君之罪罪之者，惡獻公也。獻公即衎也。鄭嗣曰：「書甯喜弒其君，則喜之罪不嫌不明，今若不言喜之無罪而死，則獻公之惡不彰。」○惡獻，烏路反。

○衛侯之弟專出奔晉。○專，左氏作「鱄」。專，喜之徒也。專之爲喜之徒何也？己雖急納其兄，與人之臣謀弒其君，是亦弒君者也。專其曰「弟」何也？據稱「弟」則無罪。○己，音紀。專有是信者。言君本使專與喜爲約納君，許以寵賂，今反殺之，獻公使專失信，故稱「弟」見獻公之惡也。○見，賢偏反。君賂不入乎喜而殺喜，是君不直乎喜也，故出奔晉，織絢邯鄲，終身不言衛。恥失信。○絢，其俱反。邯，音寒。鄲，音丹。

【疏】傳「織絢邯鄲」，麋信云：絢者著履舃之頭，〔三六〕即周禮絢、繶及純是也。〔三七〕

專之去合乎春秋。何休曰：「甯喜本弒君之家，獻公過而殺之，小負也，專以君之小負自絶，非大義也，何以合乎春秋？」鄭君釋之曰：「甯喜雖弒君之家，本專與約納獻公爾，公由喜得入，已與喜以君臣從事矣，春秋撥亂重盟約，今獻公背之而殺忠于己者，是獻公惡而難親也，獻公既惡而難親，專又與喜爲黨，懼禍將及，君子見幾而作，不俟終日。微子去紂，孔子以爲上仁。〔三八〕專之去衛，其心若此，合于春秋不亦宜乎？〔三九〕」○與約，如字，又於妙反，下同。爲約，于僞反，本或作「盟約」。背之，音佩。

○秋，七月辛巳，豹及諸侯之大夫盟于宋。溴梁之會，諸侯在而不曰「諸侯之大夫」，大夫不臣也，晉趙武恥之，「豹」云者恭也。不舉氏姓。〔四〇〕 諸侯不在而曰「諸侯之大夫」，大夫臣也，其臣恭也，晉趙武爲之會也。

【疏】「晉趙」至「會也」 釋曰：豹云能恭，獨言「趙武恥之」者，趙武恥湨梁之會大夫不臣，故今帥諸侯大夫爲恭，〔四一〕故歸功趙武也。傳言「豹云者」，據前稱氏，後直名也。

○冬，十有二月乙亥朔，〔四二〕日有食之。

二十有八年春，無冰。

○夏，衛石惡出奔晉。

○邾子來朝。○朝，直遥反。

○秋，八月，大雩。

○仲孫羯如晉。

○冬，齊慶封來奔。

○十有一月，公如楚。

【疏】「公如楚」 釋曰：書月者，何休云「危公朝夷狄」，案下二十九年「公至自楚」，傳云「喜之也」，則何説是耳。

○十有二月甲寅，天王崩。靈王。

○乙未，〔四三〕楚子昭卒。

二十有九年春，王正月，公在楚。閔公也。閔公爲楚所制，故存録。

○夏，五月，公至自楚。喜之也。凱曰：「遠之蠻國，喜得全歸。」致君者，殆其往殆，危。而喜其反，此致君之意義也。

【疏】「致君」至「義也」　釋曰：於此發之者，以公遠之荆蠻，故傳特發之，明中國亦同也。

○庚午，衛侯衎卒。

○閽弑吴子餘祭。閽，門者也，寺人也。不稱名姓，閽不得齊於人，不稱其君，閽不得君其君也。禮，君不使無恥，不近刑人，無恥，不知臧否。○閽，音昏，守門人也。祭，側界反。寺人，本又作「侍人」。不近，附近之近，下同。否，音鄙，又方九反。不狎敵，不邇怨。賤人非所貴也，貴人非所刑也，刑人非所近也，舉至賤而加之吴子，吴子近刑人也。閽弑吴子餘祭，仇之也。怨仇餘祭，故弑之。○狎，户甲反。怨，於願反，又於元反。仇，音求。

【疏】「閽門」至「之也」　釋曰：稟二儀之氣，須五常之性備，然後爲人，閽者虧形絶嗣，（四四）無陰陽之會，故不復齊於人，以主門晨昏開閉，謂之「閽」，以是奄豎之屬，故又謂之「寺人」也。「不狎敵，不邇怨」者，言爲人君之道，外不得狎敵，内不得近怨。何者？吴遏以狎敵蒙禍，（四五）餘祭以邇怨害身，故不可狎敵、近怨也。「賤人非所貴」，謂卑賤之人無高德者，不可卒貴。「貴人非所刑」，謂刑不上大夫，故不可刑之。「刑非所近也」，（四六）謂刑罪之人不可信近之，今吴子以奄人爲閽，是近之也。「舉至賤而加之吴子，近刑人也」，謂經書「閽弑吴子餘祭」者，譏其近刑人也。

○注「怨仇餘祭」〔四七〕　釋曰：國君不仇匹夫，犯罪則誅之，故知是閽怨也。

○仲孫羯會晉荀盈、齊高止、宋華定、衛世叔儀、鄭公孫段、曹人、莒人、邾人、滕人、薛人、小邾人城杞。古者天子封諸侯，其地足以容其民，其民足以滿城以自守也，杞危而不能自守，故諸侯之大夫相帥以城之，此變之正也。諸侯微弱，政由大夫，大夫能同恤災危，故曰「變之正」。

【疏】「變之正」　釋曰：諸侯恤災救危是正，今大夫爲之，故云「變之正也」。

○晉侯使士鞅來聘。

○杞子來盟。杞復稱「子」，蓋時王所黜。○復，扶又反。

○吴子使札來聘。杜預曰：「吴子，餘祭。既遣札聘上國而後死，札以六月到魯，未聞喪也。不稱『公子』，其禮未同於上國。」○札，側八反。吴其稱「子」何也？善使延陵季子，故進之也。身賢賢也，使賢亦賢也。延陵季子之賢，尊君也。以季札之賢，吳子得進稱「子」，是尊君也。其名，成尊於上也。春秋賢者不名，而札名者，許夷狄不一而足，（四八）唯成吳之尊稱，直稱「吳」則不得有大夫。○尊稱，尺證反。

【疏】「成尊於上也」　釋曰：謂進吳稱「子」，「上」謂君上也。（四九）

○秋，九月，葬衛獻公。

○齊高止出奔北燕。其曰「北燕」，從史文也。南燕姞姓，在鄭、衛之間；北燕姬姓，在晉之北，史曰「北燕」，據時然，故不改也。傳所言解時但有言「燕」者。（五〇）○北燕，音煙，國名。姞，其乙反，又其吉反。

【疏】「從史文也」　釋曰：傳言「從史文」者，以時有直言「燕」者，故仲尼從史文也。

○冬，仲孫羯如晉。

三十年春，王正月，楚子使薳罷來聘。聘例時，此聘月之何也？泰曰：「桓二年『宋督弒其君與夷』，傳曰書『王』以正與夷之卒，然則義有所明，（五一）皆須王以正之，書『王』必上繫于春、下統于月，此書『王』以治蔡般弒父之罪爾，非以録薳罷之聘。」○薳罷，于委反，下音皮。與夷，如字，又音餘，宋殤公名。

○夏，四月，蔡世子般弑其君固。其不日，子奪父政，是謂夷之。比之夷狄，故不日也。「丁未，楚世子商臣弑其父」，〔五二〕傳曰「日髡之卒，所以謹商臣之弑也」。楚公子比「弑其君」，傳曰「不日，比不弑」。般弑不日而曰「夷之」何也？徐乾曰：「凡中國君正卒皆書日以録之，夷狄君卒皆不日以略之，所以別中國與夷狄。夷狄弑君而日者，閔其爲惡之甚，謹而録之。中國君卒例日，不以弑與不弑也，〔五三〕至于卒而不日者，乃所以略之，與夷狄同例。」○子般，音班，本又作「班」。〔五四〕髡，苦門反。以別，彼列反。

【疏】注「比之」至「同例」。釋曰：何休癈疾云：「『蔡世子班弑其君固』不日謂之夷，楚世子商臣弑其君何以反書日邪？」鄭玄釋之曰：「商臣弑父日之，〔五五〕嫌夷狄無禮，罪輕也。今蔡，中國而又弑父，故不日之，若夷狄不足責然。公羊有『若不疾乃疾之』，推以况此，則無怪然。」此注之意與鄭君釋癈疾大旨同也，但解商臣之弑書日少異耳。何者？鄭云「嫌夷狄無禮，罪輕」故日，徐乾云「閔其爲惡之甚」故日，是少異也。昭十九年「夏五月戊辰，許世子止弑其君買」，〔五六〕傳云「日弑，正卒也」，與此異者，彼以實不弑君而書日，故與此異也。

○五月甲午，宋災，伯姬卒。〔五七〕取卒之日加之「災」上者，見以災卒也。其見以災卒奈何？伯姬之舍失火，左右曰：「夫人少辟火乎？」伯姬曰：「婦人之義，傅母不在，宵不下堂。」宵，夜。○見以，賢偏反。辟，音避，下同。左右又曰：「夫人少辟火乎？」伯姬曰：「婦人之義，保母不在，宵不下堂。」遂逮乎火而死。婦人以貞爲行者也，伯姬之婦道盡矣。詳其事，賢伯姬也。○逮，音代，又大計反。行，下孟反。

【疏】「取卒」至「姬也」 釋曰：外災例時，今伯姬之卒，〔五八〕故進日在上，以明災死也。「伯姬之婦道盡矣」，爲共公卒雖日久，姬能守夫在之貞，〔五九〕謂之「婦道盡矣」。

○天王殺其弟佞夫。傳曰：諸侯且不首惡，〔六〇〕況於天子乎？君無忍親之義，天子、諸侯所親者，唯長子、母弟耳，天王殺其弟佞夫，甚之也。○長，丁丈反。

【疏】「況於天子乎」 釋曰：嫌天子之殺弟異於諸侯，故以輕況重，舉重以明輕，見輕重之道並見矣。〔六一〕

○王子瑕奔晉。不言「出」，周無外。

○秋，七月，叔弓如宋，葬共姬。〔六二〕共姬，從夫之謚。○共，音恭。外夫人不書葬，此其言「葬」何也？吾女也，卒災，故隱而葬之也。

【疏】「外夫」至「葬之也」 釋曰：外夫人卒亦不書，而云「不書葬」者，傳云「外夫人不葬」者，謂魯女嫁於諸侯者唯當書「卒」，不合稱「葬」，非謂不是魯女也。

○鄭良霄出奔許。自許入于鄭，鄭人殺良霄。不言大夫，惡之也。○惡，烏路反。

【疏】「不言」至「之也」　釋曰：襄二十三年〔六三〕「晉人殺欒盈」，〔六四〕傳曰「惡之弗有也」，彼云不有，則此亦然也。重發傳者，嫌與復入異故也。

○冬，十月，葬蔡景公。不日卒而月葬，不葬者也。卒而葬之，不忍使父失民於子也。鄭嗣曰：「夫葬者臣子之事也，景公無子，不可謂無民，無民則景公有失於民，有民則罪歸於子，若不書葬則嫌亦失民，故曰『不忍使父失民於子』。」

【疏】「不日」至「子也」　釋曰：成十五年「秋八月庚辰，葬宋共公」，傳曰「月卒日葬，非葬者也」，〔六五〕此云「不日卒而月葬，不葬者也」，重發傳而文又異者，傳例「諸侯日卒時葬，正也」，明違此即非正，故兩文以明之。又解一弒一卒經文有日月之殊，故重發傳而文異。日月有殊者，宋共則日葬，景公則月葬，是殊也。宋襄失民不葬，此失民書葬者，此即是於失子，〔六六〕非失民，若實失民則直稱「人」以弒，〔六七〕傳曰「不忍使父失民於子也」，是非失民可知。傳云「不忍使父失民於子」者，言若不書葬則與失民同，故云然也。

○晉人、齊人、宋人、衛人、鄭人、曹人、莒人、邾人、滕人、薛人、杞人、小邾人會于澶淵，宋災故。會不言其所爲，其曰「宋災故」何也？不言「災故」則無以見其善也。其曰「人」何也？救災以衆。何救焉？更宋之所喪財也。償其所喪財，故雖不及災時而猶曰「救災」。○所爲，于僞反。以見，賢徧反。更，音庚，償也。喪，息浪反。償，時亮反。

【疏】「晉人」至「財也」〔六八〕 釋曰：公羊傳云「卿則其稱『人』何？貶也。曷爲貶？卿不得憂諸侯也」。左氏以爲不歸宋財，故貶。此傳云「其曰『人』何？救災以衆」，是三傳異也。或當此會趙武亦在，但取救災以衆，故不顯名也。

澶淵之會，〔六九〕中國不侵伐夷狄，夷狄不入中國，無侵伐八年，善之也，晉趙武、楚屈建之力也。

【疏】「無侵伐八年」 釋曰：徐邈云「晉趙武、楚屈建感伯姬之節，故爲之息兵」，其意以爲諸侯閔伯姬之賢，故歸宋財，爲澶淵之會，此不相侵伐連會言之，故知爲伯姬也。范氏不解，理未必然。言感伯姬歸宋財，事亦可矣，豈以一婦人之貞，國則息兵八載，人情測之，必是未可，又且傳稱「趙武、屈建之力」，則無侵伐不由伯姬明矣。若然，則此會不書楚人，則無楚屈建，若據此後言之，昭元年即楚靈王即位，不得云「無侵伐八年」。若據二十六年澶淵之會言之，何知彼有趙武？屈建唯二十七年見經，而云「屈建之力」者，案左氏晉趙武以二十五年爲政，二十六年澶淵之會晉人列在鄭卿之上，明是趙武，但恥溴梁不臣，故屈於澶淵也。其實「晉人」者趙武，是爲政起於二十五年，再會澶淵、一會宋，又昭元年會于虢而中國以安，〔七〇〕屈建雖一會于宋，〔七一〕外寧夷狄，是屈建之功，傳恐連公子圍之事，故以屈建别之，故左氏云「相晉國於今八年」，亦從二十五年數至昭元年也。傳連此澶淵會言之者，以諸侯静兵由趙武功力，此歸宋財亦是趙武爲之，以其息師，故得憂災恤患，是以連言之耳。

三十有一年春，王正月。

○夏，六月辛巳，公薨于楚宫。楚宫，非正也。楚宫，别宫名，非路寢。

○秋，九月癸巳，子野卒。襄公大子。大，音泰。○子卒日，正也。

【疏】「子卒日正也」　解云：未踰年之君弑死不日，文十八年「子卒」是也。莊三十二年「子般卒」書日者，以有所見故也。今子野正卒書日，嫌與子般同，故傳發之以明昭公之繼正也。

○己亥，仲孫羯卒。

○冬，十月，滕子來會葬。書非禮。

○癸酉，葬我君襄公。

○十有一月，莒人弑其君密州。

**校勘記**

〔一〕齊高厚　左氏無「齊」字，趙坦異文箋謂此字或衍。

〔二〕時也　正字：「『時』上當脱『故』也。」

〔三〕故重明之　單疏本「明」作「發」。

〔四〕同與　「與」原作「焉」，疏複引作「與」，殿本考證：「石經『焉』作『與』，是也。」阮校：「石經、余本『焉』作『與』，案釋文出『同與』，是陸所據本亦作『與』，作『焉』者非。」據改。

〔五〕一人　此下原作三字空圍，依文義不闕，單疏本下亦無闕字。

〔六〕不專君命　「君」原作「公」，據單疏本、閩本改。

〔七〕城西郛　注於經文之「郛」皆注「郛，郭也」，後此之哀五年「城西郛」亦注「郛，郭也」，則此句下疑脱注文。

〔八〕惡也　「也」原作「音」，據單行釋文改。

〔九〕今歷法　「法」原作「有」，據單疏本改。

〔一〇〕高祖本紀　史記稱「高祖本紀」，漢書稱「高帝紀」，查高祖本紀無頻食，高帝紀有，則「本」字疑衍。

〔一一〕庚子孔子生　「庚」上原有經文分節符「○」，疏以此條爲傳，是，據删。

〔一二〕沙隨會　「沙」原作「法」，據單疏本、閩本改。

〔一三〕辛酉　「酉」字原無，閩本有，十行本「酉」字擠刻，與公羊、左氏經合，據補。

〔一四〕晉地　經上文稱「復入于晉」，則曲沃爲晉地顯然，疑「地」乃「邑」之訛，左傳隱五年杜注「晉別封成師之邑」亦可證。

〔一五〕惡其　「其」字原重，單行釋文不重，據删。

〔一六〕女輒反　「女」原作「不」，正字：「『女』誤『不』。」據單行釋文改。

〔一七〕曰大餓　公羊襄二十四年注「餓」作「饑」，此處作「餓」蓋涉上而訛。

〔一八〕燕則因歡燕而爲射　依上文述例及文義，上「燕」字下當有「射」字，或因與下字「則」形近而脱也。

〔一九〕理亦通之　阮校：「監、毛本無『之』字。」按「之」或「也」之訛。

〔二〇〕闕廢　「闕」原作「闞」，據余本、閩本改。

〔二一〕有過於崔子　傳云「淫于崔氏」，則「子」乃「氏」之訛，疏複引作「有過於崔氏」可證。

〔二二〕八月己巳　左氏經同，傳云「七月己巳，同盟于重丘」，杜注：「己巳，七月十二日，經誤。」核史曆表，杜説是。

〔二三〕同盟于重丘　「盟」原無，據余本補。

〔二四〕衎可言歸　「衎」原作「衍」，據單疏本、閩本改。

〔二五〕世子座　正誤：「本作『痤』。」正字：「『痤』誤『座』。」按左氏、公羊作「痤」，公、穀釋文每列三傳異同，於此皆無一語，且陸淳纂例差繆略亦不謂此處有異，則作「痤」是。釋文於此出「世子座」者係誤文。

〔二六〕駁云　「駁」原作「馳」，據單疏本、閩本改。

〔二七〕必正也　正字：「『必』上當脱『不』字。」
〔二八〕固有　「固」原作「國」，據單疏本改。
〔二九〕謂于日食之下　桓十二年疏「故范荅薄氏云『貜且之卒異於日食之下，可知日』是也」，彼「異」疑「繫」音近之訛，則此「謂」或亦「繫」形近之訛。
〔三〇〕獻公　「公」原作「入」，楊考：「各本『公』誤『入』，按下文有『既入』云云，則此不當作『入』。」據余本改。
〔三一〕復殺之　「復」原作「得」，阮校：「釋文出『而復』，作『復』是。」據余本改。
〔三二〕扶又反　「扶」上原有「音」字，據單行釋文删。
〔三三〕以水行爲喻　「喻」原作「踰」，據單疏本、閩本改。
〔三四〕涉猶歷也　此下原有「傳織約邯鄲」云云一節，乃下文傳「織約邯鄲」之疏，張校謂係經疏拚合時誤隸，殿本移置於彼，今從之。
〔三五〕由君　正字：「『出』誤『由』。」按作「由」不誤，故阮校不取，元春秋闕疑引此作「出」，春秋集傳引此作「立」，實皆「由」之訛。
〔三六〕履舄　正字：「『履舄』之『履』當作『屨』。」
〔三七〕周禮絇繶及純　孫校：「『周禮』，鍾文烝補注引此改作『儀禮』，近是，蓋周禮屨人有絇繶無純，惟士冠禮三者備有。」
〔三八〕上仁　閩本「上」作「三」，與論語微子合，阮校：「作『三』是也。」
〔三九〕不亦宜乎　「宜」原作「直」，據余本、閩本改。

〔四〇〕氏姓　原作「姓氏」，據余本乙。
〔四一〕今帥　原作「合師」，據單疏本改。
〔四二〕乙亥朔　左氏本年杜注謂「今長曆十一月朔，非十二月」，以史曆表核之，本年十二月無乙亥。
〔四三〕乙未　左氏本年杜注謂「十二月無乙未」，以史曆表核之，杜説是，「乙」或「己」之訛。
〔四四〕虧形　「形」原作「刑」，據單疏本改。
〔四五〕吴遏　襄十五年經文稱「吴子謁」，釋文云「左氏作『遏』」。
〔四六〕刑非所近也　阮校謂監、毛本「刑」下有「人」字，按此複引傳文，「人」字當有，無者蓋脱也。
〔四七〕怨仇餘祭　「祭」字原重，單疏本、閩本不重，與注文合，據删。
〔四八〕不一而足　正誤：「『一』當作『壹』，謂不齊而足也。漢書引此傳作『壹』。」
〔四九〕君上也　單疏本無「上」字。
〔五〇〕但有言燕者　叢刊本「言」下有「有」字，余本空一字，正誤：「『時但有言燕者』，『言』字下空一字，建本同。一本有『北』字，正義無『北』字，此必知其誤而剔去之也。」據此，則「有」乃「北」之訛，余本重刊「知其誤而剔去之也」。
〔五一〕義有所明　「義」原作「善」，楊考：「各本『義』誤『善』。」據余本改。
〔五二〕弑其父　文元年經文「父」作「君」，此訛。
〔五三〕不弑也　「不」原作「夷」，據余本改。
〔五四〕本又作　「又作」原作「髡苦」，據余本改。
〔五五〕弑父　「弑」原作「殺」，據單疏本改。

〔五六〕君買　「買」原作「罪」，阮校：「閩、監本『罪』作『買』，是。」據單疏本及昭十九年經文改。

〔五七〕伯姬卒　左氏「伯」上有「宋」字，趙坦異文箋謂當從左氏。

〔五八〕今伯姬之卒　正字：「『今』下疑脱『賢』字。」

〔五九〕守夫在之貞　「夫在」原作「尖在」，十行本、閩本作「災死」，阮校：「何校本『災死』作『夫在』。」瞿校、劉校皆是「夫在」，據單疏本改。

〔六〇〕且不首惡　「且」原作「目」，楊考：「十行、閩本『且』誤『目』。」據余本改。

〔六一〕見輕重之道　正字：「『見』字疑『則』字誤。」

〔六二〕葬共姬　左氏、公羊「共」上有「宋」字，趙坦異文箋謂當從左氏、公羊。

〔六三〕二十三年　「三」原作「二」，阮校：「作『三』是也。」據單疏本及襄二十三年經文改。

〔六四〕欒盈　「欒」原作「變」，據單疏本、閩本及襄二十三年經文改。

〔六五〕非葬者也　「非葬」原無，單疏本有，陳跋録異、正字：「脱『非葬』二字。」據單疏本及成十五年傳文補。

〔六六〕此即是於失子　正字：「『即』、『於』二字當衍文。」或疑「即是」乃「歸罪」之訛。

〔六七〕稱人以弒　「以弒」原重，單疏本、閩本不重，據删。

〔六八〕晉人至財也　此起迄出文包經傳，誤也，單疏本作「『晉人齊人』云云」者，已經删略，依疏出文例當爲「『晉人齊人』至『宋災故』傳『其曰人』至『喪財也』」。

〔六九〕澶淵之會　殿本考證：「穀梁簡要，傳必附經，今云澶淵之會『無侵伐八年』，確有所指，范既無注，楊疏稍爲辨證，而傳所指之澶淵終不可通，竊疑傳文『澶淵之會』以下三十四字係二十七年經書『叔孫豹會晉趙武、楚屈建、蔡公孫歸生、衛石惡、陳孔奂、鄭良霄、許人、曹人于宋』之傳文，『宋之會』訛爲『澶淵之會』，遂錯簡在此耳，自二十七年後至昭三年推檢經文並無侵伐，至昭四年書楚子會申『執徐子』，書『伐吴』、『滅厲』，而楚復横，此傳之所謂『無侵伐八年』也。」

〔七〇〕會于虢 「虢」原作「號」，據單疏本、閩本改。

〔七一〕雖一會于宋 正字：「『雖』當『唯』字誤。」

# 春秋穀梁注疏昭公卷第十七起元年，盡十三年

## 昭公

【疏】魯世家：「昭公名稠，襄公之子，以周景王四年即位。」謚法：「容儀恭明曰昭。」

元年春，王正月，公即位。繼正即位，正也。

【疏】「繼正即位正也」 釋曰：重發傳者，嫌繼子野非正，故明之。

○叔孫豹會晉趙武、楚公子圍、齊國弱、宋向戌、衛齊惡、陳公子招、蔡公孫歸生、鄭罕虎、許人、曹人于郭。○招，上昭反。郭，左氏作「虢」。

○三月，〔一〕取鄆。鄆，魯邑。言「取」者，叛戾不服。○鄆，音運。

【疏】注「鄆魯」至「不服」 釋曰：案左氏鄆爲莒邑，范知魯邑者，以經有「城諸及鄆」之文，此鄆不繼莒，〔二〕故知

魯邑也。公羊傳曰「鄆者何？內之邑也。其言『取』何？不聽也」，何休云「不聽者叛也」，是范所據之文也。

○夏，秦伯之弟鍼出奔晉。諸侯之尊，弟兄不得以屬通，其弟云者親之也，親而奔之，惡也。○鍼，其廉反。惡，烏路反。

【疏】「親而奔之惡也」 釋曰：重發傳者，陳侯之弟稱「歸」爲無罪，此鍼後無歸文，則罪之輕重既不可知，故傳云「親而奔之，惡也」，明與陳光同耳。

○六月丁巳，邾子華卒。

○晉荀吴帥師敗狄于大原。大原，地。○大，音泰。傳曰：中國曰大原，夷狄曰大鹵，號從中國，名從主人。襄五年注詳矣。○鹵，力古反。

【疏】注「襄五」至「詳矣」 釋曰：桓二年亦有文，而注言「襄五年」者，桓二年論郜鼎之事，襄五年則同論地事，〔三〕故注指之。

○秋，莒去疾自齊入于莒。莒展出奔吴。○去，起呂反。〔四〕

【疏】「莒展出奔吴」釋曰：展簒踰年不稱爵者，徐邈云「不爲内外所與也。不成君，故但書名」，理或然焉。

○叔弓帥師疆鄆田。「疆」之爲言猶竟也。爲之境界。〔五〕○竟，音境。

【疏】「叔弓」至「鄆田」釋曰：鄆是魯邑，所以「帥師」者，公羊以爲與莒接竟，故「帥師」是畏莒，故以師正其界。

○葬邾悼公。

○冬，十有一月己酉，〔六〕楚子卷卒。○卷，音權，左氏作「麇」。

○楚公子比出奔晉。

二年春，晉侯使韓起來聘。

○夏，叔弓如晉。

○秋，鄭殺其大夫公孫黑。

○冬，公如晉，至河乃復。「乃」者，亡乎人之辭。刺公弱劣，受制彊臣。〔七〕○刺，七賜反。恥如晉，故著有疾也。公凡四如晉，季氏訴公于晉侯，使不見公，公懼不利于己，故公托至河有疾而反，以殺恥也。十二年傳曰「季氏不使遂乎晉」，與此傳互文以見義。然則十三年、二十一年如晉與此義同，二十三年經曰「至河，有疾乃復」，是微有疾而反，嫌與上四如晉同，故明之。○見，去聲。

**【疏】「恥如」至「疾也」** 釋曰：案公之「乃復」凡有五文，惟二十三年經云「至河，有疾乃復」，自餘四者皆不云有疾，而傳曰「著有疾」者，公爲季氏所訴，恥四如晉不入，故皆書曰「乃復」者，即是託有疾之辭，非實疾也，故傳云「恥如晉，故著有疾也」，二十三年實有疾而復，故經言「有疾」以別之。〔八〕

**注「公凡四如晉」** 釋曰：此文一也，十二年二也，十三年三也，二十一年四也，二十三年經云「有疾」，故不數之耳。

○季孫宿如晉。公如晉而不得入，季孫宿如晉而得入，惡季孫宿也。明晉之不見公，季孫宿之所爲。○惡，烏路反。

**【疏】「惡季孫宿也」** 釋曰：惡季孫宿，〔九〕十二年又發傳云「季孫不使遂乎晉」者，季孫宿以七年卒，十二年譖君者意如，見其累世同惡，故傳重明之。若然，十三年「乃復」者，〔一〇〕意如見執之下，意如身尚被執，安得謂之譖公者？彼公不盟亦坐意如，意如先以譖公，被執之日又自雪無罪，晉人聽其言而不受公，故經言「乃復」之文與十二年同，明亦是意如譖公可知也。

三年春，王正月丁未，滕子原卒。

○夏，叔弓如滕。

○五月，葬滕成公。

【疏】「五月葬滕成公」〔一一〕釋曰：何休云「月者，上葬襄公諸侯莫肯加禮，獨滕子來會葬，故恩録之」，穀梁以月葬爲故，必不得從何説，或當有故，但經傳不言耳。

○秋，小邾子來朝。○朝，直遥反。

○八月，大雩。

○冬，大雨雹。○雨，于付反。雹，皮學反。

○北燕伯款出奔齊。其曰「北燕」，從史文也。

【疏】「從史文也」　釋曰：重發傳者，前高止之奔欲明從史文，今北燕伯出奔亦曰「北燕伯」，嫌目名之，〔一二〕故重曰「從史文」，舉此二者以明例，故於後不釋。

四年春，王正月，大雨雪。「雪」或爲「雹」。○雨雪，于付反，左氏作「雨雹」。

【疏】注「『雪』或爲『雹』」　釋曰：左氏爲「雹」，故范疑之，云「或爲『雹』」也。

○夏，楚子、蔡侯、陳侯、鄭伯、許男、徐子、滕子、頓子、胡子、沈子、小邾子、宋世子佐、淮夷會于申。楚靈王始會諸侯也。○沈，音審。楚人執徐子。稱「人」以執，執有罪。

【疏】「楚人執徐子」　釋曰：僖二十一年「執宋公」不言楚，此云「楚人執徐子」者，彼欲見諸侯同執，且不與夷狄執中國，故不言「楚人」，此時楚彊，徐又夷也，故云「楚」。執不言「歸」者，蓋在會而執，尋亦釋之，故不言所歸也。

○秋，七月，楚子、蔡侯、陳侯、許男、頓子、胡子、沈子、淮夷伐吴。（衆國之君傾衆悉力，以伐彊敵，内外之害重，故謹而月之。定四年伐楚亦月，此其例也。）

【疏】注「衆國」至「例也」 釋曰：舊解凡日月之例多施於内，不止於外，〔一三〕而云「謹而月之」者，以四夷之盛，吴、楚最甚，從此以後中國微弱，禍害既重，書亦宜詳，故注并引定四年「三月，公會劉子以下于召陵，侵楚」爲證，猶莊六年子突王者之師挫於諸侯，僖十五年齊桓霸者之兵屈於伐厲，〔一四〕故亦書月，是其義也。徐邈云「伐不月而書月者，爲滅厲書」，理亦通也。「内外之害」者，「内」謂吴，「外」謂衆國也。

執齊慶封殺之。此入而殺，其不言「入」何也？慶封封乎吴鍾離。（言時殺慶封自于鍾離，實不入吴。）其不言「伐鍾離」何也？不與吴封也。慶封其以齊氏何也？（據已絶于齊。）爲齊討也。靈王使人以慶封令於軍中，曰：「有若齊慶封弑其君者乎？」（謂與崔杼共弑莊公光。○爲，于僞反。）慶封曰：「子一息，我亦且一言，」曰：「『有若楚公子圍弑其兄之子而代之爲君者乎？』」軍人粲然皆笑。（粲然，盛笑貌。○粲，七旦反。）

【疏】「弑其兄之子」 釋曰：元年「楚子卷卒」不云「弑」，此云「弑」者，彼爲密弑之，托以疾卒，楚無良史，告以不實，故春秋從而書之，傳因慶封之對以起其事，則篡之罪亦足以見也。

慶封弒其君，而不以弒君之罪罪之者，慶封不爲靈王服也，不與楚討也。傳例曰「稱『人』以殺大夫爲殺有罪」，今殺慶封經不稱「人」，故曰「不以弒君之罪罪之」。○爲，于僞反。春秋之義，用貴治賤，用賢治不肖，不以亂治亂也。孔子曰：「懷惡而討，雖死不服，其斯之謂與。」○與，音餘。

【疏】「孔子曰」至「謂與」　釋曰：上云「春秋之義」足以見罪，又稱「孔子曰」者，〔一五〕靈王夷狄之君，欲行霸者之事，〔一六〕嫌於得善，故引春秋以明之，後言孔子以正之。

遂滅厲。遂，繼事也。

○九月，取繒。

【疏】「九月取繒」　釋曰：襄六年「莒人滅繒」，今又云「取」者，彼以立莒之公子爲後，故以「滅」言之，其實非滅，故今魯得取之。不云「滅」而云「取」者，徐邈云「諱，故以易言之」，事或然矣。

○冬，十有二月乙卯，叔孫豹卒。

五年春，王正月，舍中軍。貴復正也。魯次國，舊二軍，襄十一年立三軍，今毁之，故曰「復正」。○舍，音捨。

○楚殺其大夫屈申。○屈，居勿反。

○公如晉。

○夏，莒牟夷以牟婁及防茲來奔。「以」者不以者也，來奔者不言「出」。以其方向內也。「及防茲」，以大及小也。莒無大夫，其曰「牟夷」何也？以地來也。〔一七〕以地來則何以書也？重地也。竊地之罪重，故不得不録其人。

【疏】「『以』者」至「地也」 釋曰：重發傳者，庶其以邑來而不言「及」，此以邑來言「及」，黑肱則不繫「濫」，〔一八〕故各發傳也。此傳獨言「重地」者，舉其中以包上下也。

○秋，七月，公至自晉。

○戊辰，叔弓帥師敗莒師于蕡泉。蕡泉，魯地。○蕡泉，扶粉反，左氏作「蚡泉」。狄人謂「蕡泉」失台，號從中國，名從主人。○台，湯來反。

○秦伯卒。

【疏】「秦伯卒」 釋曰：左氏以爲同盟則名，同盟而不名皆從赴，公羊以爲秦伯不名者，秦「夷也，匿嫡之名」，其意云嫡子生不以名告國中，唯擇勇猛者而立之，又云：「秦伯罃及稻名者，嫡子故得名之，言獨二人以嫡得立也。」此傳於隱七年〔一九〕「滕侯卒」云「無名，狄道也」，則此秦伯不名者，以用狄道也，〔二〇〕又隱八年「宿男卒」，傳曰〔二一〕「宿，微國也，未能同盟，故男卒也」，據彼則是未同盟者則不赴以名。案秦之諸君卒，經或名或不名，則是非用狄道，蓋同左氏未同盟故不名也，徐邈云「秦伯不名，用狄道也」，恐非耳。

○冬，楚子、蔡侯、陳侯、許男、頓子、沈子、徐人、越人伐吳。

六年春，王正月，杞伯益姑卒。

【疏】「杞伯益姑卒」 釋曰：不日卒者，蓋非正也。

○葬秦景公。

○夏，季孫宿如晉。

○葬杞文公。

○宋華合比出奔衛。○比，必里反，又毗志反。

○秋，九月，大雩。

○楚薳罷帥師伐吴。〔一二〕

○冬，叔弓如楚。

○齊侯伐北燕。

七年春，王正月，暨齊平。○暨，其器反。「平」者成也。「暨」猶暨暨也，暨者不得已也，以外及内曰「暨」。

【疏】「『平』者成也」 釋曰：舊解「平」者善事也，當同以爲之，而不得已而爲之，是亂道也，故釋之爲成，言成亂之辭耳。或當成、平義通，故展轉爲訓。

○三月，公如楚。

○叔孫婼如齊莅盟。○婼，丑略反。莅，音利，又音類。莅，位也，内之前定之辭謂之「莅」，〔二三〕外之前定之辭謂之「來」。

【疏】「莅位也」 釋曰：重發傳者，嫌公如楚，恐婼非是君命，故發之，明婼亦受命也。〔二四〕

○夏，四月甲辰朔，日有食之。

○秋，八月戊辰，衛侯惡卒。鄉曰「衛齊惡」，在元年。○鄉，香亮反，本亦作「曏」，〔二五〕八年同。今曰「衛侯惡」，此何爲君臣同名也？君子不奪人名，不奪人親之所名，〔二六〕重其所以來也，王父名子也。「不奪人名」謂親之所名，明臣雖欲改，君不當聽也，君不聽臣易名者，欲使人重父命也。〔二七〕父受名于王父，〔二八〕王父卒則稱王父之命名之。〔二九〕

【疏】「王父名子也」　釋曰：傳言「王父」則祖也，范云「欲使人重父命也」者，父受名於王父，王父卒則己命子，故傳注兩言之，其並存者則不諱，若卒哭而後無容得斥君名，〔三〇〕蓋捨名而稱字耳。

○九月，公至自楚。

○冬，十有一月癸未，季孫宿卒。

○十有二月癸亥，葬衛襄公。

八年春，陳侯之弟招殺陳世子偃師。鄉曰「陳公子招」，在元年。今曰「陳侯之弟招」，何也？曰盡其親，所以惡招也。「盡其親」謂既稱「公子」又稱「弟招」，先君之公子，今君之母弟。○惡，烏路反。

【疏】「盡其親」　釋曰：「盡其親」者，招前稱「公子」，明有先君之親，今變文言「弟」，〔三一〕彰是今君之親，二稱並見，故云「盡其親」也。然昭元年稱「公子」不關殺偃師而亦言之者，以變「公子」之文而稱「弟」，故二者并言之也。十三年「殺公子比」不言「楚」，此云「陳世子」者，體國重，故繫國言之，公子繫君，〔三二〕故不繫國也。若然，下云「殺陳孔奐」繫「陳」者，楚人殺他國之臣，故繫國。

兩下相殺不志乎春秋，此其志何也？「世子」云者，唯君之貳也。云可以重之存焉，志之也。諸侯之尊，弟兄不得以屬通，〔三三〕其弟云者親之也，親而殺之，惡也。惡招。

【疏】注「惡招」 釋曰：此稱「弟」惡招，光稱「弟」惡陳侯者，光有歸文見經，明知光無罪，今招親殺世子，故知稱「弟」以惡招也。

○夏，四月辛丑，陳侯溺卒。○溺，乃歷反。

○叔弓如晉。

○楚人執陳行人干徵師殺之。干，姓；徵師，名。稱「人」以執大夫，執有罪也。稱「行人」，怨接於上也。

【疏】「稱『人』」至「上也」〔三四〕 釋曰：重發傳者，嫌楚殺爲甚，恐其無罪，故重發傳以同之。

陳公子留出奔鄭。

○秋，蒐于紅。紅，魯地。○蒐，所求反。紅，户公反。

【疏】「秋蒐于紅」 釋曰：傳云「正也」而經書者，范氏例云：「『蒐』、『狩』書時，其例有九，書『狩』有四，言『蒐』有五。稱『狩』有四者，〔三五〕桓四年『狩于郎』一也，莊四年『狩于郜』二也，僖二十八年『狩于河陽』三也，哀十四年『西狩獲麟』四也。『蒐』有五者，〔三六〕此『蒐于紅』一也，十一年『大蒐于比蒲』二也，二十二年『大蒐于昌間』三也，定十三年『大蒐于比蒲』四也，定十四年又『大蒐于比蒲』五也。」范又云：「凡書者皆譏也，昭八年『秋蒐于紅』傳云『正也』而書之者，明比年大蒐失禮，故因以此正見不正也。」是范意將秋蒐得禮欲見以正刺不正，故書之。范例又云：「器械皆常，故不云『大』，言『大』者則器械過常。狩言『公』，此不云『公』者，狩則主爲游戲，〔三七〕故言『公』；蒐是國家常禮，故例不言『公』也。」然則「蒐」、「狩」書者皆譏，而傳云「因蒐、狩以習用武事，禮之大者也」，據得禮者言之。范云「比年失禮」，謂器械過常又失時是也。

正也。常事不書，而此書者，以後比年大蒐失禮，因此以見正。○見，賢遍反。因蒐、狩以習用武事，禮之大者也。艾蘭以爲防，蘭，香草也。防爲田之大限。○狩，手又反。艾，魚廢反。置旃以爲轅門，旃，旌旗之名，周禮「通帛爲旃」。〔三八〕轅門，卬車以其轅表門。○旃，之然反。卬車，五郎反，一音仰，本又作「昂」。以葛覆質以爲槷，〔三九〕質，椹也。槷，門中臬。「葛」或爲「褐」。○槷，魚列反，門槷也。椹，張林反。臬，魚列反，橛也。褐，户葛反，毛布也。流旁握，〔四〇〕御轚者不得入，「流旁握」謂車兩轊頭〔四一〕各去門邊容握，〔四二〕握，四寸也，轚挂則不得入門。〔四三〕○轚，古帝反，挂也，劉兆云「絓也」，本或作「繫」。轊，音衛，一音徐歲反，車軸頭也。挂，户卦反，又音卦，〔四四〕礙也。車軌塵，塵不出轍。馬候蹄，發足相應，遲疾相投。○蹄，徒兮反，馬足也。相應，應對之應。揜禽旅，揜取衆禽。○揜，於檢反，本亦作「掩」。御者不失其馳，然後射者能中。不失馳騁之節。○中，丁仲反，下皆同。過防弗逐，不從奔之道也。戰不逐奔之義。面傷不獻，嫌誅降。○降，户江反。不成禽不獻，惡虐幼少。〔四五〕○惡，烏路反，年末傳及注皆同。少，詩召反。禽雖多，天子取三十焉，其餘與士衆，以習射於射宮。取三十以共乾豆、賓客之庖。〔四六〕射宫，擇宫。○共，音恭。庖，步交反。射而中，田不得禽則得禽，田得禽而射不中，則不得禽，是以知古之貴仁義而賤勇力也。射以不争爲仁，揖讓爲義。○争，争鬬之争。

【疏】「艾蘭」至「力也」　釋曰：蘭是草之貴者，地之希有之物，而云「艾蘭爲防」者，廣澤之内與衆同生，艾之爲防，則逢蘭同剪，〔四七〕故舉以包之。「置旃以爲轅門」，謂以車爲營，舉轅爲門，又建旃以表之，故云「置旃以爲轅門」。「以葛覆質以爲槷」，質者門中之木椹，〔四八〕謂恐木椹傷馬足，故以葛草覆之以爲槷。「葛或爲褐」者，謂之毛布覆之，〔四九〕徐邈亦云「恐傷馬足，故以毛布覆之」，毛詩傳云「褐纏旃以爲門，裘纏質以爲槷」，與此異也。「流旁握，御轚者不得入」，徐邈云：「流，至也。門之廣狹足令車通，至車兩軸去門之旁邊一握。握，四寸也。『轚者不得入』，轚謂挂著，若車挂著門則不使得入，以恥其御拙也。」觀范之注似與徐邈同。或以爲「流旁握」者，謂建旃表門之旒旁去車之兩軸各一握也。古字同通，故傳作「流」，理亦通也，但與注少僻耳。范注「兩軸頭」本或作「轊」者，兩轊、兩軸止是一物，故鄭玄注少儀亦以「軸」爲轊也。「車軌塵」，謂驅車塵不出軌轍。「馬候蹄」，舊解四蹄皆發，後足躡前足而相伺候，與范注亦合耳。「揜禽旅」，旅，衆也，謂掩取衆禽，然禮云「不掩羣」者，謂不得不分別大小，一羣盡取之，今雖掩衆禽，在田則簡其麛卵之流而放之，射訖則釋其面傷之徒不獻之，以習軍禮，則亦「不掩羣」之義也。「古之貴仁義」者，〔五〇〕謂田獵之時務在得禽，不升降，是勇力也。射宫之内有揖讓周旋，是仁義也。田雖不得禽，射中則得禽，是貴仁義而賤勇力也。舊解以爲射宫之内還射死禽，〔五一〕中則取之，故以重傷爲難。論語稱「射不主皮」，則射皮不射禽也。

○陳人殺其大夫公子過。○過，音戈。

○大雩。

○冬，十月壬午，楚師滅陳，執陳公子招放之于越，殺陳孔奐。惡楚子也。惡其滅人之國，放有罪之人，反殺無辜之臣，故實是楚子而言「師」。

【疏】「惡楚子也」 釋曰：惡之者謂滅人之國，又招有罪而放之，奐無辜反殺之，有三事之惡，故貶而稱「師」也。傳知是楚子者，以九年經「叔弓會楚子於陳」，知滅陳亦是楚子，但爲惡之，故貶稱「師」也。不貶稱「人」而言「師」者，以楚恃彊滅國，著其用大衆，故云「師」，若貶之稱「人」，嫌是賤者，故不言「人」矣。

○葬陳哀公。不與楚滅，閔之也。〔五二〕滅國不葬，閔楚夷狄，以無道滅之，故書葬以存陳。

【疏】「滅國」　釋曰：滅國不葬，〔五三〕今書「葬」者，以楚夷狄，無道滅人，閔陳之滅，故書「葬」以存之。

九年春，叔弓會楚子于陳。

○許遷于夷。以自遷爲文而地者，許復見也。夷，許地。徐邈曰：「許十八年又遷于白羽，許比遷徙所都，〔五四〕無常居處，淺薄如一邑之移，〔五五〕故略而不月，不得從國遷常例。」○復，扶又反。見，賢徧反。

【疏】注「故略而不月」　釋曰：僖元年「夏六月，邢遷于夷儀」、三十一年「十二月，衛遷于帝丘」，皆書月，而許遷不月，故知是略也。

○夏，四月，陳火。○火，左氏作「災」。國曰「災」，邑曰「火」。火不志，此何以志？閔陳而存之也。陳已滅矣，猶書「火」者，不與楚滅也。不可以方全國，故不云「災」。何休曰：「月者，閔之。」

【疏】「國曰災」至「存之也」〔五六〕　釋曰：傳言「火不志」，則是無例，而云「國曰『災』，邑曰『火』」者，火不合志，志者皆義有所見，此書者以見不與楚滅，義在存陳也。陳滅不可以比全國，故以邑録之，既以邑録之，則不得與國同文，國、邑文既不同，傳宜顯變例，故云「國曰『災』，邑曰『火』」。

○秋，仲孫貜如齊。○貜，俱縛反。

○冬，築郎囿。○囿，音又，舊于目反，苑也。

十年春，王正月。

○夏，齊欒施來奔。

○秋，七月，季孫意如、叔弓、仲孫貜帥師伐莒。

○戊子，晉侯彪卒。○彪，彼虬反。

○九月，叔孫婼如晉。月者，爲下葬晉平公起。○爲，于僞反。

○葬晉平公。

○十有二月甲子，宋公成卒。〔五七〕不書「冬」，甯所未詳。○成，音城。

【疏】「十有」至「成卒」 釋曰：何休云「去『冬』者，蓋昭娶吴孟子之年，〔五八〕故貶之」，范既不注，或是闕文也。

十有一年春，王二月，叔弓如宋。

○葬宋平公。晉獻公以殺世子申生，故不書葬，宋平公殺世子痤而書葬何乎？〔五九〕何休曰「痤有罪故也，痤之罪，甯所未聞。鄭莊公殺弟而書葬，以段不弟也，何氏將以理例推之，然則段不弟也，故不書「弟」，痤若不子，亦不應書「世子」，書「世子」則痤之罪非不子明矣。○痤，在禾反。不弟，大帝反，又如字，下「不弟」同。

【疏】注「晉獻」至「明矣」 釋曰：晉獻公殺世子申生，故不書葬，痤若無不子之行，而平公殺之，所以書葬者，申生賢孝，遇讒而死，故黜獻公之葬，痤雖無不子之文，微有小罪，故不黜宋公之葬。〔六〇〕若然，范云「甯所未聞」者，不直取何休之説，故云「未聞」。范以與何説異者，〔六一〕何休意直謂痤有罪，如鄭段之比，故平公書葬，不論罪之輕重，范意以鄭段至逆，經不言「弟」，痤若不子，亦不應云「世子」，既云「世子」，明無至逆，故不從何説而云「未聞」。今以罪輕重解之，與何休異。

○夏，四月丁巳，楚子虔誘蔡侯般，殺之于申。何爲名之也？據諸侯不生名。○虔，其然反，或作「乾」。侯般，音班。

【疏】**注「據諸侯不生名」** 釋曰：十六年「楚子誘戎蠻子殺之」不名，所以不據之以明於例，而總云「諸侯不生名」者，以傳於鄭伯髡原之卒亦言「諸侯不生名」者，又恐華戎異例，故注以廣問衆例言之。

**夷狄之君誘中國之君而殺之，故謹而名之也。稱時、稱月、稱日、稱地，謹之也。**蔡侯般弑父之賊，此人倫之所不容，王誅之所必加。禮，凡在官者殺無赦，豈得惡楚子殺般乎？若謂夷狄之君不得行禮于中國者，理既不通，事又不然。宣十一年「楚人殺陳夏徵舒」不言「入」，〔六二〕傳曰「明楚之討有罪也」，似若上下違反，不兩立之說。嘗試論之曰：夫罰不及嗣，先王之令典；懷惡而討，丈夫之醜行。楚虔滅人之國，殺人之子，伐不以罪亦已明矣，莊王之討徵舒則異於是矣。凡罰當其理，雖夷必申，苟違斯道，雖華必抑，故莊王得爲伯討，齊侯不得滅紀。趙盾救陳則稱「師」以大之，靈王誘蔡則書名以惡之，所以情理俱暢，〔六三〕善惡兩顯，豈直惡夷狄之君，討中國之亂哉？夫楚靈王之殺蔡般，亦猶晉惠之戮里克，雖伐弑逆之國，誅有罪之人，不獲討賊之美，而有累、謹之名者，良有以也。○得惡，烏路反，下「以惡之」、「豈直惡」同。陳夏，户雅反。醜行，下孟反。罰當，丁浪反，又如字。趙盾，徒本反。有累，力僞反。

【疏】**「夷狄之」至「謹之也」** 釋曰：注「凡罰當其理，雖夷必申，苟違斯道，雖華必抑」，似華夷討罪事同，〔六四〕傳云「夷狄之君誘中國之君而殺之，故謹而名之」，又似華戎事異者，〔六五〕據此傳意就討不以罪之内則華夷不同，注意言但罰當其理者則華夷不異。知然者，傳以春秋書「誘」有二，皆楚子所爲，其罪或名或不名，據此二文詳略，知誘中國君與夷狄君異也。注「故莊王得爲伯討，齊侯不得滅紀」，明討得其罪者，則華夷不異可知也。

○**注「蔡侯」至「以也」** 釋曰：「殺父」者，〔六六〕謂襄三十年「蔡世子般弑其君固」是也。〔六七〕「禮，凡在官者殺無赦」，禮記檀弓文。「兩立之說」謂兩理皆立之說，所以謂之「兩理」者，楚殺徵舒則傳云「討有罪」，楚殺蔡般則傳云「夷狄誘中國之君」故名之，〔六八〕同論楚討，二者意異，故云「兩理」也。又解「兩立之說」謂兩事立說。或以爲「不」字下讀，云「不兩立之說」，謂事不得兩立，恐非也。又云「伐弑逆之國」謂蔡也，「誅有罪之人」謂里克也。「而有累、謹之名者」，「晉殺其大夫里克」傳云「稱國以殺，罪累上也」是謂晉惠也，楚子誘蔡侯傳曰「謹而名之」是謂楚靈也。

○楚公子棄疾帥師圍蔡。

○五月甲申，夫人歸氏薨。昭公母胡女，歸姓。

○大蒐于比蒲。夏而言「蒐」，蓋用秋蒐之禮，八年「秋，蒐于紅」傳曰「正也」，此月大蒐人衆，器械有踰常禮。時有小君之喪，不譏喪蒐者，重守國之衛，安不忘危。○比，音毗。械，户戒反。

【疏】注「夏而」至「忘危」釋曰：傳稱「夏曰『苗』，秋曰『蒐』」，今五月大蒐，自是用秋蒐之禮，而云「蓋」者，以傳無文解，故云「蓋」以示疑也。注又引傳曰「正也」，今以失時之蒐，故引正以譏不正也。

○仲孫貜會邾子盟于祲祥。祲祥，地也。○祲，子鴆反。

○秋，季孫意如會晉韓起、齊國弱、宋華亥、衛北宫佗、鄭罕虎、曹人、杞人于厥憖。厥憖，地也。○佗，大河反。憖，魚靳反，又五轄反。

○九月己亥，葬我小君齊歸。齊，謚。

○冬，十有一月丁酉，楚師滅蔡，執蔡世子友以歸，用之。僖十九年「邾人執繒子，用之」，傳曰「『用之』者，叩其鼻以衈血。〔六九〕惡之，故謹而日之」。○叩，音口。衈，音二。惡，烏路反，下文及注同。

【疏】注「故謹而日之」　釋曰：傳例滅中國日，則此書日爲滅，而云惡用蔡世子友，故謹而日之者，滅國書日，傳例以明，用人書日，其文未顯，注嫌「用之」不得蒙日，故特言之，其實二者皆當日，又檢經上下執例日，則書日爲惡，故云「謹而日之」也。左氏以爲用之殺蔡世子祭岡山，公羊以爲用之築城，今范引僖十九年傳，則用之祭社也。

此子也，諸侯在喪稱「子」。其曰「世子」何也？不與楚殺也。一事注乎志，〔七〇〕所以惡楚子也。一事輒注而志之也。何休曰：「即不與楚殺，當貶楚爾，何故反貶蔡稱世子邪？」鄭君釋之曰：「滅蔡者楚子也，而稱『師』，固已貶矣。楚子思啓封疆而貪蔡，誘殺蔡侯般，冬而滅蔡殺友，惡其淫放其志，殺一國二君以取其國，故變『子』言『世子』，使若不得其君終。」

【疏】「此子」至「子也」　釋曰：世子父没仍得稱「世子」，母弟兄死而不得稱「弟」者，世子繼體之名，父雖没，若意有所見，則亦得稱之，母弟者對兄，没則寵名棄矣，故不得稱「弟」。

○注「滅蔡者楚子」　釋曰：經稱「公子棄疾帥師圍蔡」，鄭知是楚子者，以棄疾若貶當云楚人，今貶而稱「師」，故知楚子也。又傳云「惡楚子也」，明非棄疾，然則惡楚子變文云「世子」者，以楚四年之中滅兩國、殺二君，自謂得志，若遂其凶暴，是表中國之衰，申夷狄之彊，故抑之使若不得其君，故云「世子」也。

十有二年春，齊高偃帥師納北燕伯于陽。三年所奔齊者，高傒玄孫，齊大夫也。陽，燕別邑。不言「于燕」，未得國都也。

「納」者内不受也。燕伯之不名何也？據義不可受，則應名以絶之。〔七一〕

【疏】傳「燕伯之不名何也」釋曰：「楚人圍陳，納頓子」傳曰「『納』者何？内弗受也」，彼稱「納」而不名，「衛侯入于夷儀」亦不書名，則不書名乃是常事，而傳怪燕伯不名者，「衛侯朔入于衛」傳曰「朔之名惡也」，則諸侯有惡，出、入皆名，北燕伯亦出，〔七二〕入宜名，但不以高偃挈之，故直出書名而已。頓子不名者，爲楚微者所納，故亦不名。「衛侯入于夷儀」不名者，以復歸有名，故未入國略而不名也。鄭伯突亦未入國，書名者，以後不書復歸，故入櫟書名也。

不以高偃挈燕伯也。邵曰：「公子遂以去公子爲挈，燕伯以書名爲挈者，臣宜書名，故須去公子乃爲挈，君不可名，而以臣名君者，不待去燕伯則爲挈也，是以目燕伯而不書名，所以不與高偃挈之。」○挈，苦結反。以去，起呂反。

○三月壬申，鄭伯嘉卒。

○夏，宋公使華定來聘。

○公如晉，至河乃復。季孫氏不使遂乎晉也。

【疏】「季孫氏」釋曰：不言「意如」而云「氏」者，欲見累世譖公故也。

○五月，葬鄭簡公。

○楚殺其大夫成虎。〔七三〕

○秋，七月。

○冬，十月，公子慭出奔齊。○慭，魚靳反。

○楚子伐徐。

○晉伐鮮虞。其曰「晉」，狄之也。其狄之何也？不正其與夷狄交伐中國，故狄稱之也。鮮虞，姬姓，白狄也，地居中山，故曰「中國」。「夷狄」謂楚也。何休曰：「春秋多與夷狄並伐者何？〔七四〕以不狄也。」鄭君釋之曰：「晉不見因會以綏諸夏，而伐同姓，貶之可也。狄之大重，晉爲厥慭之會，實謀救蔡，以八國之師而不能救，〔七五〕楚終滅蔡，今又伐徐，晉不糾合諸侯以遂前志，舍而伐鮮虞，是楚而不如也，故狄稱之焉。」厥慭之會穀梁無傳，鄭君之說似依左氏，甯所未詳，是穀梁意非。○見，賢徧反。諸夏，户雅反。舍，音捨。

【疏】「夷狄交伐」　釋曰：麋信云「『夷狄交伐』謂楚伐徐、晉伐鮮虞是也」，范云「『夷狄』謂楚也」，則與麋信不異耳。

○注「鮮虞」至「意非」　釋曰：「鮮虞，姬姓，白狄也」者，世本文也。云「甯所未詳，是穀梁意非」者，疑鄭以厥慭之會謀救蔡者，作穀梁意也。〔七六〕若然，范答薄氏亦言「楚滅陳、蔡而晉不能救，棄盟背好，交相伐攻」者，范意以楚滅陳、蔡，晉不能救者，不據厥慭之會故也。

十有三年春，叔弓帥師圍費。○費，音秘。

○夏，四月，楚公子比自晉歸于楚，弒其君虔于乾溪。乾溪，楚地。○溪，苦奚反。

【疏】「于乾溪」　釋曰：左氏以爲田獵于乾溪，公羊以爲作乾溪臺三年不成，范云「乾溪，楚地」，則從左氏也。

自晉，晉有奉焉爾。歸而弒不言「歸」，言歸非弒也。傳例曰「歸爲善，自某歸次之」，然則弒君不得言「歸」，比不弒之一驗也。

【疏】「自晉」至「焉爾」 釋曰：重發傳者，楚比之歸，歸實非弑，〔七七〕嫌「自」亦非晉力，故復明之。

歸一事也，弑一事也，而遂言之，以比之歸弑，比不弑也。歸弑其事各異，自宜別書之，而今連言之，是比之歸遇君弑爾，比不弑之二驗也。

【疏】注「自宜別書之」 釋曰：「齊小白入于齊，齊人取子糾殺之」，「齊陽生入于齊，齊陳乞弑其君荼」，彼各異書，明知此亦宜別書之。

弑君者日，不日，比不弑也。據文元年「丁未，楚世子商臣弑其君髡」日，此不日，比不弑之三驗也。○髡，苦門反。

【疏】「弑君者」 釋曰：弑君日不辨嫡庶者，中國死者正則日，不正不日，是楚不關中國之例，故范注引商臣爲證也。〔七八〕

○楚公子棄疾殺公子比。當上之辭也。「當上之辭」者，謂不稱「人」以殺，乃以君殺之也。「稱『人』以殺」謂若「衛人殺祝吁于濮」是也。今比實不弑，故以君殺大夫之辭言之。○吁，香于反。濮，音卜。

【疏】「當上之辭也」 釋曰：謂不稱「人」以殺，而云「公子棄疾殺公子比」，如「王札子殺召伯、毛伯也」。

討賊以當上之辭，殺非弑也。實有弑君之罪，則人人皆欲殺，宜稱「人」以殺之，今言「楚公子棄疾殺公子比」，明棄疾所殺非弑君之人，比之不弑四驗也。〔七九〕比之不弑有四。上四事。取國者稱國以弑，若比欲取國而弑君者，〔八〇〕當直云「楚比弑其君虔」，不應言「公子」也，若「衛祝吁弑其君完」、「齊無知弑其君諸兒」之類是也。「楚公子棄疾殺公子比」，比不嫌也。今棄疾殺之，又言「殺公子比」，不言弑其君，是比無欲爲君之嫌。春秋不以嫌代嫌，不以亂治亂之義。棄疾主其事，故嫌也。比實無弑君之罪而主殺之者，是棄疾欲爲君之嫌。

【疏】「比不」至「故嫌也」 釋曰：比歸稱「公子」，今棄疾殺之亦云「公子」，不言弑其君，是比無欲爲君之嫌，異于無知、祝吁之類也，然無知、祝吁有嫌，此亦不稱君，未踰年之主例不得稱君，以稱「公子」則異于祝吁之類。齊公子商人弑舍雖未踰年，欲成商人之罪而稱君，若成棄疾之罪亦應稱君，故范決其不言弑其君也。「春秋不以嫌代嫌」者，謂比歸而遇弑，雖則無嫌，棄疾之意亦以比欲爲君之嫌而殺之，是棄疾以比爲嫌，棄疾殺比而自立亦是嫌也。今棄疾不以國氏者，不以嫌代嫌故也，若以嫌代嫌，而當云「楚棄疾殺公子比」也，但由不以嫌代嫌，故存棄疾之氏耳。「棄疾主其事，故嫌也」，傳言此者，棄疾殺比理實有嫌，但爲不以嫌代嫌，故經無其事，傳以棄疾經無嫌文，故云「棄疾主其事，故嫌也」，「主其事」者，主殺比之事也。

○秋，公會劉子、晉侯、齊侯、宋公、衛侯、鄭伯、曹伯、莒子、邾子、滕子、薛伯、杞伯、小邾子于平丘。平丘，地也。八月甲戌，同盟于平丘。公不與盟。公以再如晉不得入，故不肯與盟。○與，音豫。「同」者有同也，同外楚也。「公不與盟」者，可以與而不與，譏在公也。其日，善是盟也。公不與盟，當從外盟不日，今日之，善其會盟，因楚有難而反陳、蔡之君。○有難，乃旦反。

【疏】注「當從外盟不日」　釋曰：知外盟不日者，〔八一〕隱八年傳曰「外盟不日，此其日何也？諸侯之參盟於是始，故謹而日之」，是非始則不日也。

晉人執季孫意如以歸。以公不與盟故。〔八二〕公至自會。

○蔡侯廬歸于蔡。

○陳侯吳歸于陳。八年楚滅陳，十一年楚滅蔡，諸侯會而復之，故言「歸」。善其成之會而歸之，故謹而日之。二國獲復此盟之功也，故於其歸追述前盟謹日之意，以美諸侯存亡繼絕，非謹陳、蔡歸國之日也，於盟則發謹日之美，於歸則論致美之義。

【疏】注「於盟」至「之義」　釋曰：注言此者，解傳稱「謹而日之」意也。「於盟則發謹而日之美」者，謂傳稱其日，善是盟是也。「於歸論致美之義」者，謂傳云「善其成之會而歸之，故謹而日之」是也。

此未嘗有國也，使如失國辭然者，不與楚滅也。

【疏】「使如」至「滅也」　釋曰：傳言此者，據其稱爵言「歸」，同於舊有國之例也。「不與楚滅也」謂不與楚滅，故以失國辭言之。不言「復歸」者，雖同失國之辭，實未嘗有國，故不得言「復歸」也。公羊傳云「此滅國也，其言

『歸』何？不與諸侯專封也」，其意不與諸侯專封，故使若有國自歸者。穀梁以此會劉子在焉，楚以無道滅二國諸侯，王命存之，不得云「不與諸侯專封也」，故以爲「善其成之會而歸之」，狀同舊有國然，且又不與楚滅故也。

○冬，十月，葬蔡靈公。變之不葬有三，「變之」謂改常禮。春秋之常，小國、夷狄不葬。

【疏】注「變之」至「不葬」 釋曰：彼不赴，我不會，及小國與夷狄不書葬者也，舊史之常也。言「變之」、言「不葬」者，謂舊合書葬，有故而仲尼改之也。小國不葬，曹、許之書葬者，「小國」謂附庸之屬，非曹、許也。

失德不葬、無君道。弒君不葬、謂不討賊，如無臣子。滅國不葬。無臣子也。然且葬之，不與楚滅，且成諸侯之事也。蔡靈公弒逆無道，以至身死國滅，不宜書葬，書葬者不令夷狄加乎中國，且成諸侯興滅繼絶之善，故葬之。○令，力呈反。

【疏】「失德」至「事也」〔八三〕 釋曰：此言「失德不葬」，宋共書葬者，由賢伯姬，故書其葬也。「弒君不葬」，春秋所以有弒君書葬者，弒君賊不討之不書葬是正也，其書葬者皆意有所見也。蔡景不忍使父失民於子，陳靈公明外之討賊，蔡昭以盜名不見，若殺微人，不足可録，其衛桓、齊襄二人並討賊，故皆書葬也。滅國無臣子，不葬是其正也，書之者亦意有所見，此見不與楚滅蔡，且成諸侯之事。八年陳哀公書葬者，亦見不與楚滅，閔陳而存之也。

○公如晉，至河乃復。

○吳滅州來。

## 校勘記

〔一〕三月　「三」原作「二」，正字：「『三』誤『二』。」阮校：「石經『二』作『三』是也。」據余本、唐石經及黃侃手批改。

〔二〕此鄆不繼莒　「繼」疑「繫」之訛。

〔三〕襄五年　「五」原作「而」，據單疏本、閩本改。

〔四〕去起吕反　此音釋原在下節「竟，音境」三字前，據閩本移置於此。

〔五〕爲之境界　「境」原作「滰」，據余本、閩本改。

〔六〕十有一月己酉　左氏本年杜注謂「長曆推己酉，十二月六日，經、傳皆言十一月，月誤也。」

〔七〕彊臣　「彊」原作「疆」，正字：「『彊』誤『疆』。」阮校：「閩、毛本『疆』改『彊』，是也。」據余本、閩本改。

〔八〕以別之　「以」原作「而」，據單疏本改。

〔九〕惡季孫宿　單疏本上有「此云」二字，劉校：「阮本脱『此云』二字。」

〔一〇〕乃復者　「者」疑「在」之訛，屬下讀。

〔一一〕五月葬滕成公　「五月葬滕」原作「夏叔至」，單疏本作「五月葬滕」，陳跋録異，據本節疏意及單疏本改。

〔一二〕嫌目名之　依文義「目」疑「自」之訛。
〔一三〕不止於外　「止」字疑訛。
〔一四〕霸者　單疏本「霸」作「伯」。
〔一五〕又稱　「又」原作「人」，據單疏本改。
〔一六〕霸者　單疏本「霸」作「伯」。
〔一七〕以地來也　「地」上原有「其」字，阮校：「石經無『其』字。」正字、錢考、黄侃手批皆云「其」字衍，據删。
〔一八〕黑肱則不繫濫　昭三十一年「黑肱以濫來奔」，疏云「書『黑肱』不繫『邾』，嫌其專地」，則謂「不繫『濫』」者誤也。
〔一九〕此傳於　「於」原作「云」，據單疏本改。
〔二〇〕以用　阮校：「單疏本『以』作『似』，是也。」
〔二一〕傳曰　「傳」原作「注」，據單疏本及隱八年傳文改。
〔二二〕楚薳罷　「楚」原作「冬」，殿本考證：「『楚』字誤作『冬』。」阮校：「石經、余本『冬』作『楚』，不誤。」據余本、唐石經及黄侃手批改。
〔二三〕前定之辭　此與下句之「前定之辭」之「辭」，僖三年注引作「盟」。
〔二四〕故發之明媾亦受命也　「之明」原作「明之」，據單疏本乙。
〔二五〕本亦作鄉　「鄉」原作「鄉」，正字：「作『鄉』誤。」據余本及單行釋文改。
〔二六〕君子不奪人名不奪人親之所名　嚴可均唐石經校文謂「初刻『不奪人名』下有『不奪人名者』五字，

〔二七〕『所名』下有『也』字」，後磨去改刻，「尋范意當從初刻爲是，今各本與改刻同」。
〔二八〕欲使人重父命也　「人」字原無，正字、楊考皆謂脱「人」字，據余本及疏複引補。
〔二九〕父受名于王父　「名」上原有「命」字，正字、楊考皆謂衍「命」字，據余本及疏文删。
〔三〇〕稱王父之命　「稱」原作「聽」，正字：「『稱』誤『聽』。」據余本改。
〔三一〕而後　單疏本「而」作「以」。
〔三二〕變文　「文」原作「父」，據單疏本、閩本改。
〔三三〕公子縶君　公子、世子縶國，稱「弟」者縶君，經之通例，云「公子縶君」有誤。
〔三四〕弟兄　「弟兄」原作「兄弟」，正字：「『弟兄』字誤倒，從石經校。」據唐石經、余本及錢考、黄侃手批乙。
〔三五〕稱人至上也　此節疏原隸「陳公子留出奔鄭」下，蓋經疏拚合時誤隸，閩本依所疏内容移置於此，今從之。
〔三六〕稱狩有四者　玉海卷一四四引「稱」作「書」。
〔三七〕蒐有五者　依本節述例，「蒐」上當有「言」字，玉海卷一四四引可證。
〔三八〕游戲　單疏本「戲」作「嬉」。
〔三九〕通帛爲旃　「爲」字原無，正字、楊考皆謂脱「爲」字，其説是也，周禮司常可證。據余本補。
〔四〇〕以爲槷　正字：「『槷』誤從執，下並同。」
〔四一〕流旁握　「旁」原作「房」，據余本、閩本改。
〔四二〕兩軎頭　疏云「范注『兩軸頭』本或作『軎』者」，則疏所本作「兩軸頭」。

〔四二〕容握　「容」原作「空」，殿本考證：「周禮大司馬疏引此注作『各去門邊容握』，當是空、容二字相近而訛耳。詩毛傳亦作『容握』，知此注『空』字必是『容』字。」楊考：「『容』訛『空』。」據余本改。

〔四三〕轚挂則不得入門　阮校：「釋文出『挂也』，云『户卦反，又音卦，礙也』，與今本不同，疑陸氏所據本『轚』下『挂』上有『挂也』二字。」

〔四四〕又音卦　「卦」原作「封」，據余本及單行釋文改。

〔四五〕幼少　「少」原作「小」，阮校：「余本『小』作『少』，案釋文出『幼少』，音詩召反，余本是也。」楊考亦謂「各本『少』誤『小』」，據余本改。

〔四六〕乾豆賓客之庖　禮記王制云「天子、諸侯無事則歲三田，一爲乾豆，二爲賓客，三爲充君之庖」，殿本考證：「以理測之，『賓客』下脱『君』字，或『之庖』之字應是『君』字，蓋一爲乾豆、二爲賓客、三爲充君之庖也。」

〔四七〕逢蘭　孫校「『逢』疑『蓬』之誤」，單疏本「逢」作「蓬」。

〔四八〕門中　原作「中門」，單疏本作「門中」，與范注合，據乙。

〔四九〕謂之毛布覆之　單疏本「謂」作「爲」，正字：「『謂之』當『謂以』誤。」下文云「故以毛布覆之」可證，其説是。

〔五〇〕古之貴仁義者　其上原有分隔符「〇」，單疏本無「〇」而上空一格，依格式此以下與上文不同節，然上文標起迄「艾蘭至力也」已包括此句在内，疑有訛也。今删去「〇」，仍保留兩節之分。

〔五一〕射宫　「宫」原作「弓」，據單疏本改。

〔五二〕閔之也　「之」原作「公」，正字：「『之』誤『公』，從石經校。」據唐石經、余本及錢考、黄侃手批改。

〔五三〕滅國　釋曰滅國不葬　單疏本作「傳閔之也　釋曰傳解滅國不葬」，陳跋、阮校皆録異。
〔五四〕遷徙　「徙」原作「徒」，據余本、閩本改。
〔五五〕淺薄　原作「薄淺」，據余本乙。
〔五六〕存之也　單疏本作「火不志」。
〔五七〕宋公成卒　「成」當作「戌」，參見成十五年「宋世子成」之校。釋文爲「成」注音，則其誤在陸氏之前也。
〔五八〕昭娶　公羊昭八年注「昭」下有「公」字。單疏本「娶」作「取」字，與公羊注文合。
〔五九〕世子痤　此與下文「痤有罪故也，痤之罪」之「痤」原作「座」，據余本、閩本及本節注下文改。
〔六〇〕宋公之葬　上文云「故黜獻公之葬」，此當稱「平公」，「宋」疑「平」之訛。
〔六一〕范以與何説異者　正字：「『以』疑『意』字誤。」
〔六二〕夏徵舒　「舒」原作「書」，據余本、閩本及宣十一年經文改。
〔六三〕情理俱暢　余本「理」作「禮」。
〔六四〕似華夷　「夷」字原無，劉校：「阮本脱『夷』字。」據單疏本補。
〔六五〕華夷事異　「夷」原作「戎」，據單疏本改。
〔六六〕殺父　注文「殺」作「弑」。
〔六七〕弑其君固　「固」原作「故」，據單疏本、閩本及襄三十年經文改。
〔六八〕誘中國之君　「誘」原作「有」，正字、阮校引何煌説皆謂「誘」誤「有」，據單疏本及傳文改。
〔六九〕衈血　僖十九年傳文「血」作「社」，疏云「今范引僖十九年傳，則用之祭社也」，可證當從傳作「社」。
〔七〇〕注乎志　述聞謂「注」當作「詳」。

〔七一〕名以絶之　「以」原作「而」，據余本改。

〔七二〕北燕伯　「北」原作「此」，據余本、閩本改。

〔七三〕成虎　此名三傳不一，左氏作「成熊」，公羊作「成然」，公羊疏云「穀梁作『成虔』字」，彼阮校云「穀梁作『成虎』，此作『虔』字誤」。今按，阮説是，其時楚君名虔，君臣不當同名，左氏、公羊之名或因唐諱而改，「然」乃「熊」之訛，當以穀梁爲準。或曰左傳宣五年云楚人「謂虎於菟」，然出土楚文字固有「虎」字也，蓋讀音有異耳。

〔七四〕並伐者何　「者」字原無，楊考：「各本脱『者』字。」據余本補。

〔七五〕不能救　「能」字原無，楊考：「各本脱『能』字。」據余本補。

〔七六〕作穀梁意也　依文義「作」蓋「非」之訛也。

〔七七〕歸實非弑　「弑」原作「殺」，據本節經傳文改。

〔七八〕引商臣爲證也　此下原有「當上之辭也者」云云一節，乃下文「楚公子棄疾殺公子比」傳「當上之辭也」之疏，蓋經疏拚合時誤隸，故閩本移置於彼，今從之。

〔七九〕比之不弑　依上文「之」當在「不弑」下，蓋涉下傳「比之不弑」而誤。

〔八〇〕弑君者　「弑」原作「殺」，阮校：「何校本『殺』作『弑』。」據余本改。

〔八一〕釋曰知外盟不日者　「曰」原作「云」，據疏例及單疏本、閩本改。「知」字原無，據單疏本補。

〔八二〕不與盟故　「盟」原作「名」，據余本、閩本改。

〔八三〕失德至事也　此節疏原隸「吴滅州來」下，蓋經疏拚合時誤隸，閩本依所疏内容移置於此，今從之。

# 春秋穀梁注疏昭公卷第十八 起十四年，盡三十二年

十有四年春，意如至自晉。大夫執則致，致則名，意如惡然而致，見君臣之禮也。大夫有罪則宜廢之，既不能廢，不得不盡爲君臣之恩，故曰「見君臣之禮」。○見君，賢偏反。

【疏】「大夫執則致」 釋曰：重發傳者，單伯書字，意如則書名，婼又無罪，以見三者義異，故各發傳也。

○三月，曹伯滕卒。

○夏，四月。

○秋，葬曹武公。

○八月，莒子去疾卒。○去，起呂反。

【疏】「八月」至「疾卒」　釋曰：不正前已見訖，今卒書月，莒行夷禮，故無嫡庶之異。

冬，莒殺其公子意恢。○恢，苦回反。言「公子」而不言「大夫」，莒無大夫也。莒無大夫而曰「公子意恢」，意恢賢也。曹、莒皆無大夫，其所以無大夫者，其義異也。曹叔振鐸，文王之子，武王封之于曹，在甸服之內，後削小爾。莒，己姓，東夷，本微國。○振鐸，之慎反，下大各反。甸，徒徧反。己姓，音紀，〔一〕一本又音祀。

【疏】「曹莒」至「異也」　釋曰：傳言此者，總而言之則小國無大夫也，就事而釋則曹、莒有異，故傳辨之。

注「曹叔」至「之國」〔二〕　釋曰：曹是「文王之子，封于曹」者，世本文。「在甸服之內」者，定四年左氏文。

十有五年春，王正月，吳子夷末卒。○末，亡葛反。

二月癸酉，有事于武宮。籥入，叔弓卒，去樂卒事。君在祭樂之中，聞大夫之喪，則去樂卒事，禮也。「祭樂」者，君在廟中祭作樂。○籥，由若反。去，起吕反。

【疏】「禮也」　釋曰：禮則不疑，而曰「有變，以聞可乎」似有嫌，嫌則非禮，非禮何以言「禮也」？解云：祭祀重禮，國之大事，一物不具則爲失所，以卿佐之卒，而闕先君之樂，而不止祭，嫌有失禮，釋之，〔三〕復言「可乎」，問言「禮」意。

君在祭樂之中，大夫有變，以聞可乎？「變」謂死喪。大夫國體也，君之卿佐是謂股肱，故曰「國體」。古之人重死，君命無所不通。死者不可復生，重莫大焉，是以君雖在祭樂之中，大夫死，以聞可也。○復，扶又反。

【疏】「君命」至「不通」　釋曰：解命，告也。大夫與君一體，情無疑二，〔四〕祭祀雖重，以卒告君，君當哀其喪而止祭，不得以輕廢重，故死可以聞也。

○夏，蔡朝吳出奔鄭。朝吳，蔡大夫。

○六月丁巳朔，日有食之。

○秋，晉荀吳帥師伐鮮虞。

○冬，公如晉。

十有六年春，齊侯伐徐。

○楚子誘戎蠻子殺之。楚子不名，戎蠻子非中國故。

○夏，公至自晉。

○秋，八月己亥，晉侯夷卒。

○九月，大雩。

○季孫意如如晉。

【疏】「意如如晉」釋曰：何以在葬上？解云：〔五〕有本末事，書前後文不得同。

○冬，十月，葬晉昭公。

十有七年春，小邾子來朝。○朝，直遥反。

○夏，六月甲戌朔，日有食之。

○秋，郯子來朝。

○八月，晉荀吴帥師滅陸渾戎。滅夷狄時，潞子嬰兒賢則日，此月者蓋亦有殊于常戎。

○冬，有星孛于大辰。一有一亡曰有。「于大辰」者，濫于大辰也。劉向曰：「『大辰』者大火也，不曰『孛于大火』而曰『大辰』者，謂濫于蒼龍之體，不獨加大火。」○星孛，蒲内反，「孛」于本又作「茀」，音佩。

○楚人及吴戰于長岸。長岸，楚地。兩夷狄曰「敗」，夷狄不能結日成陳，故曰「敗」，「於越敗吴于檇李」是也。○曰敗，必邁反，下文及注同。成陳，直刃反。檇李，音醉。中國與夷狄亦曰「敗」，「晉荀吴敗狄于大鹵」是也。「楚人及吴戰于長岸」，進楚子，故曰「戰」。

【疏】「進楚子故曰『戰』」 釋曰：何嫌以發？解戰言「及」所以別客主，不施直不。言「及」或在上、或在下，案宋襄伐齊云「及」在上，所以惡宋襄，宣十二年邲之戰楚言「及」在下，所以不惡楚者，據無罪言之直，用兵得理則客直。今楚稱「及」而在上，與邲戰之義反，嫌惡楚而善吳，吳以伯舉有辭，序上稱「及」以罪楚，今兩夷言「戰」，有違常例，二國曲直得失未分，故須起例以明之。〔六〕

十有八年春，王三月，曹伯須卒。

○夏，五月壬午，宋、衛、陳、鄭災。其志以同日也，其日亦以同日也。或曰人有謂鄭子産曰：「某日有災。」子産曰：「天者神，子惡知之？是人也。同日爲四國災也。」○惡，音烏。

【疏】「其志」至「同日」　釋曰：二文釋何？解襄九年「宋災」傳曰「故宋也」，明外災得書之由，〔七〕然則宋常録，三國事非常也，〔八〕故傳曰「同日也」，解衛、陳、鄭得書之意以此，故復問外災不日之義，見同日，故不得不兩文釋之。鄭子産之言，明天時人事報應有驗，重其同日，故經書其文，傳載其事。劉向以爲「宋、陳，王者之後；衛、鄭，周之同姓。時景王在，〔九〕劉子、單子事王猛，召氏、尹氏立王子朝，朝，楚之出也，及宋、衛、陳、鄭皆外附於楚，無尊周室之心，後三年崩，王室亂，故天災四國，若曰不救，〔一〇〕反從楚，廢世子，言不正，〔一一〕以害王室，明以同辜」。〔一二〕

○六月，邾人入鄅。○鄅，音禹，又音矩。

○秋，葬曹平公。

○冬，許遷于白羽。白羽，許地。

十有九年春，宋公伐邾。

○夏，五月戊辰，許世子止弒其君買。日弒，正卒也，蔡世子般實弒父，故以比之夷狄而不書日，〔一三〕止弒而日，知其不弒，〔一四〕止不弒則買正卒也。正卒則止不弒也，不弒而曰「弒」，責止也。責止不嘗藥。

【疏】「正卒」至「責止也」 釋曰：責止則實，實文不可虛加，而復書「葬」以赦何？解止進藥之罪不由於醫，罪連於許君，故書「弒」責止，〔一五〕止實不弒，宜書「葬」以赦之。春秋子弒父，皆非子失教訓之道，獨於此見之何？有義而然，因其可責而責之，若商臣、蔡般之流，行同禽獸，不得爲小人，非可責之限，故傳詳例於此。

止曰：「我與夫弒者。」不立乎其位，以與其弟虺。止自責曰我與弒君之人同罪，於是致君位於弟。○與夫，音豫，又如字，下音扶。虺，許鬼反。哭泣歠飦粥，嗌不容粒，嗌，喉也。○歠，昌悅反，又常悅反。飦，之然反，又居言反，粥也。粥，之六反。嗌，音益，咽喉也。容粒，音立。未踰年而死，故君子即止自責而責之也。就其有自責心，故以備禮責之。

○己卯，地震。

○秋，齊高發帥師伐莒。

○冬，葬許悼公。日卒時葬，不使止爲弒父也。曰子既生，不免乎水火，母之罪也。羈貫成童，不就師傅，父之罪也。「羈貫」謂交午翦髮以爲飾。成童，八歲以上。○羈，又作「覊」。〔一六〕貫，古亂反。就師學問無方，心志不通，身之罪也。心志既通，而名譽不聞，友之罪也。名譽既聞，有司不舉，有司之罪也。有司舉之，王者不用，王者之過也。不敢罪上，故言「過」。許世子止不知嘗藥，〔一七〕累及許君也。許君不授子以師傅，使不識嘗藥之義，故累及之。○累，劣僞反。

二十年春，王正月。

○夏，曹公孫會自夢出奔宋。「自夢」者，專乎夢也。能專制夢。○自夢，無工反，又亡忠反，又亡弄反，本或作「蔑」，左氏作「鄸」。曹無大夫，其曰「公孫」何也？言其以貴取之，而不以叛也。會以公孫之貴而得夢，既而不以之叛，明曹君無道，致令其奔，非會之罪，故書「公孫」以善之。○令，力呈反。

【疏】「曹無大夫」釋曰：再發傳者何？解前崇曹羈之殺，此重公孫之奔，奔、殺異辭，而同例發明，明其俱賢而得書，明小國無大夫也。

○秋，盜殺衛侯之兄輒。盜，賤也。其曰「兄」，母兄也。目衛侯，衛侯累也。凱曰：「諸侯之尊，弟兄不得以屬通。經不書衛公子而斥言『衛侯之兄』者，惡其不能保護其兄，乃爲盜所殺，故稱至賤殺至貴。」○惡其，烏路反。

【疏】「盜賤也」釋曰：復發傳何？解殺大夫稱「人」者，謂誅有罪，故盜殺三卿云「不以上下道」，明大夫之例，母兄之殺宜繫於君自殺也，不能保存母兄，令爲盜所殺，〔一八〕故書兩下之文。以至賤而殺至貴，故不得言上下道。稱「盜」雖同，本事例異，故發傳也。

然則何爲不爲君也？嫡兄宜爲君。○嫡，丁歷反。曰有天疾者不得入乎宗廟。「輒」者何也？曰兩足不能相過，〔一九〕齊謂之「綦」，楚謂之「踂」，衛謂之「輒」。○綦，音其，又其冀反，劉兆云「綦，連併也」。踂，女輒反，劉兆云「聚合不解也」。輒，本亦作「縶」，劉兆云「如見絆縶也」。

○冬，十月，宋華亥、向寧、華定出奔陳。徐邈曰：「月者蓋三卿同出，爲禍害重也。君以臣爲體，民以君爲命，凡爲憂者大，害民處甚，春秋皆變常文而示所謹，非徒足以見時事之實，亦知安危監戒云耳。」○處，昌慮反。以見，賢徧反。

【疏】注「月者」至「害重也」〔三○〕　釋曰：宋萬以一卿而詳之，又弟辰以五大夫而不月何？解宋萬乃出月，見宋人不討賊，致令得奔，故謹而月之。弟辰爲仲佗所彊，元無去意，爲患輕，故不月。

○十有一月辛卯，蔡侯廬卒。

二十有一年春，王三月，葬蔡平公。

○夏，晉侯使士鞅來聘。

○宋華亥、向寧、華定自陳入于宋南里以叛。自陳，陳有奉焉爾。「入」者內弗受也。其曰「宋南里」，宋之南鄙也。「以」者不以者也。叛，直叛也。言不作亂。

【疏】「自陳」至「焉爾」 釋曰：復發傳何？解從外之叛而加「自」，自實有力，嫌其言自叛，不由外納力，復言「内弗受也」，與入邑異例，不受爲同。復言「以」，有嫌異於竊地者，故發例同之。

注「言不作亂」〔一二〕 釋曰：則作亂不得言「叛」，〔一三〕當以作亂書，欒盈、良霄是也，傳言「叛」，是與作亂異也。〔一三〕

○秋，七月壬午朔，日有食之。

○八月乙亥，叔輒卒。叔弓之子。

○冬，蔡侯東出奔楚。「東」者東國也，何爲謂之「東」也？王父誘而殺焉，「楚子虔誘蔡侯般，殺之于申」。〔一四〕○蔡侯東，左氏及公羊作「蔡侯朱」。父執而用焉。「執蔡世子友〔一五〕以歸，用之」是也。奔而又奔之曰「東」，惡之而貶之也。奔既罪矣，又奔讎國，惡莫大焉。○惡之，烏路反。

○公如晉，至河乃復。

二十有二年春，齊侯伐莒。

○宋華亥、向寧、華定自宋南里出奔楚。「自宋南里」者，專也。專制南里。

○大蒐于昌間。○間，如字，一音簡。秋而曰「蒐」，此春也，其曰「蒐」何也？以蒐事也。

【疏】「秋而」至「蒐事」 釋曰：何以發傳於此？解大蒐有五，八年發例見正譏不正，比蒲之蒐在夏之末，承秋之初，尚可以蒐，此則承春之首，〔二六〕不可之甚，故須發傳以彰甚也。

○夏，四月乙丑，天王崩。

○六月，叔鞅如京師。葬景王。叔鞅，叔弓子。天子志崩不志葬，志葬，危不得以禮葬也。月者，亦爲葬景王起。○亦爲，于僞反。

【疏】六月「葬景王」 釋曰：何以不書日？解傳言「日甚矣，〔二七〕其不葬之辭」，恐其甚之不明，〔二八〕日以起之，今經言「王室亂」，則甚之可知，故省文也。

王室亂。「亂」之爲言事未有所成也。尹氏立子朝，劉氏、單氏立王猛，俱未定也。〔二九〕劉子、單子以王猛居于皇。皇，地。○單，音善。「以」者不以者也，王猛嫌也。直言「王猛」不言王子，是有當國之嫌。

【疏】「『以』者不以者也」 釋曰：復發傳何？解劉、單，王之重卿；猛，王之庶子。以貴制庶，嫌其義別，起例以詳之也。

○秋，劉子、單子以王猛入于王城。「以」者不以者也，「入」者内弗受也。猛非正也。

○冬，十月，王子猛卒。此不卒者也，未成君也。其曰「卒」，失嫌也。猛本有當國之嫌，其卒則失嫌，故録之。

【疏】「失嫌也」〔三〇〕 釋曰：經言「王猛」，以王爲尊，何以言「當國」？解春秋以王爲國，若言齊、晉，今言「王猛」不言「子」，與無知同文，故曰「當國」也。

○十有二月癸酉朔，日有食之。

二十有三年春，王正月，叔孫婼如晉。

○癸丑，叔鞅卒。

○晉人執我行人叔孫婼。

○晉人圍郊。郊，周邑也。

○夏，六月，蔡侯東國卒于楚。不日，在外也。以罪出奔，又奔讎國，故不葬。

【疏】注「不日在外也」釋曰：案諸侯之卒，不日以明庶，不以外爲異，傳曰「諸侯時卒，惡之」，今東國奔讎何以書月？解「許男新臣卒」〔三一〕上言「伐楚」、下言「卒」，無明其在楚，〔三二〕庶子而卒，卒而不日書時，在外文不明故也。蔡侯肸在內而卒，卒不書日，傳曰「惡之」，今蔡侯東國上言「東」以貶之，下言「卒于楚」，諸侯之奔例不書卒，今蔡侯之卒，見奔讎國而死，惡之可知，以在外、以明惡，故書月以顯之。

**注**「又奔讎國故不葬」　釋曰：諸侯奔，死於他國例不卒，〔三三〕何直不葬？有義而然，諸侯不卒則已，卒宜有葬，葬不書者，義有所見，義不必同，〔三四〕或從失德。今蔡侯不卒，卒於讎國，書卒而不葬。〔三五〕

○秋，七月，莒子庚輿來奔。

○戊辰，吴敗頓、胡、沈、蔡、陳、許之師于雞甫，雞甫，楚地。○雞甫，左氏作「雞父」。〔三六〕胡子髡、沈子盈滅。國雖存，君死曰「滅」。○髡，苦門反。盈，本亦作「逞」。中國不言「敗」，此其言「敗」何也？據宣十二年晉荀林父「及楚子戰于邲，晉師敗績」，不言「楚敗晉師」。

**【疏】**「中國不言『敗』」　釋曰：釋其滅，案經「戰于韓，獲晉侯」，「戰于大棘，宋師敗績，獲華元」，中國不言「敗」，直言戰于雞甫，〔三七〕「敗頓、胡、沈、蔡、陳、許之師，胡子髡、沈子盈滅」，何以言「敗」？〔三八〕解言「楚人及吴戰于長岸」，〔三九〕傳曰「進楚子」，然則邲之戰直在楚，以中國不言「敗」，今吴無進稱，爲夷狄，故不稱「戰」及「敗績」，以釋其滅，足賢胡、沈之君，〔四〇〕亦明吴之不進也。

中國不敗，胡子髡、沈子盈其滅乎？其言「敗」，釋其滅也。若師不敗，則君無由滅也，賢胡、沈之君死社稷。獲陳夏齧。「獲」者非與之辭也，賢夏齧，〔四一〕雖獲不病，以其得衆也，義與華元同。○夏，户雅反。齧，五結反。

【疏】注「與華元同」　釋曰：國書亦然而無傳釋，而經文有異，何得稱「同」？解華元有故而止，文雖不同，明賢之義不別，國書文同而義同也。

上下之稱也。君死曰「滅」，臣得曰「獲」，君臣之稱。○之稱，尺證反，注「之稱」同。

○天王居于狄泉。敬王，辟子朝。狄泉，周地。○辟，音避。始王也，其曰「天王」，因其居而王之也。天子踰年即位稱「王」，敬王踰年而出，故曰「始王」。雖不在國行即位之禮，王者以天下爲家，故居于狄泉稱王。

【疏】「始王」至「之也」〔四二〕　釋曰：注云「天子踰年即位稱『王』，敬王踰年而出，故曰『始王』」，天子之稱「天王」是常例也，而傳云「始王」，注云「踰年」者，未通此傳之意。〔四三〕解子猛當國，〔四四〕朝亦非正。景王以二十二年夏四月崩，〔四五〕六月葬，劉、單二子以王猛居于皇，復入王城，冬而猛卒，至今敬王踰年而既葬，所繼者承景王之崩，不繼者承王猛之卒，是年七月敬王立，當踰年既葬之例，此歲尹氏立子朝，將圖神器，天下兇懼，其主無雖復常，〔四六〕稱其所在，著其始王也。

尹氏立王子朝。隱四年「衛人立晉」，傳曰「稱『人』以立，得衆也」，此言「尹氏立」，明唯尹氏欲立之。「立」者不宜立者也。朝之不名何也？據晉之名惡，今朝亦惡，怪不直名而言「王子」。○惡，烏路反，下同。別嫌乎尹氏之朝也。若但言「尹氏立朝」，則嫌朝是尹氏之子，故言「王子」以別之。○別，彼列反。

【疏】「『立』者」至「者也」　釋曰：重發傳何？〔四七〕解衛、晉得衆，言立賢非所宜，〔四八〕此子朝失衆，獨在尹氏，故言「立」以著不宜，文同而義異，故復發傳，別嫌乎尹氏之朝。

注云「嫌朝是尹氏之子」　釋曰：夫國之大事莫善繼統，繼統之道勿盛嫡胄，繼無承重，宜擇立其次，故單子、劉子立猛，文稱「當國」，其次子無命，故獨言「立」，言「立」彰不宜，明有簒王之意。今周室雖衰，鼎命在上，四方諸侯知一人之貴繼，〔四九〕成、康之道滅，典法之文存，祭號大名不可虛置，巍巍聖寶，寧得空假？鄫以區區之小，而以外孫爲嗣，書其滅亡，以爲將來之戒。況天下重任，豈得異姓？尹氏不擇天道，〔五〇〕不達人事，不自立其子，〔五一〕當有同心之授，〔五二〕不義之罪，〔五三〕御假一朝之勢，以集四海之士，此理灼然，而愚夫之所不惑，〔五四〕何爲孔子書經，游、夏爲傳，經於不疑之中而彊生疑，〔五五〕於無嫌之義而巧出嫌？〔五六〕恐朝爲尹氏之子，爲當有旨。解周室大亂，骨肉乖離，故王猛有簒奪之心，單、劉懷翼戴之志，敬王孤立，猛卒之後而朝逆尹氏之世卿，婚媾王室，禍亂之基，固可奪之，初自立或招乘釁之衆，集負險之民，堅冰之際，或有无妄之會，經別嫌尹氏，不亦宜乎？衰亂之世何所不爲，鄫立異姓，周亦致疑，疑而須別，別嫌立朝者，此其旨矣。

○八月乙未，地震。

○冬，公如晉。至河，公有疾乃復。〔五七〕疾不志，〔五八〕此其志何也？釋不得入乎晉也。

【疏】「有疾」至「晉也」　釋曰：解公之如晉四不得入，假言有疾，實由季孫之不入，〔五九〕今實有疾，別於無疾而反也。

二十有四年春，王二月丙戌，仲孫貜卒。

○婼至自晉。〔六〇〕大夫執則致，致則挈，由上致之也。「上」謂宗廟也。致臣于廟則直名而已，所謂君前臣名。○挈，苦結反。

○夏，五月乙未朔，日有食之。

○秋，八月，大雩。

○丁酉，〔六一〕杞伯郁釐卒。○釐，力之反。

○冬，吴滅巢。

○葬杞平公。

二十有五年春，叔孫婼如宋。

○夏，叔倪會晉趙鞅、宋樂大心、衛北宮喜、鄭游吉、曹人、邾人、滕人、薛人、小邾人于黃父。

○有鸜鵒來巢。一有一亡曰有。「來」者來中國也。鸜鵒不渡濟，非中國之禽，故曰「來」。

○鸜，其俱反，本又作「鸛」，音權，左氏作「鸜」，公羊作「鸛」。鵒，音欲。濟，子禮反。

【疏】「一有」至「中國」 釋曰：重發傳者何？解鸜鵒者飛鳥，與蜚、蜮異，稱「有」爲同，故重發傳。云「來者來中國也」，何嫌而發？解蜚、蜮不言「來」，不見所從；麟不言「來」者，欲但於中國，不外之。

鸜鵒穴者而曰「巢」，劉向曰：「去穴而巢，此陰居陽位，臣逐君之象也。」或曰增之也。如增言「巢」爾，〔六二〕其實不巢也。雍曰：「凡春秋記災異未有妄加之文，或說非也。」

○秋，七月上辛大雩，季辛又雩。「季」者有中之辭也。不言中辛，中辛無事。又，有繼之辭也。緣有上辛大雩，故言「又」也。

○九月乙亥，〔六三〕公孫于齊。「孫」之爲言猶孫也，諱奔也。次于陽州。陽州，齊竟上之地。未敢直前，故止竟也。○公孫，音遜，本亦作「遜」，下同。齊竟，音境，下同。次，止也。

【疏】「孫之」至「奔也」　釋曰：復發傳何？解前發例於夫人，今復發例於公，明其同義，以別尊卑之辭詳略也。

齊侯唁公于野井。野井，齊地。齊侯來唁公，公逆之至野井。○唁，音彥。弔失國曰「唁」，唁公不得入於魯也。

【疏】「弔失」至「魯也」　釋曰：言「弔」足以釋之，復言不入於魯也，〔六四〕則曰「唁」者彰公失國。言不得入魯繼國事之辭，言可以書「唁」而不詳其文。

○冬，十月戊辰，叔孫婼卒。

○十有一月己亥，宋公佐卒于曲棘。曲棘，宋地。〔六五〕邡公也。「邡」當爲「訪」，訪，謀也，言宋公所以卒于曲棘者，欲謀納公。○祊，音方，又音訪。

【疏】注「宋公」至「納公」　釋曰：案諸侯之卒，卒在外書地，書地縱不納公，何得略以見義？〔六六〕解諸侯卒書地者，地有遠近、國邑之別，故鄵、扈非國，〔六七〕晉侯因會且而鄭伯未見諸侯之所，〔六八〕許男朝楚，蔡奔鍾國，四者書地，地有所由，今曲棘非國，是未踰竟，〔六九〕當從鄵、扈之例既明矣，釋以謀納公爲義，義叶鄵、扈而例不異。

○十有二月，齊侯取鄆。取鄆以居公。取，易辭也。內不言「取」，以其爲公取之，故易言之也。○易，以豉反。爲，于僞反。

【疏】「取，易辭」　釋曰：與濟西、讙闡同異若何？解「取」者易之辭，易辭之義兼外內，〔七〇〕外內之釋雖同，同而事辨異，〔七一〕異則反覆釋之，故曰「爲公取之」，言非季氏之賂，忠臣之意非實易辭，尊君抑臣。與濟西同文，前不異外之易者，實易，宋「取鄭師」是也。

二十有六年春，王正月，葬宋元公。

○三月，公至自齊，居于鄆。公次于陽州，其曰「至自齊」何也？據公但至陽州，未至齊。

【疏】注「據公」至「陽州」　釋曰：後如晉出、致不同，傳以見出致？〔七二〕解公初至於陽州，後如晉乾侯出不同，傳以見齊侯爲義，雖至陽州，可以齊致，明乾侯之致不見晉侯，故下二十九年注云「以乾侯致，不得見晉侯故」。

以齊侯之見公，可以言「至自齊」也。齊侯唁公于野井，〔七三〕以親見齊侯爲重，故可言「至自齊」。「居于鄆」者，公在外也。若但言「公至自齊」，而不言「居于鄆」，則嫌公得歸國，〔七四〕欲明公實在外，故言「居于鄆」。

【疏】「公在外」　釋曰：又曰前不外公，〔七五〕言「外」何？解言「外」者據内生名，公雖出奔，臣子不得外公，存録之如在國，在國之文不得實同，故言「居鄆」以別之。

「至自齊」，道義不外公也。「至自齊」者，臣子喜君父得反，致宗廟之辭爾，今君雖在外，猶以在國之禮録之，是崇君之道。

○夏，公圍成。成，孟氏邑。非國不言「圍」，所以言「圍」者以大公也。崇大其事。

【疏】「非國」至「大公也」　釋曰：何？〔七六〕解凡邑不言「圍」，指小都，都之大者則國，此文是。於三家疆大，邑過百乘，比之小國，國家之患良由此起，昭公圍成、郈，郈人不服而臣之邑不順，季氏之權，得國之資，圍而不克，故以「大公」爲文。然則定公雖墮三都，成人不肯，公伐不克，故傳以「大公」釋之，書致爲異，故傳釋之。此不致者，齊無難公之言，不以適齊無爲危致，〔七七〕如長葛言「圍」，非常見義乃殊，故傳不異。

○秋，公會齊侯、莒子、邾子、杞伯盟于鄟陵。鄟陵，某地。○鄟陵，音專，又市轉反。公至自會，居于鄆。公在外也。「至自會」，道義不外公也。

【疏】「義不外公也」 釋曰：復發傳何？解自齊爲虛，致自會爲實，〔七八〕文與虛致嫌義有殊，故發不異也。

○九月庚申，楚子居卒。

○冬，十月，天王入于成周。周有入無出也。始即位非其所，今得還復據宗廟，是内，故可言「入」，若即位在廟，則王者無外，不言「出」。

【疏】「有入無出也」 釋曰：王也，傳言「周」而復釋何？解彼明上下一見則同有出文，故言「周」。言「周有入無出」，明天王之身入與出，故發傳也。

尹氏、召伯、毛伯以王子朝奔楚。遠矣非也。雍曰：「奔篡君之賊，其責遠矣。」○召，上照反。篡，初患反。

【疏】注「奔篡」至「遠矣」 釋曰：傳言「奔，直奔也」，何嫌以發？解「非也」，非責之，非責其遠矣。獨言「遠」者，傳云於周公著例見上下之文，然則王子瑕不言「出」是常，常文而無大罪，則從例可知，故省文。至於尹氏，周室之微弱而日月不誅，〔七九〕子朝使之奔，不足可責，「遠矣」則刺諸侯，「諸侯」謂宋、衛、陳、鄭，外附於楚，子朝之舅，華戎同心而叛，天子不能誅，則宜遠責諸侯，乃經解傳，〔八〇〕宜其責遠矣。〔八一〕傳既責遠，愧奔亦異，〔八二〕故曰「奔，直奔也」，傳曰「奔之，惡也」，惡其奔讎，子朝之奔，奔讎而曰「奔，直奔」，〔八三〕惡諸侯之叛，刺其不誅也。〔八四〕

奔，直奔也。

二十有七年春，公如齊。自鄆行。公至自齊，居于鄆。公在外也。

【疏】「公在外也」　釋曰：發傳不同而重起例何？解公前孫而至，今如齊不言「孫」，反而言「至」，至言「居于鄆」，故傳言「公在外也」，異義而文別，故重言例，而文省則義同，義同亦在外可知也。

○夏，四月，吳弒其君僚。○僚，力雕反。

○楚殺其大夫郤宛。〔八五〕○宛，於阮反，又於元反。

○秋，晉士鞅、宋樂祁犂、衛北宮喜、曹人、邾人、滕人會于扈。○祁犂，力兮反，又力私反。扈，音戶。

○冬，十月，曹伯午卒。

○邾快來奔。徐邈曰：「自此已前邾畀我、庶其並來奔，今邾快又至，三叛之人俱以魯爲主，邾、魯鄰國而聚其逋逃，爲過之甚，故悉書之以示譏也。小國無大夫，故但舉名而略其氏。」○邾快，苦夬反。畀，必二反，本或作「鼻」。逋逃，〔八六〕布吴反。

○公如齊。公至自齊，居于鄆。

二十有八年春，王三月，葬曹悼公。〔八七〕

○公如晉，次于乾侯。不得入于晉。乾侯，晉地。

【疏】「公如晉」釋曰：解與發圍國之文同，故傳言「公在外也」，明從鄆如齊，不釋言次之，言在外亦顯故。

公在外也。〔八八〕

○夏，四月丙戌，鄭伯寧卒。○寧，下「滕子寧」皆如字。

〇六月，葬鄭定公。

〇秋，七月癸巳，滕子寧卒。

〇冬，葬滕悼公。

二十有九年春，公至自乾侯，居于鄆。以乾侯致，不得見晉侯故。齊侯使高張來唁公。唁公不得入於魯也。

【疏】「唁公」至「魯也」　釋曰：復發傳何？解前「齊侯唁公于野井」，野井，齊地，今來唁公于鄆，鄆是魯地，魯地而言「唁」，言不得入于魯國都，「魯國都」謂宗廟所在。唁有遠近，人有尊卑，君臣同文，故重發例也。

〇公如晉，次于乾侯。

〇夏，四月庚子，叔倪卒。季孫意如曰：「叔倪無病而死，此皆無公也，是天命也，非我罪也。」言叔倪欲納公，無病而死，此皆天命使魯無君爾，魯公之出非我罪。〇叔倪，五計反，又五兮反，左氏作「詣」。

【疏】「皆無公也」 釋曰：叔倪之卒事無公，而曰「皆」何？解經言「宋公佐卒于曲棘」，傳言「邡公也」，今叔倪復卒，傳曰「皆無公也」。〔八九〕

○秋，七月。

○冬，十月，鄆潰。「潰」之爲言上下不相得也，上下不相得則惡矣，亦譏公也。公既出奔，不能改德脩行，居鄆小邑，復使潰亂，德之不建如此之甚。○潰，户内反。惡，烏路反，又如字。行，下孟反。復，扶又反。

【疏】「潰之」至「得也」 釋曰：重發起例何？〔九〇〕解上下不相得之爲罪與國同，故例詳之。此年三月次于乾侯，來還于鄆，冬而鄆潰，嫌自潰不責於公，故言「亦譏公也」。

昭公出奔，民如釋重負。傳明昭公有過，非但季氏之罪。

三十年春，王正月，公在乾侯。中國不存公，存公故也。「中國」猶國中也。

【疏】注「中國」至「中也」 釋曰：〔九一〕凡言「國中」指謂魯也。「中國」指其諸夏，諸夏爲中國，據夷狄爲外。案成、昭適晉並踰年而不言在，襄二十八年「公如楚」，二十九年書「公在楚」，傳曰「閔公也」，爲楚所制，〔九二〕存録之，然則此文「中國」、「國中」何爲，變「中國」者何？〔九三〕解中國踰年不言在，親倚之情，如國莫二，比之國中，不以言中非諸夏。且昭以二十五年出奔，二十六年居鄆，是魯地不存公，二十七年、二十八年亦如之，至此寄在乾侯，乾侯爲晉地，明公去魯竟而入於晉界，不復重還，遂卒于外，雖復生存居地壤，于予來歸，〔九四〕來不居茲日，故傳以有故釋之，所以閔公。范例云：「『在』有故，言『在』非所在也」。

○夏，六月庚辰，晉侯去疾卒。○去，起呂反。

○秋，八月，葬晉頃公。○頃，音傾。

○冬，十有二月，吳滅徐。滅夷狄時，月者爲下奔起。○爲，于僞反。

【疏】注「月者」至「奔起」　釋曰：案滅中國日，出奔月，輕於滅，滅夷狄時，奔何得更月？解范答薄氏云：「國不滅而出以月爲國，〔九五〕國滅例而出，〔九六〕出重發於滅，〔九七〕滅夷狄雖時，猶加於月。〔九八〕然則溫子不滅而出奔，〔九九〕何以不月？有義而然，弦子之奔文承八月之下，溫子以逃在正月之後，何知不月？傳於弦子滅言『不日，微國』，微國則例月，例月則不關於君出。君出之重不大於滅國。」范云「出重於滅」者，言既滅其國，君不死難，比之常奔恒滅則爲重矣。滅在月例者，君出不復加日，〔一〇〇〕明滅重矣。月亦是，譚子出月，月關滅國，滅國例之同，〔一〇二〕同例在不日。傳於滅國詳略之，更於潞子發夷狄之遠例，於鄫亡見中國之變稱，義例成矣。潞子之賢從自盟，滅國獲君，君或出奔，名爲罪，皆有罪，故注譚子云「蓋無罪」，今注章羽明不復疑名爲有罪。譚子言

「蓋」，約郝益之名，名義見矣，故章羽從正例而不疑也。〔一〇二〕

徐子章羽奔楚。奔而名者有罪惡也。〇惡，烏洛反。

三十有一年春，王正月，公在乾侯。

〇季孫意如會晉荀櫟于適歷。適歷，晉地。〇櫟，音歷，舊作「躒」。適，丁歷反。

〇夏，四月丁巳，薛伯穀卒。

〇晉侯使荀櫟唁公于乾侯。唁公不得入於魯也。曰既爲君言之矣，不可者意如也。言已已告魯求納君，唯意如不肯。〇爲，于僞反。

【疏】「唁公」至「魯也」　釋曰：復發傳何？解范例云「『唁』有三，弔失國曰『唁』」，「唁」雖有三，弔失國三，三釋一而已。不入魯界有三文，〔一〇三〕知言「唁」嫌與魯異，其言不得入魯，明弔失國而異。今地晉而受晉納，公有可入之理，故言「唁公不得入於魯也」。

○秋，葬薛獻公。

○冬，黑肱以濫來奔。其不言「邾黑肱」何也？據襄二十一年「邾庶其以漆閭丘來奔」言「邾」。○肱，古弘反。濫，力甘反，又力暫反。別乎邾也。邾以濫邑封黑肱，故別之若國。○別，彼列反。其不言「濫子」何也？據既別之爲國，則應書其爵。非天子所封也。來奔，内不言「叛也」。

【疏】「來奔」至「叛也」　釋曰：重發傳何？解書黑肱不繫「邾」，嫌其專地。不責叛，罪輕，故言「來奔」。不言「叛」，罪自顯也。

○十有二月辛亥朔，日有食之。

三十有二年春，王正月，公在乾侯，取闞。○闞，口暫反。

○夏，吴伐越。

○秋，七月。

○冬，仲孫何忌會晉韓不信、齊高張、宋仲幾、衛大叔申、鄭國參、曹人、莒人、邾人、薛人、杞人、小邾人城成周。天子微，諸侯不享覲，享，獻也。覲，見也。言天子微弱，四方諸侯不復貢獻，又無朝覲之禮。〔一〇四〕○大，音泰。享，許丈反。覲，其靳反。見，賢徧反。復，扶又反。朝，直遥反。天子之在者惟祭與號，「祭」謂郊上帝，「號」謂稱王。

【疏】「天子」至「與號」〔一〇五〕 釋曰：於此乃言周衰。〔一〇六〕「變之正」重復起傳何？解平、桓之世，唯復禮樂出自諸侯〔一〇七〕，諸侯猶有享覲之心，〔一〇八〕襄王雖復出居，猶賴晉文之力，札子雖云矯殺，王威未甚屈辱，至於景王之崩，嫡庶交争，宋、衛外附，楚亦内侮，天子獨立成周，政教不行天下，諸侯無桓、文之霸，〔一〇九〕不能致力於京師，權柄委于臣手，故大夫相率而城之，〔一一〇〕比之在禮，故釋不異辭，因變正也。

故諸侯之大夫相帥以城之，此變之正也。

○十有二月己未，公薨于乾侯。

**校勘記**

〔一〕 音紀　「紀」原作「己」，正字：「『紀』誤『已』。」據單行釋文改。

〔二〕之國　此節注内無「之國」之文，毛本「國」作「内」，蓋亦因此而改。
〔三〕釋之　正字：「『釋之』上疑脱『故』字。」
〔四〕情無疑二　正字：「『貳』誤『二』。」
〔五〕解云　「云」原作「去」，阮校：「閩、監、毛本『去』作『云』，是也。」據單疏本、閩本改。
〔六〕以明之　阮校：「單疏本『以』作『而』。」今按，單疏本似訛。
〔七〕外災　「外」原作「之」，據單疏本及襄九年傳改。
〔八〕事非常也　正字：「『事』當『是』字誤。」
〔九〕景王在　漢書五行志上「在」作「老」，是也。
〔一〇〕若曰不救　漢書五行志上「救」下有「周」字。
〔一一〕言不正　漢書五行志上「言」作「立」，正字：「『言』疑『立』字誤。」
〔一二〕明以同辜　漢書五行志上「辜」作「臯」。
〔一三〕比之夷狄　阮校：「余本無『之』字。」
〔一四〕知其不弑　「不」字原無，楊考：「各本脱『不』字。」據余本及傳下文補。
〔一五〕書弑　「弑」原作「殺」，單疏鈔本改「殺」作「弑」，是也，今據傳文改。
〔一六〕又作羇　「羇」原作「羈」，據余本改。
〔一七〕許世子止　「止」原無，據余本補。
〔一八〕令爲盜所殺　「令」原作「今」，據單疏本、閩本改。
〔一九〕兩足不能相過　慧琳音義卷一八、玉篇卷七「輒」字引皆無「能」字。

〔二〇〕注月者至害重也　此節疏原隸下節，蓋經疏拚合時誤隸，殿本依所疏内容移置於此，今從之。

〔二一〕注言不作亂　昭十五年以來之疏，每節皆以問答引領，此節既無問答，疏文又須與起迄出文連讀，内容亦接續上文，則其與上節疏本屬同節，傳鈔誤分也。

〔二二〕則作亂　正字：「『則』疑『若』字誤。」

〔二三〕異也　「異」原作「是」，正字「『是也』當『異也』誤。」據單疏本改。

〔二四〕殺之于申　依述例此下當有「是也」二字。

〔二五〕世子友　「世」原作「出」，據閩本及昭十一年經文改。

〔二六〕此則　「此」字原無，據單疏本補。

〔二七〕日甚矣　文九年傳云「日之甚矣，其不葬之辭也」，疑此「日」下脱「之」字。

〔二八〕不明　單疏本「不」下有「可」字。

〔二九〕未定也　「未」原作「夫」，據余本、閩本改。

〔三〇〕失嫌也　依文義此節應是上傳「王猛嫌也」注「直言『王猛』不言王子，是有當國之嫌」之疏，因標起迄訛而誤置於此。

〔三一〕許男新臣　「男」原作「用」，據閩本及僖四年經文改。

〔三二〕無明其在楚　正字：「『明』當『疑』字誤。」今按，疑「無」乃「以」之訛。

〔三三〕他國　「他」原作「外」，據單疏本改。

〔三四〕義不必同　「義」疑「又」之訛。蓋「又」訛「义」，又轉作「義」。

〔三五〕書卒而不葬　正字：「上疑脱『故』字。」

〔三六〕雞父　「父」字原無，據余本、閩本及單行釋文補。
〔三七〕直言　依文義「直」乃「此」之訛。
〔三八〕何以言敗　「何」原作「定」，單疏本作「足」，依述例改。
〔三九〕言楚人　「言」疑「案」之訛。
〔四〇〕胡沈之君　「胡」原作「吴」，據單疏本、閩本改。
〔四一〕賢夏齧　此條注文宜在「獲陳夏齧」之下，哀十一年「獲齊國書」注「與華元同義」可證，「『獲』者非與之辭也，上下之稱也」釋胡子髡、沈子盈言「滅」，夏齧言「獲」乃上下之稱，自不宜以「賢夏齧」之注隔開。
〔四二〕始王至之也　此節疏原隸下節，蓋經疏拚合時誤隸，閩本依所疏内容移置於此，今從之。
〔四三〕未通　閩本「通」作「喻」。
〔四四〕子猛當國　「子」乃「王」之訛。
〔四五〕二十二年　「二十二」原作「三十二」，按景王崩於上年四月，故據經文改。
〔四六〕無雖復常　殿本考證：「推尋文義，『雖復常』當作『雖未復常』，脱一『未』字耳。」正字：「『雖復』疑『誰復』之誤，在『常』字下。」按，「無雖復常」或是「雖復無常」之訛。
〔四七〕重發傳　單疏本「重」作「復」。
〔四八〕言立賢　「賢」原作「嫌」，隱四年「衛人立晉」，傳曰「其稱『人』以立之何也？得衆也。得衆則是賢也，賢則其曰『不宜立』何也」，故此宜云「言立賢非所宜」，據單疏本改。
〔四九〕知一人　單疏本「知」作「稱」。

〔五〇〕不擇天道　正字：「『擇』疑『揆』字誤。」

〔五一〕不自立其子　正字：「『不』疑『而』字誤。」

〔五二〕同心之授　正字：「『授』疑『援』字誤。」

〔五三〕不義之罪　單疏本「義」作「達」。

〔五四〕不惑　「惑」原作「或」，據閩本改。

〔五五〕彊生　「彊」原作「疆」，據單疏本、閩本改。

〔五六〕於無嫌　單疏本「於」上有「傳」字，張校：「疏云『孔子書經，游、夏爲傳，經於不疑之中而彊生疑，傳於無嫌之義而巧出嫌』，則『傳』字似不可少。」

〔五七〕公有疾　左氏無「公」，趙坦異文箋謂當從左氏。

〔五八〕疾不志　標起迄作「『有疾』至『晉也』」，則疏所本「疾」上有「有」字。

〔五九〕季孫之不入　正字：「『之』下當脱『譖』字。」

〔六〇〕婼至自晉　此叔孫婼也，略氏名不言故，疑脱「叔孫」二字。

〔六一〕丁酉　左氏本年杜注：「丁酉，九月五日，有日無月。」

〔六二〕如增　阮校：「何校本『如』作『加』。」今按注下文云「凡春秋記災異未有妄加之文」，則作「加」是也。

〔六三〕乙亥　左氏、公羊「乙」作「已」，趙坦異文箋謂當從左氏、公羊作「已」，核史曆表，趙説是。

〔六四〕魯也　「也」原作「地」，據單疏本改。

〔六五〕宋地　「地」原作「也」，據余本、閩本改。

〔六六〕何得　阮校：「單疏本『何』下有『以』字。」

〔六七〕郰邑　據襄七年釋文，鄭伯所卒之地，公羊、穀梁作「操」，左傳作「鄵」，據此則疏所本穀梁與左氏同。

〔六八〕會曰而　阮校：「單疏本『而』下有『卒』字。」劉校：「阮本脱『卒』字。」又，依文義「旦」疑「盟」之訛。

〔六九〕未踰竟　「踰」原作「喻」，據閩本改。

〔七〇〕兼外内　「外」字原無，阮校：「單疏本『内』上有『外』字，是也。」據補。

〔七一〕辨異　阮校：「單疏本『辨』作『别』。」

〔七二〕傳以見出致　依述例「致」下當有「何」字。

〔七三〕齊侯唁公于野井　「唁」原作「言」，「于」原作「子」，據余本、閩本改。

〔七四〕則嫌公　「嫌」字原無，正字：「脱『嫌』字，從公羊疏校。」阮校：「何校本依公羊疏『則』下增『嫌』字。」今據補。

〔七五〕又曰前不外公　前無不外公之文，後有「道義不外公」之傳，則「前」疑「義」之訛。

〔七六〕何　依述例其上當有脱文。

〔七七〕危致　「致」原作「至」，據單疏本改。

〔七八〕致自會　依述例「致」當作「至」。

〔七九〕周室之微弱　殿本考證以爲上脱「視」字。

〔八〇〕乃經解傳　殿本考證以爲「經解傳」當作「傳解經」。

〔八一〕宜其責遠　「宜」原作「宣」，據單疏本改。

〔八二〕愧奔亦異　正字：「『愧』疑『嫌』字誤。」

〔八三〕奔直奔　單疏本無上「奔」字。

〔八四〕不誅也　「誅」原作「殊」，據單疏本、閩本改。

〔八五〕郤宛　「郤」原作「郄」，釋文出「郤宛」注音，松崎校訛據五經文字「郤，去逆反，作『郄』者訛」以正唐石經訛，是也，據改。

〔八六〕逋逃　「逋」原作「通」，據余本、閩本及單行釋文改。

〔八七〕曹悼公　「曹」原作「魯」，據余本、閩本改。

〔八八〕公在外也　依述例「公在外也」當發於「公居于某」之後，上年「公至自齊，居於鄆」下無傳，疑此「公在外也」乃彼之錯簡。疏「與發圍國之文同」云云，似亦置於上年「公至自齊，居於鄆」下更恰當。

〔八九〕傳曰　依文義「傳」當作「故」。

〔九〇〕重發起例　「例」原作「列」，據單疏本、閩本改。

〔九一〕釋曰　「曰」字原重，據單疏本、閩本刪。

〔九二〕爲楚所制　「制」原作「致」，據襄二十九年注改。

〔九三〕中國國中何爲變中國者何　殿本考證：「推尋文義當作『然則此文中國猶國中，何爲變中國者』。」正字：「『國中何』疑『猶國中』誤。」

〔九四〕居地壤于予來歸　正字：「『居地壤于』疑『居于他壤』之誤。」

〔九五〕以月爲國　正字：「『爲國』疑『爲例』誤。」

〔九六〕國滅例而出　正字謂「例」字當衍文，「而出」下疑脱「則」字。

〔九七〕出重發於滅　正字謂「發」字當衍文，按疏下文複引云「出重於滅」，正字蓋據此而言。

〔九八〕猶加於月　阮校：「單疏本『於』作『以』。」

〔九九〕溫子不滅而出奔　僖十年「狄滅溫，溫子奔衛」，疑「不」乃「亦」之訛。

〔一〇〇〕君出　單疏本「出」作「奔」。

〔一〇一〕例之同　阮校：「單疏本『例』作『與』。」

〔一〇二〕章羽　「羽」原作「禹」，據單疏本及本月經文改。

〔一〇三〕不入魯界　殿本考證：「『魯』字下衍一『界』字。」

〔一〇四〕朝覲之禮　阮校：「余本『覲』作『見』。」

〔一〇五〕天子至與號　殿本考證：「此疏宜在傳末，監本誤刻於『惟祭與號』句下。」

〔一〇六〕於此　阮校：「單疏本『於』作『以』。」

〔一〇七〕唯復　正字：「『雖』誤『唯』。」

〔一〇八〕諸侯猶有享覲之心　單疏本無「諸侯」二字。

〔一〇九〕桓文之霸　阮校：「單疏本『霸』作『伯』。」

〔一一〇〕相率而城之　「城」原作「誠」，據單疏本、閩本改。

# 春秋穀梁注疏定公卷第十九 起元年，盡十五年

## 定公

魯世家：「定公名宋，襄公之子，昭公之弟，以周敬王十一年即位。」謚法：「安民大慮曰定。」

**元年春，王。不言正月，定無正也。定之無正何也？昭公之終非正終也，**死在外故。

【疏】注「死在外故」 釋曰：非正終，案桓公之薨于齊，與乾侯不異，莊公不即位而書正月何？解以十八年如齊，至即薨，薨而當歲即入，入而莊公繼位，〔一〕行既殯踰年之禮，但以先君弒而後主，〔二〕不忍行即位之禮。今昭公前年薨，今年喪入，定公既殯，不居正月之前，欲行即位，非踰年之始，非始非正，故未得即位，不得比之莊公。

**定之始非正始也，昭無正終，故定無正始。不言「即位」，喪在外也。**

**○三月，晉人執宋仲幾于京師。**晉執人於尊者之側，而不以歸京師，故但言其執，不書所歸。徐邈曰：「案傳定元年不書正月，言『定無正也』，

然則改元即位在于此年，故不可以不書『王』，書『王』必有月以承之，故因其執月以表年首爾，不以謹仲幾也。」

【疏】注「晉執」至「幾也」　釋曰：薄氏駁云：「仲幾之罪自委之王吏，非晉人所執，故傳云『不正其執人於尊者之所也』，譏執不譏無所歸。晉執曹、衛，他處並可言『歸』，若晉人執仲幾于京師，復何得言『歸于京師』？〔三〕若如此論，何以通乎？」解范答云：「晉城成周，宋不即役，晉爲監功之主，因而執之，此自晉人之事，安得委之王吏？傳當以執人於尊者之所，而不以歸於王之有司，〔四〕非言其不可以執。晉文公執曹、衛之君各於其國，而並不書國者，以其歸于京師故也。今執仲幾不書所歸，唯舉其地者，此晉自治之效，若使歸于京師，與執諸侯同，君臣無別也。今直執在京師，不可言『歸』。」此義猶自未通，有義而然，上言「城成周」，序仲幾于會，於歸言「于京師」，其言足誤〔五〕「天王居于狄泉」，在畿內而別處，若上言「城成周」，下稱「晉人執宋仲幾，歸于京師」，具見執之異處而歸天子，今晉人於尊者之側而執人以歸，自治於國，〔六〕故春秋不與其專執，地于京師。下文言「此大夫，其曰『人』何？微之也」，何以知大夫？有義而然，周之稱名，大夫相執無稱名之例，因此見義，明大夫相執不書，書則微之，見伯討失所，故云云，非謂大夫相執得見於經。經書「晉人執衛侯，歸之于京師」，與伯執稱「人」不異，異則言「侯」，故曰「以晉侯而斥執曹伯，惡晉侯也」，是君臣之別也。

此大夫，〔七〕其曰「人」何也？微之也。何爲微之？不正其執人於尊者之所也，不與大夫之伯討也。

○夏，六月癸亥，公之喪至自乾侯。

○戊辰，公即位。殯然後即位也。（周人殯于西階之上。）

【疏】注「周人」至「之上」 釋曰：嫌何以言？解喪自外至，雖正棺於兩楹之間，嫌殯亦然，〔八〕故言「西階」，鄭注禮記以爲殯亦兩楹之間也。

定無正，見無以正也。踰年不言「即位」，是有故公也。（謂昭公在外故。○見，賢徧反。）言「即位」，是無故公也。即位，授受之道也。（先君見授，後君乃受，故須棺在殯乃言「即位」。）先君無正終則後君無正始也，先君有正終則後君有正始也。「戊辰，公即位」，謹之也。定之即位，不可不察也。公即位何以日也？（據未有日者。）

【疏】「定之」至「察也」 釋曰：解定公即位特異常文者，欲言繼弒，公好卒；欲言好卒，卒非正終。不即入，踰年乃至，至正月當即位，而皆失時，時不得同於常禮，禮宜異文，文書之在夏，是有故與無故兩文並見，即位雖同，而時義有別，理有所見，見必有意，故曰「不可不察也」。

戊辰之日然後即位也。「癸亥，公之喪至自乾侯」，何爲戊辰之日然後即位也？（癸亥去戊辰六日，怪不即位。）正君乎國，然後即位也。（諸侯五日而殯，今以君始死之禮治之，故須殯而後言「即位」。）沈子曰：「正棺乎兩楹之間，然後即位也。」（兩楹之間，南面之君聽治之處。○之處，昌慮反。）内之大事日，即位君之大事也，其不日何也？以年決者不以日決也，此則其日何也？著之也。欲有所見。何著焉？踰年即位，厲也。厲，危也。公喪在外，踰年六月乃得即位，危故日之。於厲之中又有義焉。先君未殯，則後君不得即位。未殯，雖有天子之命猶不敢，況臨諸臣乎？以輕喻重也。雖爲天子所召，不敢背殯而往，況君喪未殯而行即位之禮，以臨諸臣乎？周人有喪，魯人有喪，周人弔，魯人不弔，周人曰：「固吾臣也，使人可也。」魯人曰：「吾君也，親之者也，使大夫則不可也。」故周人弔，魯人不弔，以其下成、康爲未久也。周道尚明，無愧于不往。

【疏】注「周道」至「不往」　釋曰：今定公之世，天子之存，唯祭與號，安得云「尚明」？解此傳以重況輕，陳上世之事，非專今日，下成、康爲未久。定公未殯不得即位，以臨羣臣，輕于王命，王命猶不得背殯，指謂王與魯並有喪，周人弔魯，魯人不弔，既殯君乃奔喪，喪服天子之斬，哭泣申父重之情。先殯其父，後奔天子之喪，亦是不奪人之親。門外之治義斷恩，門内之治恩掩義，至如伯禽越紼赴金革之重，不拘此例。

君至尊也，去父之殯而往弔猶不敢，況未殯而臨諸臣乎？

○秋，七月癸巳，葬我君昭公。

○九月，大雩。雩月，雩之正也；秋大雩，非正也；冬大雩，非正也。秋大雩之爲非正何也？〔九〕冬禾稼既成猶雩，則非禮可知。秋禾稼始苗，嫌當須雨，故問也。毛澤未盡，人力未竭，未可以雩也。邵曰：「凡地之所生謂之毛，公羊傳曰『錫之不毛之地』是也。言秋百穀之潤澤未盡也，『人力未盡』謂耕耘之功未畢。」○耘，本又作「芸」，音云。

【疏】「凡地」至「是也」　釋曰：言非必百穀至，而雩祀之設本爲求雨，求雨之意指爲祈穀，故周頌噫嘻之篇，歌春、夏而同名，至於修雩祀不異，故此傳言「毛澤未窮，人力未竭」，言人力之功施於種植，種植之義在于禾黍。未聞凡品總稱曰「毛」，將何所據？解聖人之於四海不偏一物，愛人之情特深懷抱，百姓所恃莫急於食，食雖民天，〔一〇〕天不降雨，嘉品不育，時澤之來，普汎無私，雖非百穀，亦沾有渰之潤，〔一一〕公田已流，遂及之惠彌遠，故總凡品爲毛，明天德之道廣。列子言「山川之毛」指謂草木，公羊所論非專禾麥，寒涼之地，本不種苗，鄒衍吹律，乃始名生物謂之「黍」。若以此言之，公羊所言不毛，鄒衍之前，當鄭伯與楚語時也。又上傳云〔一二〕「冬大雩，非正也」，秋亦曰「非正也」，非正是同而問不異，及答之直釋月雩爲正，則四月龍見常失正故也，解成七年「冬大雩」，傳云「冬無爲雩也」，言用禱禮，明禾稼成不須雩，失時不二，故問同而答異。注「當須雨」，其解也，聖人重謝請，〔一三〕請必爲民，民之本務在於春、夏，春、夏祈穀，先嚴其犧牲，具其器物，謹修其禮，冀精神有感，〔一四〕故一時盡力，專心求請，求請不得失時。「時」謂孟夏之節，是月有雨，先種得成茂實，後種更生，故重其二時。時過以往，至於八月、九月。脩雩之節不言四月，非正也。故曰「是月不雩則無及矣」。〔一五〕謂八月求雨，雩而得之則書「雩」，明有所及故也。是月雩不必有雨，而曰「無及」者，人情之意欲其有益，〔一六〕故以兩月請。「是年不艾則無食」，指謂九月之雩，雩而得雨，是年有食，雩不得雨則書旱，旱則一歲無食，故曰「是年」。傳於仲秋言月，季秋言年，年月之情以表遠近、深淺之辭也。

雩月，雩之正也，月之爲雩之正何也？其時窮人力盡然後雩，雩之正也。何謂「其時窮人力盡」？是月不雨則無及矣，是年不艾則無食矣，是謂其時窮人力盡也。雩之必待其時窮人力盡何也？雩者爲旱求者也，求者請也，古之人重請，何重乎請？人之所以爲人者讓也，請道去讓也，則是舍其所以爲人也，是以重之。焉請哉？請乎應上公。古之神人有應上公者，通乎陰陽，君親帥諸大夫道之而以請焉。「道之」謂君必爲先也〔一七〕，其禱辭曰「方今大旱，野無生稼，寡人當死，百姓何謗，〔一八〕不敢煩民請命，願撫萬民，以身塞無狀」。禱亦請也，此即請辭也。○艾，魚廢反。去讓，羌吕反。是舍，音捨。焉請，於虔反。應上，時掌反。道之，音導。夫請者，非可詒託而往也，必親之者也，是以重之。「詒託」猶假寄。○詒，以之反。

【疏】「請乎應上公」 釋曰：案月令「大雩帝」，此經言「大雩」，文與月令同，同祀上帝。帝，天也，而曰「上公」，義更何取？且雩與禱本自不同，而引禱辭以證雩何？解天子雩上帝，諸侯雩上公，〔一九〕魯與天子同雩上帝，上帝既雩，雩及百辟卿士有益於民者，〔二〇〕即此傳所謂「古之神人，通乎陰陽」，使爲民請雨，故言請哉，〔二一〕請應乎上公，天尊不敢指斥，故請其屬神。考異郵說僖公三時不雨，禱于山川，以六過自責，又曰「方今大旱，野無生稼」，此注所云「其禱辭」或亦用之，故引以明之耳。

○立煬宮。煬宫，伯禽子廟，毁已久。○煬宮，餘亮反，煬公之廟也。煬公，伯禽子。「立」者不宜立者也。

【疏】「『立』者」至「者也」　釋曰：重發傳何？解不日與武宫異，故發傳。范例云「宫、廟有三者，〔二二〕三者文有詳略，詳略見功有輕重，丹楹功少故書時，刻桷功重故録月」，范答薄氏云「考宫書月比丹楹爲重」，是其三文。武宫書日，范云「始築之事然」。煬，案周書謚法「肆行勞神曰煬」，煬宫不日比武宫爲輕，輕重之例各以類舉，此謂范例之數以「宫」言之，〔二三〕立廟之例以「立」言之，在不宜之中，〔二四〕一事而兩屬，義有所附，故例有四，亦得數此同在不宜之中。

○冬，十月，隕霜殺菽。建酉之月隕霜殺菽，非常之災。未可以殺而殺，舉重；舉殺豆則殺草可知。可殺而不殺，舉輕。不殺草則不殺菽亦顯，僖三十三年「隕霜不殺草」是也。其曰「菽」，舉重也。

【疏】「未可」至「舉輕」　釋曰：「隕霜」二文不同書，故范特爲一例。傳嫌獨殺菽，不害餘物，故以輕重别之，菽易長而難殺，故以殺之爲重，重者殺則輕者死矣。輕而不死，重者不殺居然可知。

二年春，王正月。

○夏，五月壬辰，雉門及兩觀災。雉門，公宫之南門。兩觀，闕也。○兩觀，工唤反，注及下文同。其不曰「雉門災及兩觀」何也？據先書「雉門」，則應言「雉門災及兩觀」。鄭嗣曰：「據災實從雉門起，應言『雉門災及兩觀』。」災自兩觀始也，不以尊者親災也。始災者兩觀也。鄭嗣曰：「今以『災』在『兩觀』下，使若兩觀始災者，不以雉門親災。」先言「雉門」，尊尊也。欲言「兩觀災及雉門」，則卑不可以及尊，災不從雉門起，故不得言「雉門災及兩觀」，兩觀始災，故「災」在「兩觀」下也。鄭嗣曰：「欲以兩觀親災，則經宜言『兩觀災及雉門』，雉門尊，兩觀卑，卑不可以及尊，故不得不先言『雉門』而後言『兩觀』，欲令兩觀始災，故『災』在『兩觀』下矣。」〔二五〕○令，力呈反。

【疏】「雉門」至「觀災」　釋曰：解劉向云：「雉門，天子之門，而今魯過制，〔二六〕故致天災也。」

○秋，楚人伐吳。

○冬，十月，新作雉門及兩觀。言新有舊也。作，爲也，有加其度也。此不正其以尊者親之何也？「不正」謂更廣大之，不合法度也，據當諱而以雉門親新作之下。雖不正也，於美猶可也。改舊雖不合正，脩飾美好之事，差可以雉門親之。○差，初賣反。

【疏】「作爲」至「度也」　釋曰：重發傳何？解此災而更脩，嫌與作南門異，故發傳以同之。災惡，故尊雉門，推災而遠之。今新作美好之事，雉門雖不正，尊雉門可以親之。

三年春，王正月，公如晉，至河乃復。

【疏】「公如晉」 釋曰：書月何？解昭公四如晉，兼有疾爲五，皆不月，公不入晉則無危，十三年、二十三年乃復皆不月，〔二七〕是其例，「乃復」文承月下，不蒙可知。昭公即位二年而脩朝禮無闕，而爲季氏所譖，使不得入，公無危懼之意，猶數數修朝於晉，〔二八〕晉雖不受朝，公無危懼之理。定立今三年，始朝於晉，晉責其緩慢，不受其朝，公懼而反，非必季氏所譖，公有負於晉而心内畏懼，故危録之。

○三月辛卯，〔二九〕邾子穿卒。○穿，音川。

○夏，四月。

○秋，葬邾莊公。

○冬，仲孫何忌及邾子盟于拔。拔，地名。○拔，皮八反。

四年春，王二月癸巳，陳侯吴卒。

○三月，公會劉子、晉侯、宋公、蔡侯、衛侯、陳子、鄭伯、許男、曹伯、莒子、邾子、頓子、胡子、滕子、薛伯、杞伯、小邾子、齊國夏于召陵，侵楚。○夏，户雅反。召，詩照反。〔三〇〕

○夏，四月庚辰，蔡公孫姓帥師滅沈，〔三一〕以沈子嘉歸，殺之。○公孫姓，音生，又如字。

○五月，公及諸侯盟于臯鼬。召陵會劉子、諸侯，總言之也。臯鼬，地名。○鼬，由又反。一事而再會，〔三二〕公畏楚强，〔三三〕疑於侵之，故復會更謀也。〔三四〕不日者，後楚伐蔡不能救故。○復，扶又反。公志於後會也，後志疑也。

【疏】「公會」至「疑也」　釋曰：案傳例地〔三五〕而發疑辭，〔三六〕今經言會于召陵侵楚，則疑於前會，不關於後，而云「志於後會也」者，「後志疑」何？解楚當時爲吴所困削弱矣，〔三七〕諸侯侵之，易可得志，今一會之中十有九國，衆力之彊，足以服楚，不敢深入，淺侵郊竟，則責諸侯之疑，居然可曉。公疑於楚彊謂無勇，故會、盟二文並見魯公，外、内之疑兩顯。

杞伯成卒于會。

○六月，葬陳惠公。

○許遷于容城。

○秋，七月，公至自會。

○劉卷卒。劉，采地。○劉卷，音權。采，七代反。此不卒而卒者，賢之也。寰内諸侯也，非列土諸侯，此何以卒也？天子畿内大夫有采地者，謂之「寰内諸侯」，非列土之諸侯，雖賢猶不當卒。○寰内，音環。天王崩，爲諸侯主也。昭二十二年景王崩，〔三八〕嘗以賓主之禮相接，而能爲諸侯主，所以爲賢。

【疏】「此不卒」至「賢之也」　釋曰：又云「非列土諸侯，此何以卒也？天王崩，爲諸侯主也」，書卒不闕其賢，而范例云「寰内諸侯，非列土諸侯」，非列土諸侯而書之者，賢之也。「賢之」一文而義當兩用，解上「不卒」而得書卒之意，釋下言「賢之」猶賢不當卒，卒之者以其爲諸侯主，明賢之意，故得書卒，反覆二事皆是爲賢，故例復云賢之不用葬，葬之者明亦爲賢之，而采地比之畿内諸侯，〔三九〕故書「葬」。

○葬杞悼公。

○楚人圍蔡。

○晉士鞅、衛孔圄帥師伐鮮虞。

○葬劉文公。

○冬，十有一月庚午，蔡侯以吴子及楚人戰于伯舉，楚師敗績。

吴其稱「子」何也？以蔡侯之以之，舉其貴者也。「貴」謂子也。蔡侯之以之則其舉貴者何也？吴信中國而攘夷狄，吴進矣。其「信中國而攘夷狄」奈何？子胥父誅于楚也，子胥父，伍奢也，爲楚平王所殺。○信，音申。攘，如羊反，却也。挾弓持矢而干闔廬，見不以禮曰「干」。欲因闔廬復父之讎。○挾，户牒反，又子協反。闔，户臘反。廬，力居反。見，賢徧反。闔廬曰：「大之甚，勇之甚。」子胥匹夫，乃欲復讎於國君，其孝甚大，其心甚勇。

**【疏】注「其孝」至「甚勇」**　釋曰：子胥之復讎，違君臣之禮，失事主之道，〔四〇〕以匹夫之弱，敵千乘之强，非心至孝，莫能然也，得事父之孝，非敬長之道，故曰「其孝甚大」。若夫子胥父欲被誅，竄身外奔，布衣之士而求干列國之君，吐弓矢之志，無疑難之心，故曰「其心甚勇」。

爲是欲興師而伐楚，子胥諫曰：「臣聞之，君不爲匹夫興師，

【疏】傳「不」至「興師」　釋曰：然則成湯之誅葛伯爲殺其餉者，武王之殺殷紂稱「斮朝涉之脛」，〔四一〕何以萬乘之主爲匹夫復讎？解湯征葛伯本爲不祀之罪，罪已灼然，然湯聽其順辭，使其亳民爲耕，葛伯殺其餉者，此由不祀而致禍。其如殷紂之罪，〔四二〕被所不盡，斮以所不書，故武王致天之罰，〔四三〕稱「斮朝涉之脛，剖賢人之心」，亦不專爲匹夫興師。〔四四〕吴子既因諸侯之怒，〔四五〕直申子胥之情，故言「不爲匹夫興師」，得其實論也。傳稱子胥云「虧君之義，復父之讎」，傳文曲直，子胥是非，穀梁之意善惡若爲？解公羊、左氏論難紛然，賈逵、服虔共相教授，戴宏、何休亦有唇齒，其於此傳開端似同公羊，及其結絢不言子胥之善。夫資父事君尊之非異，重服之情理宜共均，既以天性之重，降於義合之輕，〔四六〕故令忠臣出自孝子，孝子不稱忠臣，今子胥稱一體之重，忽元首之分，以父被誅而痛纏骨髓，得耿介之孝，失忠義之臣，〔四七〕而忠、孝不得並存。傳不善子胥者，兩端之間，忠臣傷孝子之恩，〔四八〕論孝子則失忠臣之義，春秋科量至理，尊君卑臣，子胥有罪明矣。君者臣之天，天無二日，土無二王，子胥以藉吴之兵，戮楚王之尸，可謂失矣。雖得壯士之偏節，失純臣之具道，傳舉見其非，〔四九〕不言其義，蓋吴子爲蔡討楚，〔五〇〕中中國之心，屈夷狄之意，理在可知。〔五一〕

且事君猶事父也，虧君之義，復父之讎，臣弗爲也。」於是止。蔡昭公朝於楚，〔五二〕有美裘，正是日囊瓦求之，「正是日」謂昭公始朝楚之日。○爲是，于僞反，「不爲」及下「爲是」皆同。〔五三〕朝於，直遥反，注同。囊，乃郎反。

昭公不與，爲是拘昭公於南郢，南郢，楚郡。〔五四〕○郢，以井反，〔五五〕又以正反。數年然後得歸，歸乃用事乎漢，「用事」者，禱漢水神。○數，所主反。〔五六〕曰：「苟諸侯有欲伐楚者，寡人請爲前列焉。」楚人聞之而怒，爲是興師而伐蔡，蔡請救于吴，子胥曰：「蔡非有罪，楚無道也。君若有憂中國之心，則若此時可矣。」爲是興師而伐楚。何以不言「救」也？據實救蔡。救大也。夷狄漸進，未同於中國。

【疏】「救大也」　釋曰：夷狄漸進，未同於中國。〔五七〕狄何以言「救齊」？解救齊是善事，今吴夷狄而憂中國，故進稱「子」，然未同諸夏，〔五八〕故不言「救」。雖書「救齊」而未稱「人」，許夷狄不使頓備故也。今吴既進稱「子」，〔五九〕復書曰「救」，便與中國齊蹤，華夷等迹，故不與救。若書「救」，當言「吴子救蔡，蔡侯以吴子及楚人戰于伯舉」，不直舉「救蔡」而言「吴入楚」。〔六〇〕

楚囊瓦出奔鄭。知見伐由己，故懼而出奔。庚辰，吴入楚。日入，易無楚也。「易無楚」者，壞宗廟，〔六一〕徙陳器，撻平王之墓。鄭嗣曰：「陳器，樂縣也。禮，諸侯軒縣。言吴人壞楚宗廟，徙其樂器，鞭其君之尸，楚無能亢御之者，〔六二〕若曰無人也。」○易，以豉反。壞，音怪。撻，士達反。縣，音玄。亢，苦浪反。何以不言「滅」也？據宗廟既毀，樂器已徙，則是滅也。欲存楚也。其「欲存楚」奈何？昭王之軍敗而逃，父老送之，曰：「寡人不肖，亡先君之邑，父老反矣。何憂無君，寡人且用此入海矣。」父老曰：「有君如此其賢也，以衆不如吴，以必死不如楚。」雍曰：「吴勝而驕，楚敗而奮。」○肖，音笑。奮，方問反。相與擊之，一夜而三敗吴人，復立。楚復立也。○敗，必邁反。〔六三〕復，扶又反。何以謂之「吴」也？據戰稱「子」。狄之也。何謂「狄之」也？〔六四〕君居其君之寢而妻其君之妻，大夫居其大夫之寢而妻其大夫之妻，蓋有欲妻楚王之母者。不正乘敗人之績，而深爲利，居人之國，故反其狄道也。

五年春，王三月辛亥朔，日有食之。

○夏，歸粟于蔡。蔡侯比年在楚，又爲楚所伐，飢，故諸侯歸之粟。諸侯無粟，諸侯相歸粟，正也。孰歸之？諸侯也，不言歸之者，專辭也，不言歸之者主名，若獨是魯也。義邇也。言此是邇近之事，故不足具列諸侯。

○於越入吴。舊説於越，夷言也。春秋即其所以自稱者書之，見其不能慕中國，故以本俗名自通。○見，賢偏反。

○六月丙申，季孫意如卒。傳例曰：「大夫不日卒，惡也。」意如逐昭公而日卒者，明定之得立由乎意如，〔六五〕春秋因定之不惡，而書日以示譏，亦猶公子翬非桓之罪人，故於桓不貶。○惡，烏路反。翬，許韋反。

○秋，七月壬子，叔孫不敢卒。

○冬，晉士鞅帥師圍鮮虞。

六年春，王正月癸亥，鄭游速帥師滅許，〔六六〕以許男斯歸。

○二月，公侵鄭。公至自侵鄭。

○夏，季孫斯、仲孫何忌如晉。仲孫忌而曰「仲孫何忌」，甯所未詳。公羊傳曰：「譏二名。」

○秋，晉人執宋行人樂祁犂。

○冬，城中城。「城中城」者，三家張也。大夫稱「家」。〔六七〕三家，仲孫、叔孫、季孫也。三家侈張，故公懼而脩内城，譏公不務德政，恃城以自固。○張，如字，一音丁亮反，〔六八〕注同。

【疏】「三家張也」　釋曰：釋之異辭何也？凡城之志皆譏，〔六九〕傳於冬「城諸及防」解「可城」，言間隙無事，理實有譏，今不釋，恐同彼傳，言志城之中雖得間隙，〔七〇〕復有畏張侈之患，還與皆譏之義同，或是義與可城同也。

或曰非外民也。

○季孫斯、仲孫忌帥師圍鄆。

七年春，王正月。

○夏，四月。

○秋，齊侯、鄭伯盟于鹹。○鹹，〔七一〕音咸。

○齊人執衛行人北宮結以侵衛。以，重辭也，衛人重北宮結。齊以衛重結，故執以侵之，若楚執宋公以伐宋。凡言「以」皆非所宜以。

【疏】「以重辭也」 釋曰：前注云「『以』有二義」，今注既云〔七二〕「凡言『以』皆非所宜以」，是一義，而曰二何？解楚執宋公，〔七三〕兩君相執，傳言「以，重辭」，〔七四〕別於凡「以」，今此君而執臣，明以國重，不言與二君共例，故發例同之。二義已見，〔七五〕故注更言「凡」以起義，〔七六〕解「『以』者不以者」不止釋此文。

○齊侯、衛侯盟于沙。〔七七〕沙，地。

○大雩。

○齊國夏帥師伐我西鄙。

○九月，〔七八〕大雩。

○冬，十月。

八年春，王正月，公侵齊。公至自侵齊。

○二月，公侵齊。未得志故。三月，公至自侵齊。公如，往時致月，危致也；往月致時，危往也；往月致月，惡之也。○惡，烏路反。

【疏】「公如」至「致也」 釋曰：復發傳何？解莊二十三年起例公行有危而書月，〔七九〕今公伐齊有危，危而書月，一時之間，再興兵革，危懼之理，義例所詳，故重説以明之。〔八〇〕

○曹伯露卒。

○夏，齊國夏帥師伐我西鄙。

○公會晉師于瓦。瓦，衛地也。公至自瓦。

○秋，七月戊辰，陳侯柳卒。○柳，良久反。

○晉士鞅帥師侵鄭，遂侵衛。

○葬曹靖公。

○九月，葬陳懷公。

○季孫斯、仲孫何忌帥師侵衛。

○冬，衛侯、鄭伯盟于曲濮。曲濮，衛地。○濮，音卜。

○從祀先公。貴復正也。〔八二〕文公逆祀，今還順。

○盜竊寶玉、大弓。「寶玉」者封圭也，始封之圭。「大弓」者武王之戎弓也，是武王征伐之弓。周公受賜，藏之魯。周公受賜於周，藏之魯者，欲世世子孫無忘周德也。非其所以與人而與人謂之「亡」，亡，失也。非其所取而取之謂之「盜」。

【疏】「非其」至「之亡」〔八二〕 釋曰：〔八三〕於經何例當之？解經言「饑」止謂二穀不收，〔八四〕莅宣公之例，五穀不收止在當文，康、饉無例應之，今因盜而發「亡」例，經無應之。或説非其所以與人謂之「亡」，〔八五〕是梁伯所行也，梁伯受國于天子，不能撫其人民而自失之，夫國之利器，不可以示人，權之可守，焉得虛假？君貪色好酒，耳目不能聰明，上無正長之治，大臣背叛，以國外奔，〔八六〕因若自滅，故謂之「亡」，此可以應其義。

九年春，王正月。

○夏，四月戊申，鄭伯蠆卒。○蠆，丑邁反。〔八七〕

○得寶玉、大弓。杜預曰：「弓、玉，〔八八〕國之分器也，得之足以爲榮，失之足以爲辱，故重而書之。」○分器，扶問反。其不地何也？

【疏】「其不地何也」 釋曰：據何文而責地？解此據獲物言地，〔八九〕經言「戰于大棘，獲宋華元」，〔九〇〕宜蒙上地，故據彼責此。

寶玉、大弓在家則羞，不目羞也。〔九一〕國之大寶在家則羞也，況陪臣專之乎？恥甚而不目其地。

【疏】注「況陪臣專之乎？恥甚而不目其地」 釋曰：下「或曰陽虎以解衆也」，還是陪臣，何以異之？解上説不目差，明失之爲辱，得之爲榮，榮而言地，地是陪臣之所居，魯能奪陪臣之得，可以明免恥，何爲不地？夫以千乘之國而受辱於陪臣，〔九二〕雖得爲榮，書地則恥。或曰之義，得非魯力也，陽虎竊國重寶，非其所用，畏衆之討，送納歸君，故書而記之。

惡得之？惡於何也？○惡，音烏，注同。得之堤下。或曰陽虎以解衆也。

○六月，葬鄭獻公。

○秋，齊侯、衛侯次于五氏。五氏，晉地。

○秦伯卒。

○冬，葬秦哀公。

十年春，王三月，及齊平。平前八年再侵齊之怨。

○夏，公會齊侯于頰谷。○頰，古協反，左傳作「夾谷」。公至自頰谷。離會不致，雍曰：「二國會曰『離』，各是其所是，非其所非，然則所是之是未必是，〔九三〕所非之非未必非，未必非者不能非人之真非，未必是者不能是人之真是，是非紛錯，則未有是，是非不同，故曰『離』。離則惡善無在，善惡無在則不足致之于宗廟。」何爲致也？危之也。危之則以地致何也？爲危之也。其危奈何？曰頰谷之會，孔子相焉，兩君就壇，兩相相揖，將欲行盟會之禮。○爲危，于僞反。相焉，息亮反，下「兩相」同。壇，徒丹反，封土曰「壇」。〔九四〕齊人鼓譟而起，欲以執魯君，羣呼曰「譟」。○鼓譟，素報反。呼，火故反。孔子歷階而上，不盡一等，而視歸乎齊侯，階，會壇之階。曰：「兩君合好，夷狄之民何爲來爲？」命司馬止之。兩君合會以結親好，而齊人欲執魯君，此無禮之甚，故謂之「夷狄之民」。司馬，主兵之官，使禦止之。○合好，呼報反，注同。使禦，魚呂反。齊侯逡巡而謝曰：「寡人之過也。」退而屬其二三大夫曰：「夫人率其君與之行古人之道，二三子獨率我而入夷狄之俗，何爲？」屬，語也。「夫人」謂孔子也。齊人欲執魯君，是夷狄之行。○逡，七旬反。〔九五〕屬，章欲反。夫人，音扶。語，魚呂反。之行，下孟反。罷會，齊人使優施舞於魯君之幕下，〔九六〕優俳，施其名也。幕，帳。欲嗤笑魯君。○幕，音莫。俳，皮皆反。嗤，尺之反。孔子曰：「笑君者罪當死。」使司馬行法焉，首足異門而出。齊人來歸鄆、讙、龜陰之田者，蓋爲此也。何休曰：「齊侯自頰谷歸，謂晏子曰：『寡人獲過於魯侯，如之何？』晏子曰：『君子謝過以質，小人謝過以文，齊嘗侵魯四邑，請皆還之。』」○讙，好官反。蓋爲，于僞反。因是以見雖有文事，必有武備，孔子於頰谷之會見之矣。〔九七〕○以見，賢遍反。

【疏】一會之怒，三軍自降，若非孔子，必以白刃喪其膽核矣，〔九八〕敢直視齊侯，行法殺戮，故傳〔九九〕「於頰谷之會見之矣」，後世慕其風軌，〔一〇〇〕欽其意氣者，忽若如是，毛遂之亢楚王、藺子之脅秦王，俱展一夫之勇，不憚千乘之威，亦善忠臣之鯁骨，是賢亞聖之義勇。

○晉趙鞅帥師圍衛。

○齊人來歸鄆、讙、龜陰之田。

○叔孫州仇、仲孫何忌帥師圍郈。郈，叔孫氏邑。○郈，音后。秋，叔孫州仇、仲孫何忌帥師圍郈。

○宋樂大心出奔曹。

○宋公子地出奔陳。

○冬，齊侯、衛侯、鄭游速會于安甫。〔一〇一〕安甫，地名。

○叔孫州仇如齊。

○宋公之弟辰暨宋仲佗、〔一〇二〕石彄出奔陳。辰爲佗所强，故曰「暨」。○暨，其器反。佗，大河反。彄，苦侯反。强，其丈反。

十有一年春，宋公之弟辰。〔一〇三〕未失其弟也。言辰未有失其爲弟之道，故書「弟」以罪宋公。

【疏】「未失其弟也」 釋曰：案辰以前年出奔，離骨肉之義，今歲入邑，有叛國之罪，〔一〇四〕失弟之道，彰於經文，而曰「未失」何也？解公不能制御彊臣，以撫其弟，而使二卿脅以外奔，故著「暨」以表彊辭，稱「弟」以見罪，〔一〇五〕罪在仲、石亦可知矣。今而入國，兩子之情，非辰之意，書「及」以辨尊卑，〔一〇六〕言「弟」以顯無失，然則自陳之力，力由二卿，入蕭之叛，專歸仲、石，故重發例以明無罪。

及仲佗、石彄、公子地。以尊及卑也。自陳。陳有奉焉爾。入于蕭以叛。蕭，宋邑。「入」者内弗受也，「以」者不以也。〔一〇七〕叛，直叛也。

○夏，四月。

○秋，宋樂大心自曹入于蕭。入蕭從叛人叛可知，故不書「叛」。

○冬，及鄭平。平六年侵鄭之怨。傳例曰「盟不日者，渝盟惡之也」，取夫詳略之義，則平不日者，亦有惡矣，蓋不能相結以信。○渝，羊朱反，變也。惡之，烏路反，下同。取夫，音符。

○叔還如鄭莅盟。○還，音旋。

十有二年春，薛伯定卒。

○夏，葬薛襄公。

○叔孫州仇帥師墮郈。墮猶取也。陪臣專强，違背公室，恃城爲固，是以叔孫墮其城，若新得之，故云「墮」。「墮猶取也」，墮非訓取，言今但毁其城，則郈永屬己，若更取邑於他然。○墮，許規反，毁也。背，音佩。

【疏】注「墮非訓取」 釋曰：傳言「墮猶取也」，即其訓而曰「非」者，〔一〇八〕何休難云「當言『取』，不言『墮』，實壞耳，〔一〇九〕無取於訓詁」，鄭君如此釋之，〔一一〇〕今經墮其爲義。〔一一一〕

○衛公孟彄帥師伐曹。

○季孫斯、仲孫何忌帥師墮費。○費，音秘。

○秋，大雩。

○冬，十月癸亥，公會齊侯盟于黄。

○十有一月丙寅朔，日有食之。

○公至自黄。

○十有二月，公圍成。非國不言「圍」，「圍成」，大公也。以公之重而伐小邑，則爲恥深矣，故大公之事而言「圍」，使若成是國然。

【疏】注「以公」至「小邑」　釋曰：案例國曰「圍」，今邑而言「圍」則大都，〔一二二〕大都則皆是國，而曰「小邑」何？解經書「公」，明成非小，是故言「圍」。公一國之貴重，成三家之大邑，邑比於國爲細，擬公爲小，比於凡邑則大矣，故書曰「圍」。

公至自圍成。何以致？危之也。何危爾？邊乎齊也。「邊」謂相接。

十有三年春，齊侯次于垂葭。〔一二三〕○葭，音加。

○夏，築蛇淵囿。蛇淵，地名。○囿，音又。

○大蒐于比蒲。○比，音毗。

○衛公孟彄帥師伐曹。

○秋，晉趙鞅入于晉陽以叛。「以」者不以者也。叛，直叛也。

【疏】「叛直叛也」 釋曰：不解入而重發叛例何？解趙鞅自入己邑，不從外入，「入」者内弗受也，以其無君命，於義不受，同書入之，非專不受，故但釋其叛非實叛，故下書「歸」明之，非叛而書「叛」，書「叛」非真叛也，〔一一四〕故復發也。〔一一五〕

○冬，晉荀寅、士吉射入于朝歌以叛。○射，食夜反，又食亦反。

○晉趙鞅歸于晉。此叛也，其以「歸」言之何也？據叛惡而歸善。貴其以地反也。貴其以地反則是大利也，非大利也，許悔過也。許悔過則何以言「叛」也？以地正國也。「地」謂晉陽也，蓋以晉陽之兵還正國也。公羊傳曰：「逐君側之惡人。」以地正國則何以言「叛」？據是善事。其入無君命也。凱曰：〔一一六〕「專入晉陽以興兵甲，〔一一七〕故不得不言『叛』，實以驅惡而安君，則釋兵不得不言『歸』，春秋善惡必著之義。」○薛弒其君比。○比，必履反，又毗志反。

【疏】「薛弒其君比」 釋曰：不日月者何？解傳言「弒不正，其日何」，然則庶子爲君而被弒，〔一一八〕則不日而月之，傳曰「諸侯時卒，惡之」，宜從此例，薛比書時，亦其惡也。

十有四年春，衛公叔戌來奔。

○晉趙陽出奔宋。〔二一九〕○晉趙陽，左氏作「衛趙陽」。

○二月辛巳，楚公子結、陳公孫佗人帥師滅頓，以頓子牂歸。○佗，徒河反，又如字。牂，作郎反。

○夏，衛北宮結來奔。

○五月，於越敗吴于檇李。檇李，吴地。○敗，必邁反。檇李，音醉。

○吴子光卒。

〇公會齊侯、衛侯于牽。牽，地。〇牽，去賢反。公至自會。

〇秋，齊侯、宋公會于洮。〇洮，他刀反。

〇天王使石尚來歸脤。脤，祭肉，天子祭畢以之賜同姓諸侯，親兄弟之國，與之共福。〇脤，市軫反。「脤」者何也？俎實也，祭肉也，生曰「脤」，熟曰「膰」。其辭石尚，士也。辭猶書也。〇膰，音煩，本又作「煩」。〔一二〇〕何以知其士也？天子之大夫不名，石尚欲書春秋，欲著名于春秋。諫曰：「久矣周之不行禮於魯也，請行脤。」貴復正也。

【疏】「貴復正也」　釋曰：「從祀先公」前有失正之文，於後言「貴復正」，今復正前無失正之文，而曰「貴復正」何？解復正之文雖同，義須有異，天王不行禮於魯，失正矣。今由石尚而歸脤，美之，故曰「貴復正也」。

〇衛世子蒯聵出奔宋。〇蒯聵，苦怪反，下五怪反。衛公孟彄出奔鄭。

〇宋公之弟辰自蕭來奔。稱「弟」，猶未失爲弟之行。〇行，下孟反。

○大蒐于比蒲。

【疏】「大蒐于比蒲」　釋曰：文承秋下，注云〔一二二〕「城莒父」云「無冬者，甯所未詳」，然則大蒐在秋，〔一二三〕秋則常事，常事不書，書之者何？解昭八年秋〔一二三〕「蒐于紅」，傳曰「正也」，正所以譏不正，後比蒲大蒐失禮，因此見正，今定公以十三年大蒐，秋事而於夏行之，失正，至此十四年大蒐書正，以明前不正也。

○邾子來會公。會公于比蒲。

○城莒父及霄。無冬，甯所未詳。

【疏】注「無冬」至「未詳」　釋曰：桓七年注云「下無秋、冬」，今不言「下」何？解桓七年夏有人事，而秋、冬二時不書，復無人事，故云「下」，今此上有秋，下有人事而無冬，故直云「無冬」，不言「下」，明冬宜在人事之上也。

十有五年春，王正月，邾子來朝。○朝，直遥反。

○鼷鼠食郊牛，牛死，改卜牛。不言所食，食非一處而至死。○鼷，音兮。處，昌慮反。不敬莫大焉。定公不敬最大，故天災最甚。

【疏】「不敬莫大焉」 釋曰：凡鼠食牛皆是不敬，而曰「莫大」何？解成七年「鼷鼠食郊牛角」，過有司也，「改卜牛，鼷鼠又食其角」，歸罪於君，皆道其所傳，〔一二四〕明不敬之罪小，今牛體徧食，不敬之罪大也。

○二月辛丑，楚子滅胡，以胡子豹歸。

○夏，五月辛亥，郊。譏不時也。

○壬申，公薨于高寢。高寢，宫名。高寢，非正也。

【疏】「高寢，非正也」 釋曰：重發傳何？解高者大名，嫌是路寢之流，故發傳明之。〔一二五〕

○鄭罕達帥師伐宋。

○齊侯、衛侯次于渠蒢。渠蒢，地也。○蒢，直居反。

○邾子來奔喪。喪急，故以「奔」言之。

【疏】「喪急」至「言之」　釋曰：奔喪之制，日行百里，故傳言「急」，所以申匍匐之情也。

○秋，七月壬申，弋氏卒。妾辭也，不言「夫人薨」。○弋氏，羊職反，哀公之母，左氏作「姒氏」也。哀公之母也。

○八月庚辰朔，日有食之。

○九月，滕子來會葬。郳、滕，魯之屬國，近則來奔喪，遠則來會葬，於長帥之喪同之王者，書非禮。○長，丁丈反。帥，所類反。

【疏】注「郳滕」至「屬國」　釋曰：將何據也？解范答薄氏云：「屬國非私屬，五國爲屬，屬有長，曹、滕、二郳世屬服事我，〔一二六〕故謂之『屬』。」

注「近則」至「非禮」　釋曰：若如此注意，以奔喪爲禮，會葬爲非，然則王者之喪，諸侯會出何文證？若以會葬非禮，何以范例云「會葬四」，案經有三，范總云「會葬，禮」何？解傳言「奔喪，喪急」，不言「非禮」，可知諸侯自相會葬，傳無釋文，但釋天子之會葬云〔一二七〕「其志重天子之禮」，又曰「在鄗上」，〔一二八〕明其別於諸侯。傳曰「周人有喪，魯人有喪，周人弔，魯人不弔」，周人責，魯人曰「吾君親之」，是以知王者之喪，諸侯親會之。范云「四」，「四」當爲「三」，古者四、三皆積畫，字有誤耳。「會葬，禮也」，據釋天子之大夫來會葬，言者重天子之禮，故范例舉之，不謂皆是禮也。

○丁巳，葬我君定公，雨不克葬。葬既有日，不爲雨止，禮也，雨不克葬，喪不以制也。戊午，日下稷乃克葬。稷，昃也，下昃謂晡時。〔一二九〕○爲，于僞反。稷，如字，左氏作「昃」。晡，布吳反。乃，急辭也，不足乎日之辭也。宣八年注詳矣。

【疏】「葬既有日」 釋曰：重發傳何？解頃熊夫人，今此人君，嫌禮異，故發傳以明之。且彼言「日中」，此言「日下稷」，彼言「而」，此言「乃」，文並不同，釋既不異，義體相似。

【疏】注「宣八」至「詳矣」 釋曰：范例云「『克』例有六」，則數何文以充之？解鄭伯克段一，不克納二，雨不克葬、日中而克葬各二，〔一三〇〕是謂四，〔一三一〕通前二爲六也。

○辛巳，〔一三二〕葬定弋。○定弋，左氏作「定姒」。

○冬，城漆。

## 校勘記

〔一〕 繼位 疏始終皆稱「即位」、「繼弒」，稱「繼位」者唯此一處，疑「繼」乃「即」之訛。

〔二〕弑而後主　「弑」原作「殺」，阮校：「何校本『殺』作『弑』。」據單疏本改。「主」，閩本作「立」。

〔三〕復何得　單疏本「何」作「可」。

〔四〕王之有司　單疏本「王」下有「者」字。

〔五〕其言足誤　正字：「『誤』疑『證』字誤。」阮校録之。

〔六〕自治於國　單疏本「自」作「以」。

〔七〕此大夫　此下原有「其」字，阮校：「石經、宋本無『其』字，案成公十五年疏引無『其』字。」正字、楊考、黄侃手批皆謂「其」字衍，據余本及唐石經删。

〔八〕嫌殯亦然　原作「兼不亦言」，據單疏本改。

〔九〕秋大雩之爲非正　「雩」字原重，阮校：「石經無下『雩』字，儀禮經傳通解引同。」黄侃手批：「『雩』衍。」據唐石經、余本删。

〔一〇〕食雖民天　正字：「『雖』疑『唯』誤。」

〔一一〕亦沾有滂　原作「亦治有洪」，阮校：「閩、監、毛本『治』作『沾』，何校本『洪』作『滂』，是也。」今據單疏本及儀禮經傳通解續卷二三引改。

〔一二〕又上傳云　正字：「至『辭也』二百九十九字當在下『雩月』節注下。」

〔一三〕謝請　「謝」疑「禱」之訛。

〔一四〕精神　單疏本「神」作「誠」。

〔一五〕是月不雩　單疏本「雩」作「雨」，與所引下傳文合。

〔一六〕欲其有益　單疏本「有益」作「而得」，張校：「『得』謂得雨也，作『益』誤。」按，「而」蓋「有」

之訛。

〔一七〕謂君　「謂」原作「爲」，正字：「『謂』誤『爲』。」阮校：「余本『爲』作『謂』，是也。」楊考：「儀禮經傳通解引作『謂』。」據余本、閩本改。

〔一八〕百姓何謗　正字：「『依』誤『謗』。」按此蓋據儀禮經傳通解續卷二三所引校也。然諸書所引此字不一，同引穀梁注而文獻通考卷七七作「辜」、玉海卷一〇一作「謗」，皆引考異郵而後漢書郎顗傳注作「罪」、黃瓊傳注作「謗」，則「謗」亦有據。

〔一九〕魯與　「魯與」原作「與魯」，正字：「『魯與』字誤倒。」阮校：「何校本『與魯』乙轉。」據單疏本乙。

〔二〇〕雩及百辟卿士　月令云「乃命百縣雩祀百辟卿士有益於民者」，疑「及」乃「祀」之訛。

〔二一〕言請哉　依傳文「言」疑「焉」之訛。

〔二二〕有三者　正字：「『者』疑衍字。」

〔二三〕此謂范例之數　單疏本「謂」作「爲」。

〔二四〕在不宜之中　單疏本「在」下有「乎」字。

〔二五〕下矣　余本「矣」作「爾」。

〔二六〕魯過制　「魯過」原作「過魯」，正字：「『過魯』字疑誤倒。」阮校：「惠棟校本『過魯』作『魯過』。」據單疏本乙。

〔二七〕二十三年　此年經云「冬，公如晉。至河，公有疾乃復」，上文稱「昭公四如晉，兼有疾爲五」，則二十三年已敘於上，此處不當再舉，「三」疑「二」之訛。昭二年「冬，公如晉，至河乃復」注云「十三年、二十一年如晉與此義同」，亦可證。

〔二八〕修朝於晉　「修」原作「於」，據單疏本、閩本改。

〔二九〕三月辛卯　左氏「三」作「二」，趙坦異文箋謂當從左氏作「二月」，核史曆表，趙説是。

〔三〇〕詩照反　黄校：「宋本『詩』作『時』，是也。」

〔三一〕公孫姓　昭元年有「蔡公孫歸生」，公羊此年「姓」上有「歸」字，趙坦異文箋謂當從公羊有「歸」字。朱駿聲異文覈：「昭元年會號三家同作『蔡公孫歸生』，生、姓同聲通寫，左、穀無『歸』字，脱也」。

〔三二〕一事　「一事」原作「後」，正字：「『一事』二字誤『後』，從石經校。」楊考略同，據余本及黄侃手批改。

〔三三〕楚强　原作「强楚」，據余本乙。

〔三四〕復會　「會」原作「者」，楊考：「各本『會』訛『者』。」據余本改。

〔三五〕案傳例地　單疏本「例」作「異」。

〔三六〕發疑辭　「發」原作「伐」，據單疏本改。

〔三七〕爲吴　「吴」原作「之」，阮校：「何校本『之』作『吴』。」據單疏本改。

〔三八〕昭二十二年　「二十二」原作「十二」，據余本、閩本補。

〔三九〕畿内諸侯　「内」，單疏本、閩本作「外」。

〔四〇〕事主　「主」原作「王」，據單疏本、閩本改。

〔四一〕斮朝涉之脛　「斮」原作「斬」，據單疏本、閩本改。

〔四二〕其如殷紂之罪　殿本考證：「此數句不成文義，必有訛脱，但各本皆然，無可考正，疏意當云至于殷紂之

〔四三〕罪毒痛四海，所誅斬不能盡書耳。」正字：「疑『其如』當『至如』誤。」

〔四四〕致天之罰　「罰」原作「罪」，阮校：「何校本『罪』作『罰』。」據單疏本改。

〔四五〕不專爲　「專」字原無，阮校：「何校本『不』下有『專』字。」據單疏本補。

〔四六〕既因　「既」原作「有」，阮校：「何校本『有』作『既』。」據單疏本改。

〔四七〕降於　單疏本「於」作「以」。

〔四八〕失忠義之臣　「失」原作「夫」，據單疏本、閩本改。

〔四九〕忠臣傷孝子之恩　「恩」原作「義」，下句「忠臣之義」原作「忠臣之恩」，蓋互錯，據單疏本、閩本互乙。殿本考證謂此句上脱「論」字，正字：「當作『論忠臣則傷孝子之恩』，誤脱二字。」

〔五〇〕其非　單疏本「非」作「爲」。

〔五一〕蓋　原作「義」，據單疏本、閩本改。

〔五二〕理在可知　「理」原作「其」，阮校：「何校本『其』作『理』。」據單疏本改。

〔五三〕蔡昭公　「昭」下原衍「於」字，據余本、閩本删。

〔五四〕不爲　「爲」原作「是」，據余本、閩本及傳文改。

〔五五〕楚郡　「郡」，余本作「都」。

〔五六〕以井反　「井」原作「炬」，據余本、閩本改。

〔五七〕所主反　「主」原作「王」，據余本、閩本改。

〔五八〕夷狄漸進未同於中國　此當是本節疏之標起迄而誤爲疏文。

〔五八〕諸夏　單疏本「諸」作「中」。

〔五九〕今吴　「今」原作「令」，據單疏本、閩本改。
〔六〇〕吴入楚　正字：「下當有脱文。」
〔六一〕壞宗廟　「壞」原作「壤」，注文皆同，均據余本、閩本改。
〔六二〕亢御　「亢」原作「抗」，楊考：「各本『亢』誤『抗』。」據余本改。
〔六三〕必邁反　「邁」原作「道」，據余本、閩本改。
〔六四〕何謂狄之也　莊十年傳云「何爲謂之『荆』？狄之也。何爲狄之」，疑此處「謂」當作「爲」，涉上文「何以謂之『吴』也」而訛。
〔六五〕由乎　余本「乎」作「于」。
〔六六〕游速　「速」字原無，唐石經此處泐，據余本、閩本補。
〔六七〕大夫稱家　「家」原無，據余本、閩本補。
〔六八〕丁亮反　「丁」原作「下」，正字：「『丁』誤『下』。」據叢刊本及單行釋文改。
〔六九〕凡城之志　「凡」原作「月」，據閩本及莊二十九年注改。
〔七〇〕志城之中　「志」疑「冬」之訛。
〔七一〕鹹　此字上原有「音」字，據余本、閩本删。
〔七二〕既云　「既」原作「即」，據單疏本改。
〔七三〕解楚執宋公　「解」下原有「經」字，據單疏本、閩本删。
〔七四〕傳言以重辭　「言以」原作「以言」，阮校：「何校本『以言』乙。」是也，據單疏本乙。
〔七五〕二義已見　「二」原作「一」，「義」下原有「也」字，據單疏本、閩本改、删。

〔七六〕以起義　「起」上原有「而」字，據單疏本删。

〔七七〕沙　公羊作「沙澤」，其成十二年經「沙澤」釋文云「二傳作『瑣澤』，定七年同」。查左氏成十二年經傳皆作「瑣澤」，杜注云「地闕」。定七年經作「沙」，杜注「陽平元城縣東南有沙亭」，傳作「瑣」，杜注「瑣即沙也」。穀梁成十二年「瑣澤」，范注「某地」。據此，左、穀成十二、定七年所涉地不一，則釋文所謂「定七年同」者唯謂公羊也。

〔七八〕九月　「九」上原有「秋」字，據余本、閩本删。

〔七九〕書月　「月」下原有「令」字，據單疏本、閩本删。

〔八〇〕故重説　依述例「説」疑「發」之訛。

〔八一〕貴復正也　「復正」原作「圭也」，據余本、閩本改。

〔八二〕至之亡　「之亡」原作「亡也」，據單疏本、閩本改。

〔八三〕釋曰　「釋」原作「傳」，阮校：「『傳』當作『釋』。」據改。

〔八四〕不收　「收」原作「政」，阮校：「何校本『政』作『收』，是也。」據單疏本改。

〔八五〕所以與人　「人」原作「〇」，據單疏本、閩本改。按，正字：「下脱『而與人』三字。」

〔八六〕以國外奔　「以」原作「而」，據單疏本改。

〔八七〕丑邁反　「丑」原作「田」，據單行釋文改。

〔八八〕弓玉　「玉」原作「王」，據閩本及左傳定九年注改。

〔八九〕言地　單疏本、宋殘本「言」作「有」。

〔九〇〕華元　「華」原作「革」，據單疏本、閩本改。

〔九一〕不目羞也　莊二十一年注引「不」作「弗」。

〔九二〕夫以千乘之國　「夫」原作「大」，據單疏本、閩本改。

〔九三〕未必是　「未」原作「宋」，據余本、閩本改。

〔九四〕封土曰壇　「土」原作「上」，據叢刊本、閩本及單行釋文改。

〔九五〕七旬反　「七」原作「一」，正字：「『七』誤『一』。」據叢刊本及單行釋文改。

〔九六〕使優施　「使」原作「笑」，據余本、閩本改。

〔九七〕見之矣　俞樾平議謂「見」乃「𡖋」之訛。

〔九八〕膽核矣　單疏本作「膽核焉」，閩本「核」作「胲」，瞿校是單疏本，謂「『膽核』當是察視意，與下『直視』相應，十行本『瞻』誤爲『膽』，閩、監、毛本承之，改『核』爲『胲』，一誤再誤，至『焉』字又誤『矣』字，下并不成句矣」。

〔九九〕故傳　正字：「『傳』下當脱『云』字。」

〔一〇〇〕風軌　「軌」原作「規」，據單疏本、閩本改。

〔一〇一〕安甫　公羊作「㝵」，公羊疏云：「『會于㝵』者，左氏、穀梁作『安甫』，賈氏不云公羊曰『㝵』者，亦是文不備，穀梁經『甫』亦有作『浦』字者。」朱駿聲異文覈：「『㝵』之爲『安甫』，字分爲二而革形又誤。」

〔一〇二〕宋仲佗　左氏無「宋」字，趙坦異文箋謂當從左氏，公、穀或衍。

〔一〇三〕宋公之弟辰　閩本此句上有「宋公之弟辰及仲佗、石彄、公子地自陳入于蕭以叛」二十字，楊考以爲衍，錢考：「此亦宋以後人所添入。」

〔一〇四〕叛國之罪　「罪」原作「深」，據單疏本、閩本改。

〔一〇五〕以見罪　正字：「『見』下疑脱『無』字。」

〔一〇六〕以辨　「以」原作「而」，據單疏本改。

〔一〇七〕以者不以也　此傳頻出，其他「以下」皆有「者」字，此處疑脱。

〔一〇八〕即其訓　單疏本「即」作「取」。

〔一〇九〕實壞耳　正字：「上疑脱一『墮』字。」

〔一一〇〕鄭君　「君」原作「吾」，據單疏本、閩本改。

〔一一一〕其爲義　單疏本「其」作「而」。

〔一一二〕今邑　「今」原作「令」，據單疏本、閩本改。

〔一一三〕齊侯次于垂葭　左氏「齊侯」下有「衛侯」二字，趙坦異文箋謂公、穀脱此二字。

〔一一四〕書叛非真叛也　單疏本無「書叛」二字，疑是。

〔一一五〕復發　單疏本作「重發傳」，劉校謂注疏本脱「傳」字。

〔一一六〕凱曰　「凱」原作「覬」，據余本、閩本改。

〔一一七〕兵甲　余本作「甲兵」。

〔一一八〕然則　「然」字原無，據單疏本補。

〔一一九〕晉趙陽　左氏「晉」作「衛」，趙坦異文箋、朱駿聲異文覈皆謂當從左氏作「衛」。

〔一二〇〕又作　「又」本作「人」，據閩本改，余本、單行釋文作「或」。

〔一二一〕注云　「城莒父」是傳非注，疑「云」字衍。

〔一二二〕大蒐在秋　「在」字原無，阮校：「何校本『蒐』下有『在』字。」劉校謂注疏本脱「在」字，據單疏本補。

〔一二三〕解昭八年　「解」原作「即」，阮校：「何校本『即』作『解』。」劉校：「此疏每作『何解』，『即』字誤。」據單疏本改。

〔一二四〕皆道其所傳　依文義「傳」疑「食」之訛，哀元年疏云「定公、哀公並有牲變，不言所食處，不敬莫大」亦可證。

〔一二五〕發傳　單疏本作「重發」。

〔一二六〕二邾　單疏本「邾」下有「莒」字，阮校引何煌説云「疑此脱『莒』，蓋曹、滕、二邾、莒爲五國也」，劉校略同。

〔一二七〕但釋　單疏本「但」作「乃」。

〔一二八〕在鄗上　文五年傳「在」作「於」。

〔一二九〕晡時　「晡」原作「脯」，釋文同，據余本、閩本改。

〔一三〇〕而克葬　阮校：「單疏本『而』作『不』，是也。」劉校略同。按作「不」顯誤，阮、劉説不恰，「而」僅一例，另一例作「乃」，「而」不能括，疑爲「以」之訛。

〔一三一〕是謂四　正字：「『謂』當『爲』字誤。」

〔一三二〕辛巳　左氏本年杜注云「辛巳，十月三日，有日無月」。

# 春秋穀梁注疏哀公卷第二十 起元年，盡十四年

## 哀公

【疏】魯世家：「哀公名蔣，〔一〕定公之子，敬王二十六年即位。〔二〕十四年西狩獲麟，春秋終矣。二十七年薨。」謚曰哀，周書謚法：「恭仁短折曰哀。」

元年春，王正月，公即位。

○楚子、陳侯、隨侯、許男圍蔡。隨久不見者，衰微也。稱「侯」者，本爵俱侯，土地見侵削，故微爾。定六年鄭滅許，今復見者，自復也。○不見，賢遍反，下「復見」同。復，扶又反。

【疏】注「隨久」至「微也」 釋曰：僖二十年冬楚人伐隨以來，更不見經，將是衰微不能自通於盟會故也。「本爵俱侯」者，隨本侯爵，自僖二十年見經，至今俱侯，盟更不爲貶黜〔三〕，但土地見侵削，故微爾。昭八年楚師滅陳，十一年楚師滅蔡，十三年諸侯會于平丘而復陳、蔡，故經書「蔡侯廬歸于蔡，陳侯吴歸于陳」，是有文見復也。其許男則定六年「鄭游速帥師滅許，〔四〕以許男斯歸」，其間更無歸文，今許男復見經者，明是許男自復。

○鼷鼠食郊牛角，〔五〕改卜牛。

○夏，四月辛巳，郊。此該郊之變而道之也，〔六〕該，備也。春秋書郊終於此，故於此備説郊之變，「變」謂郊非其時或牲被災害。

【疏】「此該」至「之也」 釋曰：郊自正月至于三月，郊之時也。三卜，禮之正，凡書郊皆譏，范例云：「書『郊』有九，僖三十一年『夏四月，四卜郊，不從，乃免牲，猶三望』，一也；宣三年『郊牛之口傷，改卜牛，牛死，乃不郊，猶三望』，二也；成七年『鼷鼠食郊牛角』，三也；襄七年『夏四月，三卜郊，不從，乃免牲』，四也；襄十一年『夏四月，四卜郊，不從，乃不郊』者，〔七〕五也；定公、哀公並有牲變，不言所食處，不敬莫大，二罪不異，并爲一物，六也；定十五年五月郊，七也；成十七年九月用郊，八也；及此年『四月辛巳，郊』，九也。」下傳云「子之所言」至「道之何也」，然則據此而言，牛有傷損之異、卜有遠近之别，亦在其明。〔八〕

於變之中又有言焉。於災變之中又有可善而言者。

【疏】注「於災」至「言者」 釋曰：郊牛日日展視其觓角而知其傷，是展道盡矣，〔九〕即於災變之中有可善而言者，但備災之道不盡，致此天災而鼷鼠食角，故書以譏之也。

「鼷鼠食郊牛角，改卜牛」，志不敬也。郊牛日展觓角而知傷，展道盡矣。展道雖盡，所以備災之道不盡，譏哀公不敬，故致天變。〔一〇〕○觓，音糾，又音求。郊自正月至于三月，郊之時也。夏四月郊，不時也；五月郊，不時也。夏之始可以承春，以秋之末承春之始，蓋不可矣。凱曰：「不時之中有差劇也。夏始承春，方秋之末，猶爲可也。」○有差，初賣反。

【疏】注「不時」至「可也」 釋曰：自正月、二月、三月，此三春之月，是郊天之正時也。若夏四月、五月以後皆非郊月，如其有郊，並書以示譏，然則郊是春事也。如郊在四月、五月之中，則是以夏始承春，其過差少，若郊在九月之中，則是以秋末承春，其過極多，〔一一〕則自五月至八月其間有郊，亦以承春遠近爲過之深淺也。

九月用郊，「用」者不宜用者也。在成十七年。郊三卜，禮也。以十二月下辛卜正月上辛，如不從則以正月下辛卜二月上辛，如不從則以二月下辛卜三月上辛，所謂「三卜」也。鄭嗣曰：「謂卜一辛而三也，〔一二〕求吉之道三，故曰『禮也』。」

【疏】注「鄭嗣」至「三也」 釋曰：如嗣之意，以十二月下辛卜正月上辛日爲郊之時，則於此一辛之上卜，不吉以至二卜，不吉以至三卜，求吉之道三，故曰「禮也」。

四卜，非禮也。僖三十一年、襄十一年皆四卜。五卜，强也。成十年五卜。

【疏】「四卜非禮也」 釋曰：僖三十一年以十二月下辛卜正月上辛，不從則以正月下辛卜二月上辛，不從則以二月下辛卜三月上辛，所謂「三卜，禮也」。今以三月以前不吉，更以三月下辛卜四月上辛，則謂「四卜郊，非禮也」。成十年以四月以前四卜不吉，又於四月下辛卜五月上辛，〔一三〕則「五卜，强也」，非禮可知。鄭嗣之意，亦以一辛之中卜至於四、五月也。一辛之上三卜禮也，四卜、五卜非禮也，然則四卜云「非禮」，五卜變文云「强」者，四卜雖失，猶去禮近，容有過失，故以「非禮」言之，若至五卜，則是知其不可而强爲之，去禮已遠，〔一四〕故以「强」釋之。

卜免牲者，吉則免之，不吉則否。牛傷不言傷之者，傷自牛作也，故其辭緩。宣三年「郊牛之口傷」，以牛自傷，故加「之」，言緩辭。○則否，方九反。全曰「牲」，傷曰「牛」，未牲曰「牛」，其牛一也，其所以爲牛者異。已卜日成牲而傷之曰「牛」，未卜日未成牲之牛，二者不同。有變而不郊，故卜免牛也。已牛矣，其尚卜免之何也？災傷不復以郊，怪復卜免之。禮，與其亡也，寧有。於禮有卜之與無卜，寧當有卜。〔一五〕嘗置之上帝矣，故卜而後免之，不敢專也。嘗置之滌宮，名之爲上帝牲矣，故不敢擅施也。○滌，徒歷反。擅，市戰反。施，式氏反，又如字。○卜之不吉則如之何？不免，安置之，繫而待六月上甲始庀牲，然後左右之。庀，具也。待具後牲，然後左右前牛，在我用之。〔一六〕不復須卜，已有新牲故也。周禮曰「司門，掌授管鍵，以啓閉國門。祭祀之牛牲繫焉」，然則未左右時，監門者養之。○庀，匹爾反。鍵，其展反，又其偃反。監，古銜反。「子之所言者，牲之變也，而曰我一該郊之變而道之何也？」「我以六月上甲始庀牲，十月上甲始繫牲，十一月、十二月牲雖有變，不道也，牲有變則改卜牛，以不妨郊事，故不言其變。

【疏】「子之」至「道也」　釋曰：上言「子」者，〔一七〕弟子問穀梁子之辭；「而曰我」者，是弟子述穀梁子自我之意；「我以六月」者，是穀梁子答前弟子之辭。「我以六月上甲始庀牲」，庀，具，猶簡擇未繫之，待十月然後始繫養，若六月簡訖以後有變，則七月、八月、九月上甲皆可簡擇，故傳云「六月上甲始庀牲」，明自六月爲始，七月、八月、九月皆可簡牲。自十月繫之，有變則改卜，卜取吉者，十一月、十二月亦然，是繫之三月也。故傳云「十月上甲始繫牲，十一月、十二月牲雖有變，不道也」是也。「待正月然後言牲之變」，周正是郊時之正，如其牛有變，然後言之，二月、三月亦然，重妨郊故也。

待正月然後言牲之變，此乃所以該郊。」至郊時然後言其變，重其妨郊也。十二月不道，自前可知也。至正月然後道，則二月、三月亦可知也。此所以該郊，言其變道盡。

【疏】「此乃」至「該郊」　釋曰：自六月上甲始庀牲，十月始繫牲，自十二月以前，牲雖有變不道，自正月然後云牲之變，乃不郊，卜免牲吉與不吉，如此之類，皆是該備郊事，言牲變之道盡悉也。

「郊，享道也，貴其時，大其禮，其養牲雖小不備可也。享者飲食之道，牲有變則改卜牛，郊日已逼，庀繫之禮雖小不備，合時得禮用之可也。○享，許丈反。子不志三月卜郊何也？」〔一八〕「三月」謂十二月、正月、二月也。

【疏】注「三月」至「二月」　釋曰：既言「十二月下辛卜正月上辛，〔一九〕正月下辛卜二月上辛，二月下辛卜三月上辛」，怪經不書此十二月、正月、二月之卜郊，〔二〇〕故問之也。

「郊自正月至于三月，郊之時也。有變乃志，常事不書。我以十二月下辛卜正月上辛，如不從則以正月下辛卜二月上辛，如不從則以二月下辛卜三月上辛，如不從則不郊矣。」意欲郊而卜，不吉故曰「不從」。郊必用上辛者，取其新絜莫先也。

○秋，齊侯、衛侯伐晉。

○冬，仲孫何忌帥師伐邾。

二年春，王二月，季孫斯、叔孫州仇、仲孫何忌帥師伐邾，取漷東田。漷東，未盡也。及沂西田。沂西，未盡也。漷、沂皆水名。邵曰：「以其言東、西，則知其未盡也。」○漷東，火虢反，又音郭。沂，魚依反。癸巳，叔孫州仇、仲孫何忌及邾子盟于句繹。句繹，邾地。○句，古侯反。繹，音亦。三人伐而二人盟何也？各盟其得也。季孫不得田，故不與盟。○不與，音豫。

○夏，四月丙子，衛侯元卒。

○滕子來朝。○朝，直遥反。

○晉趙鞅帥師納衛世子蒯聵于戚。鄭君曰：「蒯聵欲殺母，靈公廢之，是也。若君薨有反國之道，當稱『子某』，如齊子糾也，今稱『世子』，如君存，是春秋不與蒯聵得反立明矣。」江熙曰：「鄭世子忽反正有明文，子糾但於公子爲貴，非世子也。」

【疏】注「蒯聵」至「廢之」 釋曰：案定公十四年左傳云：「衛侯爲夫人南子召宋朝，會于洮。大子蒯聵獻盂于齊，過宋野，野人歌之曰：『既定爾婁豬，盍歸吾艾豭。』大子羞之，謂戲陽速曰：『從我而朝少君，我顧乃殺之。』速曰：『諾。』乃朝夫人，夫人見大子，三顧，〔二一〕速不進，夫人見其色，啼而走，曰：『蒯聵將殺余。』公執其手以登臺，大子奔宋」是也。云「當稱『子某』」者，公羊云「君在稱『世子』，〔二二〕君薨稱『子某』，〔二三〕既葬稱『子』，踰年稱君」，〔二四〕范取公羊爲説也。云「如齊子糾也」者，莊九年「九月，齊人取子糾殺之」是也。云「鄭世子忽反正有明文」者，桓十五年「鄭世子忽復歸于鄭」，〔二五〕傳曰「反正也」，然則鄭世子忽反正，春秋不非稱「世子」，則蒯聵稱「世子」亦是反正不非之限，是其子糾稱「子某」，〔二六〕但於公子之中爲貴，謂是右媵之子，非世子，與鄭忽、蒯聵不同。如熙之意，則蒯聵合立，而輒拒父非是也。

「納」者内弗受也。〔二七〕帥師而後納者，有伐也，何用弗受也？以輒不受也。以輒不受父之命，受之王父也，信父而辭王父，則是不尊王父也，其弗受，以尊王父也。

甯不達此義。江熙曰：「齊景公廢世子，世子還國書篡，若靈公廢蒯聵立輒，則蒯聵不得復稱曩日世子也。稱蒯聵爲世子，則靈公不命輒審矣。此矛楯之喻也。」然則從王父之言，傳似失矣。經云「納衛世子」、「鄭世子忽復歸于鄭」，稱「世子」明正也。明正，則拒之者非邪？○信父，音申。篡，初患反。復，扶又反。曩，乃黨反。矛，五侯反，〔二八〕本又作「鉾」。楯，常允反，又音允。拒，音巨。邪也，似嗟反。

【疏】「信父」至「父也」　釋曰：輒先受王父之命而有國，今若以國與父，則是申父也。若申父而辭王父，則是不尊父也。〔二九〕何者？使父有違命之愆，故其不受；使父無違命之失，則尊父也。

注「齊景」至「書篡」　釋曰：下六年「齊陽生入于齊，齊陳乞弒其君荼」，傳曰「陽生正，荼不正。不正則其曰『君』何也？荼雖不正，〔三〇〕已受命矣」，此與莊九年「齊小白入于齊」同文，則稱名、書「入」者皆一辭也。然則蒯聵若已被廢，則當與陽生同文，稱「衛蒯聵入戚」，不得自稱曩日世子。

注「矛楯之喻也」　釋曰：莊子云：楚人有賣矛及楯者，見人來買矛，即謂之曰：「此矛無何不徹。」見人來買楯，則又謂之曰：「此楯無何能徹者。」買人曰：「還將爾矛刺爾楯，若何？」然則矛楯各自言之則皆善矣，若相對言之則必有不善者矣。喻今傳文輒若申父而辭王父，是不受父，則蒯聵違父爲不善；若以鄭忽稱「世子」以明反正，則輒之拒父爲醜行，亦是非不可並，故云「矛楯之喻也」。

○秋，八月甲戌，晉趙鞅帥師及鄭罕達帥師戰于鐵，鐵，衛地。○鐵，他結反。鄭師敗績。

○冬，十月，葬衛靈公。七月葬，蒯聵之亂故也。

【疏】注「七月」至「故也」　釋曰：隱五年「夏四月，葬衛桓公」，傳曰「月葬，故也」，月葬憂危最甚，不得備禮葬也。此月葬，故知有故也。彼注云「有祝吁之難故」，此則蒯聵之亂故也。

○十有一月，蔡遷于州來。蔡殺其大夫公子駟。

三年春，齊國夏、衛石曼姑帥師圍戚。此衛事也，其先國夏何也？子不圍父也。不繫「戚」於「衛」者，子不有父也。江熙曰：「國夏首兵，則應言『衛戚』，今不言者，辟子有父也。子有父者，『戚』繫『衛』則爲大夫，屬于衛；子圍父者，謂人倫之道絶，故以齊首之。」○曼姑，音萬。辟，音避。

【疏】注「『戚』繫」至「于衛」 釋曰：諸侯有國，大夫有邑，大夫之邑，國君之有，若言「圍衛戚」，是『戚』繫『衛』，便是子之而圍父也，〔三二〕故以國夏爲首也。

○夏，四月甲午，地震。

○五月辛卯，桓宫、僖宫災。言「及」則祖有尊卑，解經不言「及僖」。由我言之則一也。遠祖恩無差降如一，故不言「及」。

【疏】注「遠祖」至「言及」 釋曰：凡言「及」者皆以尊及卑，等者不言「及」，若自祖言之則有昭穆，昭尊可以及穆，若自我言之，則遠祖親盡，尊卑如一，故不言「及」。案左氏「孔子在陳，聞火，曰：其桓、僖乎」，言廟應毁而不毀，故天災也。

○季孫斯、叔孫州仇帥師城啓陽。稱「帥師」，有難。○難，乃旦反。

○宋樂髠帥師伐曹。○髠，苦門反。

○秋，七月丙子，季孫斯卒。

○蔡人放其大夫公孫獵于吴。宣元年「晉放其大夫胥甲父于衛」，傳曰「稱國以放，放無罪也」，然則稱「人」以放，放有罪也。

○冬，十月癸卯，秦伯卒。

○叔孫州仇、仲孫何忌帥師圍邾。

四年春，王二月庚戌，盜弒蔡侯申。〔三二〕稱「盜」以弒君，不以上下道道也。「以上下道道」者，若「衛祝吁弒其君完」之類是，直稱「盜」不在人倫之序。

【疏】注「以上」至「類是」　釋曰：「祝吁弒其君完」，隱四年經文，祝吁稱國、稱名及言「弒其君」者，是下道，言「弒其君」謂此死者是其臣之君而臣弒之，故以君臣上下道道之。〔三三〕今不稱名氏直稱「盜」，盜是微賤，稱賤不稱「弒其君」，〔三四〕則此死者非是盜者之君，則盜疏外無君，是不在人倫上下之序。

內其君而外弒者，不以弒道道也。襄七年「鄭伯將會中國，其臣欲從楚，不勝，其臣弒而死」，不使夷狄之民加乎中國之君，故曰「鄭伯髡原如會，未見諸侯。丙戌，卒于操」，是不以弒道道也。

【疏】「內其」至「道也」　釋曰：猶尊內其君而疏外弒者，故不與疏外者得弒君之道道之，故抑之爲盜，若鄭伯髡原實被臣弒，其書自卒，抑臣爲夷狄之民，亦是也。

春秋有三盜，微殺大夫謂之「盜」，十三年「冬，盜殺陳夏區夫」是。○陳夏，户雅反。區，烏侯反。非所取而取之謂之「盜」，定八年陽貨取寶玉、大弓是。辟中國之正道以襲利謂之「盜」。即「殺蔡侯申」者是，非微者也。○辟中，音避。

【疏】「辟中」至「襲利」　釋曰：辟中國之正道，而行同夷狄，不以禮義爲主，而徼幸以求名利，若齊豹之類，故抑而書「盜」者也。襲，掩也，謂求利之心，不以禮義爲意也。

○蔡公孫辰出奔吴。

○葬秦惠公。

○宋人執小邾子。

○夏，蔡殺其大夫公孫姓、公孫霍。

○晉人執戎蠻子赤，〔三五〕歸于楚。

○城西郛。郛，郭也。○郛音孚。

○六月辛丑，亳社災。殷都于亳，武王克紂而班列其社于諸侯，以爲亡國之戒。劉向曰：「災亳社，戒人君縱恣，不能警戒之象。」

【疏】注「殷都于亳」 釋曰：書序云「湯始居亳，從先王居」，孔注云「契父帝嚳都亳，湯自商丘遷焉，故曰『從先王居』」，又「盤庚五遷，〔三六〕將治亳殷」，是都亳之事。

「亳社」者，亳之社也。亳，亡國也，亳即殷也，殷都于亳，故因謂之「亳社」。亡國之社以爲廟屏，戒也。立亳之社於廟之外，以爲屏蔽，取其不得通天人，君瞻之而致戒心。

【疏】注「立亳」至「之外」 釋曰：周禮「建國之神位，左宗廟，〔三七〕右社稷」，彼謂天子、諸侯之正社稷霜露者，周禮又云「决陰事于亳社」，〔三八〕明不與正同處，〔三九〕明一在西、一在東，故左氏曰「間於兩社，爲公室輔」是也。

其屋，亡國之社不得達上也。必爲之作屋，不使上通天也，緣有屋，故言「災」。

○秋，八月甲寅，滕子結卒。

○冬，十有二月，葬蔡昭公。不書弑君之賊〔四〇〕而昭公書葬，既謂之「盗」，若殺微賤小人，不足録之。

【疏】「冬十有」至「昭公」 釋曰：諸侯時葬，正也。今書月者，以明危，亦見不葬而書葬者。春秋賊不討則不書葬，〔四一〕若不書葬則見賊不討，今書葬者，使若弑者實是盗，微賤小人，雖討訖不足録。

葬滕頃公。○頃，音傾。

五年春，城毗。

○夏，齊侯伐宋。

○晉趙鞅帥師伐衛。

○秋，九月癸酉，齊侯杵臼卒。○杵，昌呂反。

○冬，叔還如齊。

○閏月，葬齊景公。不正其閏也。閏月，附月之餘日，喪事不數。○數，所主反。

【疏】注「閏月」至「不數」 釋曰：案經書閏月葬者，〔四二〕年若數閏則十三月，故書閏月葬，以見喪事亦不數之例。

六年春，城邾瑕。

○晉趙鞅帥師伐鮮虞。

○吴伐陳。

○夏，齊國夏及高張來奔。

○叔還會吴于柤。○柤，莊加反。〔四三〕

○秋，七月庚寅，楚子軫卒。○軫，之忍反。

○齊陽生入于齊。

○齊陳乞弑其君荼。不日，荼不正也。○荼，音舒，又音徒，一音丈加反。

【疏】注「不日，荼不正也」　釋曰：隱三年「八月庚辰，宋公和卒」，傳云「諸侯日卒，正也」，荼不日，是不正也。

陽生入而弑其君，以陳乞主之何也？不以陽生君荼也。其不以陽生君荼何也？陽生正，荼不正。不正則其曰「君」何也？荼雖不正，已受命矣。已受命于景公而立，故可言「君」。「入」者内弗受也，(四四)荼不正，何用弗受？以其受命，可以言「弗受」也。先君已命立之，於義可以拒之。陽生其以國氏何也？取國于荼也。何休曰：「即不使陽生以荼爲君，不當去公子，見當國也。又穀梁以爲國氏者，取國于荼，齊小白又不取國于子糾，無乃近自相反乎？」鄭君釋之曰：「陽生簒國，故不言『公子』，不使君荼謂書『陳乞弒君』爾。荼與小白其事相似，荼弒乃後立，小白立乃後殺，(四五)雖然，俱簒國而受國焉爾，傳曰『齊小白入于齊，惡之也』，『陽生其以國氏何？取國于荼也』，義適互相足，又何自反乎？子糾宜立而小白簒之，非受國于子糾，則將誰乎？」○當去，起呂反。(四六)見當，賢偏反。糾，居黝反。惡之，烏路反。

【疏】注「荼殺」至「後殺」　釋曰：案上六年經書「齊陽生入于齊，齊陳乞弒其君荼」，傳云「陽生入而弒其君，以陳乞主之何也？不以陽生君荼也」，是荼殺之後陽生乃立，(四七)案莊九年「夏，齊小白入于齊」，(四八)九月「齊人取子糾殺之」，是小白立乃後殺也。「義適互相足」者，莊九年傳云「小白入于齊，惡之」，則陽生入于齊亦惡之；此年傳云「陽生其以國氏，取國于荼也」，則小白以其國氏，亦取國于子糾也，以義推之，適互相足，故鄭云「子糾宜立而小白簒之，非受國于子糾，則將誰乎」是也。(四九)

○冬，仲孫何忌帥師伐邾。

○宋向巢帥師伐曹。

七年春，宋皇瑗帥師侵鄭。〇瑗，于眷反。〔五〇〕

〇晉魏曼多帥師侵衛。〇曼，音萬。

〇夏，公會吴于繒。〇繒，在陵反。

〇秋，公伐邾。八月己酉，入邾，以邾子益來。「以」者不以者也。夫諸侯有罪，伯者雖執，猶以歸于京師，魯非霸主而擅相執録，故日入以表惡之。〇擅，市戰反。惡，烏路反，〔五一〕傳及注同。

【疏】注「夫諸侯」至「于京師」 釋曰：僖二十八年「晉人執衛侯，歸之于京師」，傳云「歸之于京師，緩辭也，斷在京師也」，是衛侯有罪，晉文伯者執之，猶以歸于京師之事。

注「故日入以表惡之」 釋曰：案范例云：「僖二十八年『三月丙午，晉侯入曹，執曹伯畀宋人』，傳曰『入者内弗受也。日入，惡入者也』，次惡則月。」據此日入與彼例同，〔五二〕故知日入以表惡之。

益之名，惡也。惡其不能死社稷。春秋有臨天下之言焉，徐乾曰：「臨者撫有之也，王者無外，以天下爲家，盡其有也。」

【疏】「春秋」至「言焉」 釋曰：此下三者皆以内外辭别之，〔五三〕王者則以海内之辭言之，即僖二十八年「天王守于河陽」，傳曰「全天王之行也」是也。王者微弱則以外辭言之，即僖二十四年「天王出居于鄭」，〔五四〕傳曰「失天下也」是也。

有臨一國之言焉，諸侯之臨國亦得有之，如王於天下。

【疏】「有臨」至「言焉」 釋曰：此亦據内外言之，若宣九年「辛酉，晉侯卒于扈」，傳曰「其地，于外也。其日，未踰竟也」，既以内外顯地及日，是以一國言之。

有臨一家之言焉。大夫臨家猶諸侯臨國。

【疏】「有臨一家」至「焉」 釋曰：「家」謂采地，若文元年「毛伯來錫公命」、定四年「劉卷卒」，其毛、劉皆采邑名，大夫氏采爲家，大夫稱「家」，是以一家言之也。

其言「來」者，有外魯之辭焉。非己内有，從外來者曰「來」，今魯侯身自以歸而曰「來」，是外之也。

【疏】「其言」至「辭焉」 釋曰：凡言「來」者非己内有，從外始來，即「邾庶其以漆閭丘來奔」是也。今書魯侯「以邾子益來」，而文與庶其正同，文切直者，有外魯侯之辭焉爾。

○宋人圍曹。

○冬，鄭駟弘帥師救曹。

八年春，王正月，宋公入曹，以曹伯陽歸。

○吴伐我。

○夏，齊人取讙及闡。宣元年傳曰〔五五〕「内不言『取』，言『取』，授之也，以是爲賂齊」，此言「取」，蓋亦賂也。魯前年伐邾，以邾子益來，益，齊之甥也，畏齊，故賂之。○及闡，尺善反。惡内也。○惡，烏路反。〔五六〕

○歸邾子益于邾。侵齊故也。〔五七〕益之名，失國也。於王法當絶故。

【疏】「益之名，失國也」 釋曰：經書「歸邾子益于邾」，則益得國，而云「失國」者，邾益不能死難而從執辱，於王法而言，理當絶位，魯歸之不得無罪，故書益之名，以明失國之故也。〔五八〕

○秋，七月。

○冬，十有二月癸亥，杞伯過卒。○過，音戈。

○齊人歸讙及闡。凱曰：「歸邾子，故亦還其賂。」

九年春，王二月，葬杞僖公。

○宋皇瑗帥師取鄭師于雍丘。雍丘，地也。○雍，於用反。取，易辭也。以師而易取，鄭病矣。以師之重而宋以易得之辭言之，則鄭師將劣矣。○易，以豉反。將，子匠反。

【疏】「以師」至「鄭病矣」　釋曰：凡書「取」皆易辭，今以鄭師之重，而令宋以易得之辭言之，〔五九〕鄭之將帥微弱矣，亡軍之咎本由君不任其才，故爲鄭國病患。

○夏，楚人伐陳。

○秋，宋公伐鄭。

○冬，十月。

十年春，王二月，邾子益來奔。

○公會吴伐齊。

○三月戊戌，齊侯陽生卒。

○夏，宋人伐鄭。

○晉趙鞅帥師侵齊。

○五月，公至自伐齊。傳例曰「惡事不致」，公會夷狄伐齊之喪而致之何也？莊六年「公至自伐衛」，傳曰「不致則無以見公惡事之成也」，將宜從此之例。〔六〇〕○以見，賢遍反。

【疏】注「傳例」至「不致」 釋曰：襄十年「公會晉侯云云齊世子光，會吴于柤」，傳曰「會夷狄不致，惡事不致」是也。云「傳曰不致則無以見公惡事之成也」者，案莊公五年「公會齊人云云伐衛」，注云「納惠公朔」，逆天王之命也，六年「公至自伐衛」，傳曰「惡事不致，此其致何也？不致則無用見公之惡事之成也」是也。此年二月公會吴伐齊之喪是惡事，宜不致而致，亦以見公惡事之成也。

○葬齊悼公。

○衛公孟彄自齊歸于衛。○彄，苦侯反。

○薛伯夷卒。

○秋，葬薛惠公。

○冬，楚公子結帥師伐陳。吴救陳。

十有一年春，齊國書帥師伐我。

○夏，陳轅頗出奔鄭。○頗，破何反。

○五月，公會吴伐齊。甲戌，齊國書帥師及吴戰于艾陵，齊師敗績，獲齊國書。與華元同義。艾陵，齊地。○艾，五蓋反。

【疏】注「與華元同義」 釋曰：宣二年「宋華元帥師及鄭公子歸生帥師戰于大棘，宋師敗績，獲宋華元」，傳曰「『獲』者不與之辭也，言盡其衆以救其將也。以三軍敵華元，華元雖獲不病也」，是與此同義。

○秋，七月辛酉，滕子虞母卒。

○冬，十有一月，葬滕隱公。

○衛世叔齊出奔宋。

十有二年春，用田賦。古者九夫爲井，十六井爲丘，丘賦之法，因其田財，通共出馬一匹、牛三頭，今別其田及家財各出此賦。言用者非所宜用。○別，如字，又彼列反。

【疏】「用田賦」 釋曰：古者一丘之田，方十六井、一百四十四夫，軍賦之法，因其田、財，通出馬一匹、牛三頭，今乃分別其田及家財，各令出此賦，則一丘之田出馬二匹、牛六頭，故曰「用田賦」，言非所宜用也。謂之「田賦」者，古者但賦其家財，今又計田貢，故曰「田賦」也。

注「古者九夫」至「爲丘」 釋曰：案周禮小司徒職「九夫爲井，四井爲邑，四邑爲丘，四丘爲甸」，然則井方一里、九夫，邑方二里四井、三十六夫，丘方四里十六井、百四十四夫，甸方八里六十四井、五百七十六夫。軍賦之法，丘出馬一匹、牛三頭，甸出長轂一乘，馬四匹、牛十二頭，甲士三人、步卒七十二人。此甸八里，據實出賦者言之，其畔各加一里，治溝洫者，司馬法「成方十里，〔六一〕出革車一乘」者，通計治溝洫者言之，其實一也。今指解經云「用田賦」者，是丘之賦，故云「九夫爲井，十六井爲丘」也。然經即云「用田賦」〔六二〕而使丘民，〔六三〕以成元年作丘甲，民盡作甲，則知此「用田賦」亦令一丘之民用田賦也。宣十五年初税畝，則計畝以税，所税畝十畝税其一，此則通公田什一而不畝計，故彼言「税」而此言「賦」也。

**注**「丘賦」至「三頭」　釋曰：凡丘賦之法，因其民之所受公田什一及私家之財通融，共出馬一匹、牛三頭，以一丘之民共出此賦，以家財爲主，故曰「丘賦」。今又分别其所受公田，各令出此馬、牛之賦，故曰「用田賦」也。論語曰「哀公云：『二吾猶不足，如之何其徹也』」，即此田、財並賦之驗也。

**古者公田什一，用田賦，非正也。**　古者五口之家受田百畝，爲官田十畝，是爲私得其什而官税其一，故曰「什一」。周謂之「徹」，殷謂之「助」，夏謂之「貢」，其實一也，皆通法也。今乃棄中平之法，〔六四〕而田、財並賦，言其賦民甚矣。〇爲官，于僞反。税，舒鋭反。夏謂，户雅反。

**【疏】**「古者公」至「非正也」　釋曰：凡受農田皆私田百畝、公田十畝，但由公田、私田皆公家所受，故總曰「公田什一」，則以田之什一及家財而出馬、牛之賦，是其正也。今魯用田與財各出馬、〔六五〕牛之賦，非正也。

**注**「古者五」至「百畝」　釋曰：周禮小司徒云「上地家七人，可任也者家三人」，鄭注云〔六六〕「一家男女七人以上，則授之以上地，所養者衆也；男女五人以下，則授之以下地，所養者寡也。正以七、六、五爲率者，〔六七〕有夫有婦然後爲家，自二人以至於十人爲九等，〔六八〕則七、六、五爲其中也。出老者一人，〔六九〕其餘彊弱相半，此其大數也」，然則周禮七人、五人、六人三等，〔七〇〕范唯言「五口之家受田百畝」，指下等言之，其實六人、七人亦受田百畝，與周禮不異也。「爲官田十畝」者，受田百畝之外，又受十畝以爲公田，是爲私得其十而官税其一，故漢書食貨志〔七一〕「井方一里，〔七二〕是爲九夫。八家共之，各受私田百畝、公田十畝，是爲八百八十畝，餘二十畝爲廬舍」，則家得二畝半，凡家受田一百十二畝半也，今傳言「公田什一」者，舉其全數，據出税言之。「周謂之『徹』，殷謂之『助』，夏謂之『貢』，其實一也」者，出孟子文，彼云滕文公問爲國於孟子，孟子對曰「夏后氏五十而貢，殷人七十而助，周人百畝而徹，其實皆什一」是也。然三代受畝悉皆什一，則夫皆一百一十畝，夏后政寬，計其五十畝而貢五畝於公，殷人計其七十畝而助七畝於公，〔七三〕周人盡計一百一十畝而徹十畝於公，徹者通也，什一而税爲天下通法，故詩云「徹田爲糧」是也。「皆通法」者，孟子云「重之于堯、舜，大桀、小桀；輕之於堯、舜，大貉、小貉」，什一而税頌聲作，則什一而税，堯、舜亦然，是爲通法也。貢起堯、舜，則古者公田什一，是堯、舜之時明此什一之法也。范説不與先儒同，其先儒皆云什一者，十中税一耳。

○夏，五月甲辰，孟子卒。「孟子」者何也？昭公夫人也。其不言「夫人」何也？諱取同姓也。葬當書姓，諱故亦不書葬。○取，如字，又七住反。

**【疏】注「葬當」**〔七四〕**至「書葬」** 釋曰：莊二十二年「葬我小君文姜」，經書其氏，卒又稱「夫人」而書葬，今孟子卒雖不稱「夫人」，准弋氏應書葬，不言者知諱同姓故。范例夫人薨者十而書葬者十，夫人之道從母儀，即桓公夫人文姜一，莊公夫人哀姜二，僖公之母成風三，文公之母聲姜四，宣公之母頃熊五，成公之母穆姜六，成公之嫡夫人齊姜七，襄公之母定姒八，昭公之母歸氏九，〔七五〕哀公之母定弋十，〔七六〕十者並書葬。其隱公夫人從夫之讓，昭公夫人諱同姓，二者皆不書葬也。

○公會吴于橐皋。橐皋，某地。○橐，章夜反，一音託。

○秋，公會衛侯、宋皇瑗于鄖。鄖，某地。○鄖，音云。

○宋向巢帥師伐鄭。

○冬，十有二月，螽。○螽，音終。

十有三年春，鄭罕達帥師取宋師于嵒。○嵒，五咸反。取，易辭也。以師而易取，宋病矣。

【疏】「取易辭」至「病矣」釋曰：上九年宋皇瑗取鄭師，今鄭罕達取宋師，其事正反，嫌宋爲人所報，非宋之病，故重發以同之。

○夏，許男成卒。

○公會晉侯及吳子于黃池。「及」者，書尊及卑也。黃池，某地。

【疏】注「『及』者」至「卑也」 釋曰：隱二年傳云「會者外爲主焉爾」，今言「公會晉侯」，則晉爲主於黃池而公往會之，既以晉侯爲主，會無二尊，故言「及」以卑吳也，則與桓二年范注云「會盟言『及』，別内外也；尊卑言『及』，序上下也」亦同。〔七七〕何者？外吳而尊晉，別内外、〔七八〕序上下也。

黃池之會，吳子進乎哉，遂子矣。進遂稱「子」。吳，夷狄之國也，祝髮文身，祝，斷也。文身，刻畫其身以爲文也，必自殘毀者，以辟蛟龍之害。○祝，之六反。斷，音短。辟，音避。蛟，音交。

【疏】注「文身」至「之害」 釋曰：荆、楊之域，厥土塗泥，人多游泳，故刻畫其身，以爲蛟龍之文，與之同類，以辟其害。

欲因魯之禮，因晉之權，而請冠端而襲。襲，衣冠。端，玄端。

【疏】「欲因魯」至「而襲」 釋曰：魯是守文之國、禮義之鄉，晉執中國之權，爲諸侯盟主，故吳子欲因之而冠。必欲因之者，以鄭伯髡原欲從中國而被殺于鄵，〔七九〕吳子亦恐臣子不肯變從，故因魯之禮，因晉之權，然後羣臣嚮化，以魯禮天下共依，晉權諸侯所服故也。是以明堂説魯云〔八〇〕「天下以爲有道之國，天下資禮樂焉」是也。云「請冠端而襲」者，請著玄冠玄端而相襲。

注「襲衣冠端玄端」　釋曰：吳俗祝髮文身，衣皮卉服，不能衣冠相襲，今請加冠于首，身服玄端，則衣冠上下共相掩襲，故云「襲，衣也」。〔八一〕詩云「其軍三單」，彼毛傳云「三單，相襲」，彼謂三單前後爲相襲，〔八二〕則此衣冠上下亦爲相襲也。「玄端」者，謂玄端衣而端幅制之，即諸侯視朝之服也。諸侯視朝之服緇布衣、素積裳，緇、玄一也。

其藉于成周，「藉」謂貢獻。

【疏】注「藉謂貢獻」　釋云：「貢」謂土地所有以獻于成周，若禹貢「齒革羽毛」、「納錫大龜」、「惟金三品」之類，著於藉録，以爲常職，故知「藉」謂貢獻也。

以尊天王，吳進矣。吳，東方之大國也，累累致小國以會諸侯，以合乎中國，累累猶數數也。○累累，如字。數，所角反。

【疏】注「累累猶數數」　釋云：〔八三〕東方之國吳爲最大，吳舉小國必從，會吳于相、于道、〔八四〕于繒、于黄池之類，〔八五〕積其善事，故言數數致小國，〔八六〕以合乎中國也。

吳能爲之則不臣乎？言其臣也。吳進矣。王，尊稱也；子，卑稱也。辭尊稱而居卑稱，以會乎諸侯，以尊天王，吳王夫差曰：「好冠來。」孔子曰：「大矣哉，夫差未能言冠而欲冠也。」不知冠有差等，唯欲好冠。○尊稱，尺證反，下同。夫差，音扶。下初佳反。

【疏】「王尊稱也子卑稱也」　釋曰：自黄池前，吴常僭號稱「王」，是其尊稱，今去僭號而稱「子」，是其卑稱也。

注「不知冠而差等」　釋曰：冕有旒數不同，則冠亦有差等之别，吴爲子爵，其冠之飾必不得與公、侯同等，但未知若爲差等爾。

○楚公子申帥師伐陳。

○於越入吴。

○秋，公至自會。吴進稱「子」，又會晉侯，故致也。

【疏】注「吴進」至「致也」　釋曰：襄十年傳曰「會夷狄不致」，致會者，一以吴進稱「子」，二又爲公會晉侯，以此二事之故致之爾。

○晉魏曼多帥師侵衛。

○葬許元公。

○九月，螽。

○冬，十有一月，有星孛于東方。不書所孛之星而曰「東方」者，旦方見孛，衆星皆没故。○孛，音佩。

【疏】注「不書」至「方者」　釋曰：文十四年「有星孛入于北斗」，昭十七年「有星孛于大辰」，彼皆言所孛之星，〔八七〕此不言所孛之星直言「東方」者，彼北斗、大辰未没之時有，〔八八〕故得言所孛之星，此則旦明之時方乃見孛，其東方常見之星並以没盡，故不言所孛之處星也。

○盗殺陳夏區夫。傳例曰：「微殺大夫謂之『盗』。」○區夫，烏侯反。

○十有二月，螽。

十有四年春，西狩獲麟。杜預曰：「孔子曰『文王既没，文不在兹乎』，此制作之本旨。又曰『鳳鳥不至，河不出圖，吾已矣夫』，斯不王之明文矣。」夫關雎之化，王者之風，麟之趾，關雎之應也，然則斯麟之來，歸於王德者矣。春秋之文廣大悉備，義始於隱公，道終於獲麟。○狩，手又反。不出，如字，又赤遂反。矣夫，音扶。不王，于况反，下「王德」同。雎，七余反。之應，于敬反。

【疏】注「杜預」至「本旨」　釋曰：論語云「文、武之道未墜於地，在人」，「文王既没，其爲文之道實不在我身乎」，孔子既言文、武之道在我身，孔子有制作之意，中庸云「有其德，無其位，不得制作；有其位，無其德，而不得制作」，〔八九〕孔子雖懷聖德而道不王，故有制作之志而不爲也。

注「又曰」至「文矣」　釋曰：凡聖人受命而必鳳鳥至、河出圖、洛出書，故孔子曰「鳳鳥不至，河不出圖，吾已矣夫」，言已無瑞應，道終不王，故云「斯不王之明文矣」。

注「關雎之化，王者之風」　釋曰：子夏詩序云「關雎之化，王者之風」，言后妃有關雎之德也。

注「麟之趾，關雎之應也」　釋曰：詩序文。言后妃有關雎之德，爲王者之風，故感麟來應之，以見其趾。趾，足也。

注「然則斯麟之來歸於王德者矣」　釋曰：由后妃有關雎之化，爲王者之風，故致得麟來應之，然則孔子有王之德，故亦感得麟來應之，故斯應麟之來歸于王德者，謂孔子也。

注「春秋」至「獲麟」　釋曰：其詩周南則始於關雎篇，終於麟趾，故春秋之文亦義始於隱公，而道終於獲麟，〔九〇〕乘之以十二，約之以周典，詩云「誰將西歸，懷之好音」，示有贊於周道，故著「西狩獲麟」，言道備之驗也。

引取之也。言「引取之」，〔九一〕解經言「獲」也。傳例曰「諸獲者皆不與也」，故今言「獲麟」，〔九二〕自爲孔子來，魯引而取之，亦不與魯之辭也。○爲，于僞反。

【疏】注「傳例」至「不與也」　釋曰：宣二年大棘之戰，鄭公子歸生獲宋華元，傳曰「『獲』者不與之辭也」，上十一年艾陵之戰，吴獲齊國書，范云「與華元同義」，是諸「獲」皆不與之辭也。今言「獲麟」者，欲言此麟自爲孔子有王者之德而來應之，魯引而取之，亦不與魯之辭也。必使魯引取之者，天意若曰以夫子因魯史記〔九三〕而修春秋故也。然則孔子修春秋乃獲麟之驗也。

狩地，不地不狩也，非狩而曰「狩」，大獲麟，故大其適也。適猶如也、之也。非狩而言「狩」，大得麟，故以大所如者名之也，且實狩當言「冬」，不當言「春」。

**【疏】「狩地」至「適也」** 釋曰：桓四年春「公狩于郎」，莊四年冬「公及齊人狩于郜」，〔九四〕是狩皆書地，今不書地則非狩也。非狩而曰「狩」者，大得此驗，故以大其所如者名之。

**注「實狩」至「言春」** 釋曰：案桓四年傳云「春曰『田』，夏曰『苗』，秋曰『蒐』，冬曰『狩』」是也。

**其不言「來」，不外麟於中國也。其不言「有」，不使麟不恒於中國也。** 雍曰：「中國者蓋禮義之鄉，聖賢之宅，軌儀表於遐荒，道風扇於不朽，麒麟步郊，不爲暫有，鸞鳳栖林，非爲權來，雖時道喪，猶若不喪，雖麟一降，猶若其常。〔九五〕鸜鵒非魯之常禽，蜚蜮非祥瑞之嘉虫，〔九六〕故經書其有，以非常有，此所以取貴于中國，〔九七〕春秋之意義也。」〔九八〕○道喪，息浪反。鸜，音權，又音劬。鵒，音欲。蜮，音或。

**【疏】注「鸜鵒」**〔九九〕**至「嘉蟲」** 釋曰：昭二十五年經書「有鸜鵒來巢」，莊二十九年經書「秋有蜚」，莊十八年經書「秋有蜮」，傳皆曰「一有一亡曰有」是也。

**注「所以」至「中國」** 釋曰：麒麟一致，不爲暫有，雖時道喪，猶若不喪，如此爲文，是所以取貴于中國，而王道頌盛，麟鳳常有，此則春秋之意然也。

**校勘記**

〔一〕魯世家哀公名蔣　「魯世家哀」四字原無，據單疏本補。阮校：「何校本有『哀』字。」

〔二〕二十六年　「二」原作「三」，阮校：「何校本『三』作『二』，不誤。」據單疏本及釋文、史記十二諸侯年表改。

〔三〕盟更不爲　殿本考證：「『明』字誤作『盟』。」

〔四〕帥師　「帥」原作「師」，單疏本作「率」，據閩本改。

〔五〕食郊牛角　左氏、公羊無「角」字，趙坦異文箋謂此處或衍。

〔六〕該郊之變　「郊」字原無，正字：「脱『郊』字。」阮校：「石經、余本之上有『郊』字，與儀禮經傳合。」按注稱「故於此備説郊之變」，則其所本有「郊」字，據余本、唐石經及黄侃手批補。

〔七〕乃不郊者　正字：「『者』衍字。」

〔八〕亦在其明　阮校：「毛本『明』作『間』。」正字：「脱『也』字。『明』，毛本誤『間』。」按「明」或「例」之訛。儀禮經傳通解續卷二三引「明」下有『也』字，正字蓋據此而校。

〔九〕展道盡矣　「道盡」原作「盡道」，據單疏本及下節傳文乙。

〔一〇〕故致天變　正字：「『災』誤『變』，從儀禮經傳通解續校。」按疏上文云「但備災之道不盡，致此天災而鼷鼠食角」，亦可證。

〔一一〕其過極多　單疏本「極」作「差」，上文謂「其過差少」，則此宜云「差多」也。

〔一二〕謂卜一辛　「卜」原作「下」，正字：「『卜』誤『下』。」據余本改。

〔一三〕又於四月下辛　依本節述例「於」乃「以」之訛。

〔一四〕去禮已遠　單疏本「已」作「爲」。

〔一五〕寧當有卜　「當」原作「嘗」，正字謂「當」誤「嘗」；「卜」原作「未」，皆據余本改。

〔一六〕在我用之　「在」原作「皆」，據余本改。

〔一七〕子者　「者」原作「曰」，正字：「『者』誤『曰』。」據單疏本改。

〔一八〕子不志　「志」原作「忘」，正字：「『志』誤『忘』，從石經校。」據余本、唐石經及黄侃手批改。

〔一九〕十二月　「十」原作「卜」，據單疏本、閩本及下節傳文改。

〔二〇〕卜郊　「卜」原作「下」，正字：「『卜』誤『下』。」阮校略同，據單疏本改。

〔二一〕三顧　單疏本「三」上有「大子」二字，阮校：「有『大子』與左傳合。」

〔二二〕君在　公羊莊三十二年傳作「君存」，「在」蓋「存」之訛，前莊三十二年疏引公羊傳作「存」，本節注云「今稱世子，如君存」，皆可證。

〔二三〕子某　「某」原作「其」，阮校謂作「某」是，據單疏本及公羊莊三十二年傳改。

〔二四〕稱君　公羊莊三十二年、文九年傳及前莊三十二年疏引公羊傳皆作「稱公」，「君」字疑誤。

〔二五〕鄭世子　「子」字原無，阮校：「閩、監、毛本『世』下有『子』字，是也。」據單疏本、閩本及桓十五年經文補。

〔二六〕其子糾　「其」原作「具」，據單疏本、閩本改。

〔二七〕内弗受也　此與下句「何用弗受也」、「其弗受」之「弗」，黄侃手批依下文六年傳之例，校改爲「不」。

〔二八〕五侯反　單行釋文「五」作「亡」，正字：「『亡』誤『五』。」

〔二九〕不尊父也　正字：「脱『王』字，下『則尊父也』同。」阮校略同。

〔三〇〕荼雖不正　「雖」原作「誰」，據單疏本、閩本及哀六年傳改。

〔三一〕便是子之　單疏本「便」作「則」，正字：「『子之』當『以子』誤。」按，「子之」亦通。

〔三二〕盜弑蔡侯申　本年左氏釋文云：「今本皆如此，案宣十七年『蔡侯申卒』是文侯也，今昭侯是其玄孫，不容與高祖同名，未詳何者誤。」

〔三三〕君臣　「君」原作「若」，據單疏本、閩本改。

〔三四〕弑其君　單疏本「君」下有「者」字，劉校：「阮本脱『者』字。」

〔三五〕戎蠻子赤　公羊「蠻」作「曼」，其疏謂「左氏作『戎蠻子』」，則其所見穀梁亦作「曼」也。

〔三六〕又盤庚五遷　阮校：「毛本『又』作『及』。」

〔三七〕左宗廟　「左」原作「方」，據單疏本、閩本及周禮小宗伯改。

〔三八〕于亳社　「亳」原作「薄」，據單疏本、閩本改。

〔三九〕與正同處　單疏本「正」作「衆」。

〔四〇〕弑君　「君」原作「其」，據余本、閩本改。

〔四一〕不書葬　「書」原作「葬」，單疏本作「書」，張校：「作『葬』誤。」據單疏本改。

〔四二〕案經書　「案」原作「而」，據單疏本、閩本改。

〔四三〕柤莊加反　「柤」原無，「莊」原作「注」，據余本補、改。

〔四四〕内弗受也　阮校謂此與下句「何用弗受」、「可以言弗受也」之「弗」，唐石經並作「不」。按，伯二四八六亦皆作「不」。

〔四五〕乃後殺　「殺」原作「弑」，本節疏亦云「是小白立乃後殺也」，據余本及莊九年經文改。

〔四六〕起吕反　「吕」原作「曰」，據余本、閩本及單行釋文改。

〔四七〕殺之後　依本節經傳，「殺」當作「弑」。

〔四八〕案莊九年 「案」原作「崇」，據單疏本、閩本改。

〔四九〕誰乎 「誰」原作「詐」，阮校謂作「誰」與注合，據單疏本及本節注文改。

〔五〇〕瑗 原作「緩」，據余本、閩本及本節經文改。

〔五一〕烏路反 「烏」原作「焉」，據余本、閩本改。

〔五二〕與彼例 「彼」原作「被」，據單疏本、閩本改。

〔五三〕内外 單疏本作「外内」，按下節疏云「此亦據内外言之」，則疏所本作「内外」也。

〔五四〕天王 「王」原作「正」，據單疏本、閩本改。

〔五五〕宣元年 「元」原作「九」，阮校、楊考皆謂作「元」是也，據余本及所引乃宣元年傳文改。

〔五六〕惡烏路反 此音釋原隸下節，正字：「四字當在上『齊人取讙及闡』傳『惡内也』下。」蓋經疏拚合時誤隸，依所釋内容移置於此。

〔五七〕侵齊 伯二四八六「侵」作「畏」，合集校記：「作『侵』者誤。」

〔五八〕故也 單疏本「故」作「惡」字。

〔五九〕令宋 「令」原作「今」，據單疏本、閩本改。

〔六〇〕之例 伯二四八六作「例乎」。

〔六一〕成方十里 「成」原作「城」，據閩本及毛詩閟宫正義引司馬法改。

〔六二〕即云 單疏本「即」作「只」。

〔六三〕使丘民 單疏本作「知使丘民者」。

〔六四〕今乃棄中平之法 「今」原作「令」，據余本、閩本改。

〔六五〕各出馬　單疏本「各」作「並」。按，疏前文云「今乃分别其田及家財，各令出此賦」，似宜作「各」。
〔六六〕鄭注云　「云」原作「曰」，依述例作「云」是，據單疏本改。
〔六七〕七六六五　阮校：「何校本『七六六五』作『七人六人五人』，與鄭注周禮合。」劉校：「阮本脱三『人』字。」
〔六八〕至於　「至」原作「生」，據單疏本、閩本及周禮鄭注改。
〔六九〕出老者　「出」字原無，阮校謂有「出」字是也，據單疏本及周禮鄭注補。
〔七〇〕五人六人　單疏本作「六人五人」。
〔七一〕食貨志　「食」原作「殖」，劉校：「『食』誤『殖』。」據單疏本改。
〔七二〕井方一里　「方」原作「田」，阮校謂作「方」與食貨志合，據單疏本及漢書食貨志改。
〔七三〕七畝　「七」原作「十」，阮校謂作「七」字是也，據單疏本改。
〔七四〕葬當　「葬」原作「書」，據閩本及本節注文改。
〔七五〕歸氏　依述例當作「齊歸」。
〔七六〕定弋　「弋」原作「戈」，據定十五年經文改。
〔七七〕序上下也　桓二年注作「上下序也」，正字：「『上下序』誤『序上下』。」按單疏本「上下」二字上接「言及」，下空二格連「亦同」，則單疏本亦作「上下序也」，與范注合。
〔七八〕别内外　「别」原作「則」，據單疏本、閩本改。
〔七九〕被殺于鄵　單疏本「鄵」作「操」，與襄七年經合。
〔八〇〕明堂説　引文出自禮記明堂位，疑「説」乃「位」之訛。
〔八一〕襲衣也　正字：「『冠』誤『也』。」

〔八二〕三單　「單」原作「軍」，據單疏本及詩毛傳改。
〔八三〕釋云　依述例「云」當「曰」之訛。
〔八四〕于道　襄五年「仲孫蔑、衛孫林父會吴于善稻」，左氏「稻」作「道」，此處蓋誤從左氏而又脱「善」字也。
〔八五〕于黄池　「黄」字原無，劉校：「脱『黄』字。」據單疏本及本年經文補。
〔八六〕數數　上「數」下原有分隔符「〇」，單疏本無，據删。
〔八七〕所孛之星　「孛」原作「佩」，據閩本改。
〔八八〕未没之時有　正字：「下當脱『星』字。」
〔八九〕而不得制作　中庸「而」作「亦」，此處之「而」乃形近而訛。
〔九〇〕而道　「而」原作「之」，據閩本及本節注文改。
〔九一〕引取之　余本「之」下有「者」字，楊考：「各本脱『者』字。」
〔九二〕故今言　余本無「故」字。
〔九三〕史記　「史」原作「吏」，據閩本改。
〔九四〕于部　「于」原作「而」，阮校：「閩、監、毛本『而』改『于』，是也。」據閩本及莊四年經文改。
〔九五〕其常　余本「常」作「恒」。
〔九六〕祥瑞　「祥」原作「葬」，據余本改。
〔九七〕取貴　「取」原作「所」，據余本、閩本改。
〔九八〕春秋之意義也　依疏文，疑「義」乃「然」之訛。
〔九九〕鸜鵒　「鵒」原作「欲」，據閩本及本節注文改。

# 附録

## 四庫提要春秋穀梁傳注疏二十卷

晉范甯集解，唐楊士勛疏，其傳則士勛疏稱「穀梁子名俶，字元始，一名赤，受經於子夏，〔一〕爲經作傳」，則當爲穀梁子所自作。徐彦公羊傳疏又稱「公羊高五世相授，至胡母生乃著竹帛，題其親師，故曰『公羊傳』。穀梁亦是著竹帛者，題其親師，故曰『穀梁傳』」，則當爲傳其學者所作。按公羊傳定公即位一條引「子沈子曰」，何休解詁以爲後師，按此注在隱公十一年所引子沈子條下，此傳定公即位一條亦稱「沈子曰」，公羊、穀梁既同師子夏，不應及見後師。又「初獻六羽」一條，稱「穀梁子曰」，傳既穀梁所作，〔二〕不應自引己說，且此條又引「尸子曰」，尸佼爲商鞅之師，鞅既誅，佼逃於蜀，其人亦在穀梁後，不應預爲引據。疑徐彦之言爲得其實，但誰著於竹帛則不可考耳。漢書藝文志載公羊、穀梁二家經十一卷，傳亦各十一卷，則經、傳初亦別編，范甯集解乃併經注之，疑即甯之所合。定公元年「春王三月」一條發傳于「春王」二字之下，以「三月」別屬下文，頗疑其割裂，然考劉向説苑稱「文王似『元年』，武王似『春王』，周公似『正月』」，向受穀梁春秋，知穀梁經文以「春王」二字別爲一節，故向有此讀。至「公觀魚于棠」一條、「葬桓王」一條、「杞伯來逆叔姬之喪以歸」一條、「曹伯廬卒于師」一條、「天王殺其弟佞夫」一條皆冠以「傳曰」字，惟桓王一條與左傳合，〔三〕餘皆不知所引何傳，疑甯以傳附經之時，每條皆冠以

「傳曰」字，如鄭玄、王弼之易有「彖曰」、「象曰」之例，後傳寫者删之，此五條其削除未盡者也。甯注本十二卷，以兼載門生、故吏、子弟之説，各列其名，故曰「集解」。晉書本傳稱甯此書「爲世所重，既而徐邈復爲之注，世亦稱之」，今考書中乃多引邈注，未詳其故。又自序有「商略名例」之句，疏稱「甯别有略例百餘條」，〔四〕此本不載，然注中時有「傳例曰」字，或士勛割裂其文散入注疏中歟？〔五〕士勛始末不可考，孔穎達左傳正義序稱與故四門博士楊士勛參定，則亦貞觀中人。其書不及穎達書之賅洽，然諸儒言左傳者多，言公、穀者少，既乏憑藉之資，又左傳成於衆手，此書出於一人，復鮮佐助之力，詳略殊觀固其宜也。其疏長狄「眉見於軾」一條，連綴於「身横九畝」句下，與注相離，蓋邢昺刊正之時又多失其原第，亦不盡士勛之舊矣。乾隆四十二年三月恭校上。

（本篇據文淵閣本四庫全書春秋穀梁傳注疏卷首所載標校整理）

**校勘記**

〔一〕受經於子夏　「受」上原有「亦」字，所引之疏無「亦」字，據殿本四庫全書總目（以下简称「殿本」）、乾隆六十年浙江翻刻文瀾閣所藏殿本四庫全書總目（以下简称「浙本」）删。

〔二〕穀梁所作　殿本、浙本「所」字作「自」。

〔三〕惟桓王一條與左傳合　「王」字原作「公」，據殿本、浙本改。按，左傳此條曰「葬桓王，緩也」，而穀梁此條曰「改葬也」云云，凡一百十餘字，不與左傳同，提要誤。又，上文引冠「傳曰」者五條，下文又云「此五條其削除未盡者也」，實際穀梁冠「傳曰」者有十條，提要疏漏。

〔四〕百餘條　「百」原作「十」，殿本同，據浙本及穀梁序疏改。

〔五〕然注中時有傳例曰字或士勛割裂其文散入注疏中歟　按，提要此説誤，「傳例曰」主要見於注，謂「士勛割裂其文散入注疏中」誤，且楊氏所爲者疏，不能在注中雜以它文。蓋傳發凡起例者爲注所引述謂之「傳例」，范氏另行概括之例，即隋書經籍志所載之「春秋穀梁傳例一卷」，疏謂之「略例」或「別例」。

# 陸德明經典釋文序録(節録)

## 次第

春秋

既是孔子所作，理當後於周公，故次於禮。左丘明受經於仲尼，公羊高受之於子夏，穀梁赤乃後代傳聞，[一]三傳次第自顯。

## 注解傳述人

古之王者必有史官，君舉則書，所以慎言行、昭法式也。諸侯亦有國史，春秋即魯之史記也。孔子應聘不遇，自衛而歸，西狩獲麟，傷其虚應，乃與魯君子左丘明觀書於太史氏，因魯史記而作春秋，上遵周公遺制，下明將來之法，褒善黜惡，勒成十二公之經，以授弟子。弟子退而異言，丘明恐弟子各安其意，以失其真，故論本事而爲之傳，明夫子不以空言説經也。春秋所貶損人當世君臣，其事實皆形於傳，故隱其書而不宣，所以免時難也。及末世口説流行，故有公羊、名高，齊人。子夏弟子，受經于子夏。穀梁、名赤，魯人。麋信云與秦孝公同時，七録云名淑，[二]字元始。風俗通云子夏門人。鄒氏、王吉善鄒氏春秋。夾氏之傳。[三]鄒氏無師，夾氏有録無書，故不顯于世。桓譚新論云：「左氏傳遺戰國寢藏，後百餘年，魯人穀梁赤作春秋，[四]殘略多有遺文，[五]又有齊人公羊高，緣經文作傳，彌失本事。」[六]

瑕丘江公受穀梁春秋及詩於魯申公，武帝時爲博士，傳子至孫皆爲博士。使與董仲舒論，江公吶於口，而丞相公孫弘本爲公羊學，比輯其義，卒用董生，於是上因尊公羊家，詔太子受。衛太子復私問穀梁而善之，其後浸微，唯魯榮廣、字王孫。浩星公二人受焉。〔七〕廣盡能傳其詩、春秋，蔡千秋、〔八〕字少君。諫大夫、郎中户將。梁周慶、字幼君。丁姓字子孫。至中山太傅。皆從廣受，千秋又事浩星公，爲學最篤。宣帝即位，聞衛太子好穀梁，乃召千秋與公羊家並説，上善穀梁説，後又選郎十人從千秋受。會千秋病死，徵江公孫爲博士，詔劉向受穀梁，〔九〕欲令助之。江博士復死，乃徵周慶、丁姓待詔，使卒授十人。十餘歲皆明習，乃召五經名儒太子太傅蕭望之等大議殿中，平公羊、穀梁同異，時公羊博士嚴彭祖、侍郎申輓、伊推、宋顯，穀梁議郎尹更始、待詔劉向、周慶、丁姓並論。望之等多從穀梁，由是大盛，慶、姓皆爲博士，姓授楚申章昌曼君。〔一〇〕爲博士，至長沙太傅。初，尹更始字翁君，汝南邵陵人。議郎、諫大夫、長樂户將。事蔡千秋，又受左氏傳，取其變理合者以爲章句，傳子咸大司農。及翟方進、字子威，汝南上蔡人。丞相，封侯。房鳳。字子元，琅邪不其人。光禄大夫、五官中郎將、青州牧。始江博士授胡常，常授梁蕭秉，字君房。王莽時爲講學大夫。

漢更始穀梁章句十五卷〔一一〕 唐固注十二卷〔一二〕字□下□□人。〔一三〕吴尚書僕射 糜信注十二卷字南山，東海人。魏樂平太守〔一四〕 孔衍集解十四卷 徐邈注十二卷 徐乾注十三卷字文祚，東莞人。東晉給事中 范甯集注十二卷〔一五〕 段肅注十二卷〔一六〕不詳何人〔一七〕 胡訥集解十卷

右穀梁

（本篇據上海古籍出版社影印北京圖書館藏宋刻本標校整理）

## 校勘記

〔一〕穀梁赤乃後代傳聞　「赤」原作「亦」，據通志堂本改。

〔二〕名淑　黄焯經典釋文彙校（以下簡稱「黄校」）：「『淑』字，段氏據孝經疏改作『俶』。」

〔三〕夾氏　「夾」原作「天」，據通志堂本釋文（以下簡稱「通志堂本」）、漢書藝文志改。

〔四〕穀梁赤作春秋　「赤」原作「亦」，據通志堂本改。太平御覽卷六一〇引新論「作」作「爲」。

〔五〕多有遺文　太平御覽卷六一〇引新論「文」作「失」。

〔六〕彌失本事　太平御覽卷六一〇引新論「失」作「離其」。

〔七〕浩星公　此及下文「又事浩星公」之「浩」，通志堂本作「皓」，黄校：「漢書作『皓』，錢大昭曰：『皓星』亦作『浩星』，趙充國傳有浩星賜。」

〔八〕蔡千秋　黄校：「漢書『蔡千秋』上有『沛』字，吴（吴承仕經典釋文序録疏證）云據文例應補『沛』字。」

〔九〕受穀梁　「受」字原爲墨釘，據通志堂本補。

〔一〇〕楚申章昌曼君　漢書儒林傳注：「李奇曰：姓申章，名昌，字曼君。」殿本漢書同傳引宋祁曰：「蕭該音義曰：晉灼作『由章』。予案，風俗通姓氏篇云『由余，秦相也，見史記。漢有由章，至長沙太傅』，今宜作『由章』。」則申、由之别，蓋由李奇、宋祁所本不同也。

〔一一〕漢更始　黄校：「『漢』字誤，盧（盧文弨，下同。）本改作『尹』。」

〔一二〕十二卷　隋書經籍志（以下簡稱「隋志」）「二」作「三」。

〔一三〕字□下□□人　黄校：「盧本補『子』、『丹陽』三字，『下』改作『正』。」

〔一四〕樂平　黄校：「盧云隋志作『平樂』。」查隋志原作「平樂」，中華書局標點本隋志校記謂「魏書地形志無平樂郡，有樂平郡」，並據此校改爲「樂平」。

〔一五〕集注　隋志「注」作「解」，與今本卷首題名合。

〔一六〕十二卷　黄校：「盧云隋志作『十四卷』。」

〔一七〕不詳何人　黄校：「（盧）又云疑漢人。案班固傳固奏記東平王云『弘農功曹史殷肅，達學洽聞，才能絶倫，誦詩三百，奉使專對』，李賢注云『固集殷作段』，然則殷肅即段肅，隋志疑爲漢人是也。」按，「班固傳固奏記」至「殷肅即段肅」一節襲自惠棟九經古義卷一五穀梁古義。

# 阮元春秋穀梁傳注疏校勘記序

六藝論云「穀梁善于經」，豈以其親炙于子夏，所傳爲得其實與？公羊同師子夏，而鄭氏起廢疾則以穀梁爲近孔子，公羊爲六國時人，又云「傳有先後」，然則穀梁實先於公羊矣。今觀其書，非出一人之手，如隱五年、桓六年並引尸子説者，〔一〕謂即尸佼。佼爲秦相商鞅客，鞅被刑後遂亡逃入蜀，而預爲徵引，必無是事，或傳中所言者非尸佼也。自漢宣帝善穀梁，於是千秋之學起，劉向之義存，而更始、唐固、麋信、孔衍、徐乾皆治其學，而范甯以未有善釋，遂沈思積年，著爲集解，晉書范傳云：「徐邈復爲之注，世亦稱之。」似徐在范後，而書中乃引邈注一十有七，〔二〕可知邈成書於前，范甯得以捃拾也。讀釋文所列經解傳述人，亦可得其後先矣。漢志經、傳各自爲帙，今所傳本未審合併於何時也，集解則經、傳並釋，豈即范氏之所合與？范注援漢、魏、晉各家之説甚詳。唐楊士勛疏分肌擘理，爲穀梁學者未有能過之者也，但晉家魯魚，紛綸錯出，學者患焉。康熙間長洲何煌者，焯之弟，其所據宋槧經注殘本、宋單疏殘本並爲希世之珍，雖殘編斷簡，亦足寶貴。元曾校録，今更屬元和生員李鋭，合唐石經、元版注疏本及閩本、監本、毛本，以校宋十行本之譌，元復定其是非，成穀梁注疏校勘記十二卷、釋文校勘記一卷。阮元記。

（本篇據清嘉慶二年阮元南昌府學刊本標校整理）

校勘記

〔一〕桓六年　穀梁傳於隱五年、桓九年兩引「尸子曰」，則此處「六」當作「九」。

〔二〕引邈注一十有七　據統計，范注引「徐邈曰」凡十八處，則此處「七」當作「八」。

# 余仁仲校刊春秋公羊穀梁傳跋

公羊、穀梁二書，書肆苦無善本，謹以家藏監本及江、浙諸處官本參校，頗加厘正。惟是陸氏釋音字或與正文字不同，如此序「釀嘲」陸氏「釀」作「讓」，隱元年「嫡子」作「適」、「含」作「唅」、「召公」作「邵」，〔一〕桓四年「曰蒐」作「廋」，若此者衆，皆不敢以臆見更定，姑兩存之，以俟知者。紹熙辛亥孟冬朔日建安余仁仲敬書。

（本篇據余仁仲本春秋穀梁傳卷首何休序末所附校勘整理，篇名爲整理者所拟）

**校勘記**

〔一〕召公作邵　穀梁經傳及注無召公，僅公羊隱五年何休注一見之，則此上應有「隱五年」三字。

# 楊守敬余仁仲萬卷堂本穀梁傳跋

余仁仲萬卷堂所刻經本，今聞於世者曰周禮、曰公羊、曰穀梁。公羊揚州汪氏有繙本，周禮舊藏盧雅雨家，惟穀梁僅康熙間長洲何煌見之，然其本缺宣公以前，已稱爲希世之珍。此本首尾完具，無一字損失，以何氏校本照之，有應有不應，當由何氏所見爲初印本，此又仁仲覆校重訂者，故於何氏所稱脱誤之處皆挖補擠入。然則此爲余氏定本，何氏所見猶未善也。原本舊爲日本學士柴邦彦所藏，文政間狩谷望之使人影摹之，纖豪畢肖，輾轉歸向山黄村。余初來日本時，即從黄村求得之，慫恿星使何公重繙以傳，會瓜代不果，既新任星使黎公乃以付之梓人，逾年而後成。按穀梁所據之經不必悉與左氏、公羊合，而分經附傳之例亦與二傳差互，至范氏之解則傳習愈希，除注疏刊本外，絶尟證驗，即明知有脱誤，亦苦於無徵不信，然則此本之不絶如綫，誠爲瑰寶。今以唐石經證經傳，以唐、宋人説春秋三傳者佐之，以宋監本、余所得日本古鈔經注本，首題「監本春秋穀梁傳」，多與十行本經注合。注疏本證集解，以陸氏經典釋文佐之。又自宋以來所傳經注本不必與釋文合，而合刊注疏者往往改釋文以就之，至毛本則割截尤甚。此本後有仁仲自記，不以釋文改定本，亦不以定本改釋文，猶有漢、唐經師家法。今單行釋文俱在，此本既悉與之合，故於注疏所附亦不一一訂正焉。光緒癸未九月宜都楊守敬記。

（本篇據古逸叢書本影宋紹熙本穀梁傳卷末所附跋標校整理，篇名爲整理者所擬。此篇後收入楊氏日本訪書記卷一）

# 錢大昕跋范氏穀梁集解

范武子穀梁集解，於先儒董仲舒、京房、劉向、許慎、何休、杜預皆舉其姓名，惟鄭康成稱「君」而不名，范氏世習鄭學故也。徐邈、江熙、徐乾、鄭嗣四人與范同時，曰「邵」、曰「泰」、曰「雍」、曰「凱」則其子弟，其稱「先君」者甯之父汪也。序云「升平之末，歲次大梁，先君北蕃廻軫，頓駕於吴」者，謂升平五年汪爲安北將軍、徐兗二州刺史，其十月以罪免爲庶人，是年歲在辛酉，於十二次爲大梁也。汪「屏居吴郡，從容講肄」，其卒當在簡文之世，甯撰次集解宜在豫章免郡之後。序云「從弟彫落，二子泯没」，「從弟」謂邵，「二子」謂雍、凱也。考隋書經籍志有徐邈穀梁傳十卷，〔一〕徐乾穀梁傳注十卷，〔二〕其餘諸家皆失傳，賴范氏書得存其一二耳。徐邈書楊氏作疏屢引之，徐乾官給事郎，亦見於隋志、晉書范甯傳止載子泰一人，楊疏所引「長子泰字伯倫，中子雍字仲倫，少子凱字季倫」，當出於臧榮緒晉書也。

（本篇據四部叢刊影印潛研堂全書本潛研堂文集卷二七標校整理）

## 校勘記

〔一〕徐邈穀梁傳十卷　隋志作「十二卷」，此處脱「二」字。

〔二〕徐乾穀梁傳注十卷　隋志云「梁有春秋穀梁傳十三卷，晉給事郎徐乾注」，此處脱「三」字。